日中の金融制度・金融政策比較

建部正義
高橋豊治 編著

中央大学企業研究所
研究叢書 37

中央大学出版部

まえがき

　本叢書は，ほんらい，「中央大学企業研究所と厦門大学金融系・金融研究所との国際共同研究に関する覚書」にもとづき，日中双方の研究者の論文を集約するかたちで出版されるはずのものであった。
　出発点は，企業研究所研究員・厦門大学金融系客員教授の建部正義が，2010年7月に同大学を訪問した際，厦門大学経済学院副院長の朱孟楠教授との間で交わした下記の覚書に遡る。
　その内容は，次のとおりである。
1．中央大学企業研究所と厦門大学金融系・金融研究所との間で，以下の要領で国際共同研究を実施するものとする。
2．研究テーマは，「金融危機時代後の日中の金融制度・金融規制・金融政策の比較研究」とする。
3．共同研究期間は，2011年4月より2013年3月までの2年間とする。2011年度には，相互訪問を通じて，金融危機時代後の日中両国の現状と研究の到達点とについて共通の理解に努めると同時に，共同討論を通じて，両者の問題意識の共有に努める。2012年度には，研究成果を成文で公表することとする。
4．必要な研究費および旅費は，それぞれの国においてそれぞれの責任において用意する。ただし，相互訪問に当たっては，研究施設および宿泊施設について，可能な限り，相手側に便宜を供することとする。
5．共同研究期間中，もしくは共同研究終了後，必要に応じて，両国またはいずれか一方の国において，公開シンポジウムを開催することとする。
6．研究成果は，それぞれの国においてそれぞれの責任において公表する。ただし，相手側の承認を得て相手側の論文を，自国語に翻訳のうえ，公表することを相互に承認することとする。その場合，それぞれはそれぞ

れの論文を無償で提供することとする。
7．研究参加者は，それぞれがそれぞれの責任において確定することとする。ただし，他大学からの参加者は拒まないこととする。
8．本共同研究の中央大学企業研究所の責任者は建部正義教授とし，厦門大学金融系・金融研究所の責任者は朱孟楠教授とする。

　この覚書を契機として，企業研究所に，2011年4月より，建部を主査とする「金融危機後の日中の金融制度・金融規制・金融政策の比較研究」チームが発足し，現在にいたっている（2014年4月以降，主査は高橋豊治に交代）。
　じつは，中央大学企業研究所と厦門大学金融系・金融研究所との間の国際共同研究は，これが初めてではない。
　「日中の金融制度・金融規制・金融政策の比較研究」というテーマを掲げ，2005年4月より2007年3月までの2年間にわたって，日本側責任者の建部と中国側責任者の張亦春厦門大学金融系教授・金融研究所所長との主導の下に，既出の覚書と同じ条件で，第一回目の両大学間の共同研究が実施された。その成果は，両国の研究者の論文を集約するかたちで，建部正義・張亦春編著『日中の金融システム比較』（中央大学企業研究所研究叢書28，中央大学出版部，2009年3月），張亦春・建部正義編著『中日金融制度比較研究』（厦門大学出版社，2008年7月）として，公表されている。
　つまり，第一回目の共同研究の成果を，リーマン・ショックを起点とする金融危機後の当該問題に関する共同研究に，発展的に引き継ごうというわけである。
　さて，第二回目の共同研究は，当初は，順調に滑り出すことができた。というのは，2012年3月17日には，厦門大学において，「金融危機後の中日の金融制度・金融規制・金融政策の比較研究」と題する学術研究会が開催される運びとなったからである。企業研究所からは，建部，宇野典明，奥山英司，岸真清の各研究員，糸井重夫，花輪俊哉の各客員研究員，計6名が参加し，それぞれが報告を行った。なお，高橋研究員は，2010年9月～2012年7月の期間，オーストリア国立大学・クロフォード政策研究大学院・豪日研究センターに，

訪問研究員として在外出張中のため，この学術研究会には参加するにいたらなかった．

　当日の講演者および講演内容は，以下のとおりである．
 1．建部　正義
　　「国際金融危機＝世界大恐慌の構図」
 2．張　　亦春（厦門大学金融系国家重点学科科学技術責任者・厦門大学金融研究所所長）
　　「架空経済，架空金融とバブル金融――不動産バブルの処理を兼ねて――」
 3．宇野　典明
　　「日本における銀行による保険募集にかかる規制について
　　　――生命保険の場合を中心にして――」
 4．邱　　兆祥（対外経貿大学金融学院教授）
　　「中日の銀行システムに関する若干の考察」
 5．花輪　俊哉
　　「グローバル下の日本の金融システム」
 6．戴　　金平（南開大学金融工程学院副院長）
　　「非伝統的金融政策――日本の経験からの反省――」
 7．糸井　重夫
　　「経済のグローバル化と金融規制監督体制の再構築」
 8．丁　　剣平（上海財経大学現代金融センター主任）
　　「量的金融緩和政策――中日の効果の比較――」
 9．岸　　真清
　　「高齢者の資産運用と期待される金融システム――共助社会の視点から――」
10．裴　　桂芬（河北大学日本研究所副所長）
　　「日本の外貨準備の米国債への投資にともなう損益分析」
11．奥山　英司
　　「公的資金による資本増強が金融機関のリスクに与えた影響」
12．劉　　紅（遼寧大学教授）
　　「危機から見る金融監督・管理体制の改革――日本の経験――」

見られるように，中国側研究者による日本の金融制度・金融規制・金融政策への関心の高さを窺い知ることができるであろう。また，朱副院長は学術研究会における前半の司会役ならびに全体の総括役を務めた。

しかし，次の段階で問題が発生した。第一に，今度は中央大学においてシンポジウムを開催するべく，厦門大学関係者の訪日を要請したところ，政府から許可がおりないとの由。ここで，本共同研究の相互対等性の原則の一角が崩れた。第二に，2013年6月に，建部が厦門大学を訪問した際，中央大学側の論文を朱副院長に手渡し，厦門大学側の論文をできるだけ早期に送付して欲しい旨を伝え，快諾を得たが，じっさいには，その後，なんど督促してもついに論文を送付してもらえなかった。おそらく，朱副院長の職務上の多忙さがその原因であると推測される。ここでもまた，本共同研究の相互対等性の原則の一角が崩れることになった。

そうこうするうちに，企業研究所の規程により，2016年3月には，「金融危機後の日中の金融制度・金融規制・金融政策の比較研究」チームを解散せざるをえないことになり，それまでに，研究成果を中央大学企業研究所研究叢書のかたちで取りまとめざるをえない破目に陥った。

こうして，今回，断腸の思いで，われわれの論文のみから成る叢書を刊行することになった次第である。そのため，『日中の金融制度・金融政策比較』というタイトルには，いくぶん，羊頭狗肉の感が残るが，伏して読者の寛恕を乞いたい。

ここに収録された論文の内容には，厦門大学での学術研究会での報告の内容と必ずしも一致しないものも含まれているが，全体をつうじて，中国のそれを意識しつつ，日本の金融制度・金融規制・金融政策の特質を真摯に解き明かそうとする姿勢に変わりはない。

2015年11月

高　橋　豊　治
建　部　正　義

目　次

まえがき

第1章　国際金融危機＝世界大恐慌の構図
　　　　　　　　　　　　　　　　　　建　部　正　義
　　………………………………………………………… 1

第2章　世界の経済発展についてのモデル
　　　──日本と中国の関係について──
　　　　　　　　　　　　　　　　　　花　輪　俊　哉
　　………………………………………………………… 9

第3章　「量的・質的金融緩和」政策の
　　　　波及メカニズムと日中経済
　　　　　　　　　　　　　　　　　　糸　井　重　夫
　　1．はじめに ………………………………………… 15
　　2．理論的枠組みと波及メカニズム ……………… 16
　　3．日中経済への影響 ……………………………… 31
　　4．おわりに ………………………………………… 35

第4章　ソーシャルビジネスの金融システム
岸　　真　清

1．はじめに …………………………………………………… 41
2．コミュニティビジネスの役割 …………………………… 42
3．資金調達のチャンネル …………………………………… 47
4．直接金融タイプの資金チャンネル ……………………… 53
5．ソーシャルビジネス活性化の条件 ……………………… 56
6．若干の提案──むすびに代えて── …………………… 61

第5章　日本における証券会社再編の検証
　　　　──市場データによる分析──
奥　山　英　司

1．はじめに …………………………………………………… 67
2．証券業を取り巻く環境 …………………………………… 68
3．証券業再編に対する市場評価を分析する手法とデータ
　　　………………………………………………………… 70
4．計測結果 …………………………………………………… 74
5．まとめと課題 ……………………………………………… 79

第6章　資産負債最適配分概念の下における
　　　　ソルベンシー・マージン比率規制のあり方
　　　　──生命保険会社の場合を中心として──
宇　野　典　明

1．はじめに …………………………………………………… 83
2．ソルベンシー・マージン比率規制 ……………………… 86
3．資産負債最適配分概念 …………………………………… 113
4．ソルベンシー・マージン比率規制のあり方 …………… 118

5．お わ り に …………………………………………………… 123

第7章　日本の公社債流通市場における価格形成の特徴
　　　　——アセット・スワップ・スプレッドの計測と
　　　　　決定要因の検討——

高　橋　豊　治

　　1．は じ め に …………………………………………………… 137
　　2．日本の公社債市場の現状 …………………………………… 139
　　3．アセット・スワップを用いた相対価値分析 …………… 145
　　4．スプレッドの変動要因 ……………………………………… 150
　　5．お わ り に …………………………………………………… 186

第8章　「量的・質的金融緩和」政策と「デフレ」問題

建　部　正　義

　　1．は じ め に …………………………………………………… 195
　　2．意見陳述の要旨 ……………………………………………… 196
　　3．意見陳述の内容 ……………………………………………… 203

第1章　国際金融危機＝世界大恐慌の構図

　筆者は，今次の国際金融危機＝世界大恐慌を，以下の構図のなかに位置づけることが至当であると考えている。

　1990年代以降，世界経済において，「過剰貨幣」ないし「過剰資本」という現象が発現し，いわば犬の尻尾としての金融経済がいわば犬の頭としての実体経済を振り回す動きが顕著に認められるようになった。

　ここで，「過剰」という意味が問題になるが，さしあたり，その含意を，「新たな投資先を見出すことが難しい資金，すなわち一定水準の期待利潤率を満足させる投資先がない，という意味での余剰資金」，「世界的市場規模で現実資本蓄積を上回るテンポで貨幣資本蓄積が進み，容易に現実資本へと再転化を果たすことができない（＝期待利潤率の確保に参加できない）過剰な貨幣資本」というように理解しておきたい。つまり，「余剰資金」，「過剰な貨幣資本」とは，期待利潤率の低さから，生産的投資に充用されることなく，金融的利得を求めて，金融市場（場合によっては商品市場）に留まり，そのなかを徘徊する貨幣資本として把握することができるであろう。もっとも，この事態は，企業じしんが貨幣資本家に転化したということを意味するものではない。企業利潤の大部分は，経営者の高額報酬，自社株買い，M&Aのための資金に費消されたと考えるべきである。

　ついでながら，「余剰資金」ないし「過剰資本」に関連して，ここでは，以下の3つの事実を指摘しておきたい。①アメリカでは，1980年代以降，企業による株式市場からの資金調達は，プラスであるどころか，むしろ，マイナスになっていること。これは，新株発行企業の数に比べて，他企業からのM&A

に備えるべく，稼得した利潤により株式市場から自社株を購入し，それを償却する企業の数が恒常的に上回っていることの反映である。しかも，企業じたいをあたかも金融商品のひとつであるかのように売買するLBO型のM&A（M&Aにあたって，買収側企業が必要な資金を被買収先企業の資産を担保として調達する方式のことを指し，その際のM&Aの目的は被買収企業のリストラのうえでの転売であることが多い）の横行は，買収側企業による自己の事業分野への生産的投資から得られる期待利潤率がいかに低いかを裏面から物語るものでもある。②「先進国の利潤率の低下は，その代理変数としての実質10年国債利回りの推移をみれば一目瞭然である」こと，つまり，「80年代から90年代前半まで平均4.8％だった先進資本主義国の実質金利は大きく下方にシフトし，04年以降は2％前後の水準で推移している。10年の期間を要する実物投資のリターンが著しく低下してしまったのである」。③世界の金融資産の概算として，株式時価総額，債券発行残高ならびに預金額をとり，これと世界の名目GDPとを比較すると，1990年にはその比率が1.7倍であったものが，2006年には3.2倍になったとされていること。

　ちなみに，こうした「過剰貨幣」ないし「過剰資本」が，年金基金・財団・保険会社・投資信託等の機関投資家の資金，ヘッジファンド，ソブリンファンド，経常収支黒字国の外貨準備などといった形態で実在し，それらが，株式市場・債券市場・金利市場・外国為替市場，これらを原資産とするデリバティブ市場，さらには，住宅ローン等の証券化商品市場，商品市場に滞留しているというわけである。くわえて，商業銀行の信用創造能力も忘れられてはならない。

　そして，こうした「過剰貨幣」ないし「過剰資本」の存在は，現代資本主義経済における「潜在的過剰生産能力」の常時的な伏在の表現であるとみなすことも可能であろう。というのは，これらの「過剰貨幣」ないし「過剰資本」が，バブルと手をとりあって，生産的投資に充用されるならば，現代資本主義経済は，ただちに「過剰生産」に陥ることになるからである。

　ところで，企業サイドのこうした変化に対応するかたちで，金融機関サイドでも，既存のビジネスモデルの崩壊と新たなそれへの転換が進展しつつあった

ことが留意されなければならない。

　まず，商業銀行についていえば，貸出の対象が，生産的な分野から，LBO（これじたいは，国民経済的な意味での投資や生産の増加にはつながらない），ヘッジファンドおよび家計向けなどの非生産的な分野ないし個人的・金融的な分野に移行するとともに，銀行収益の源泉が利鞘収入から手数料収入——その一部は家計ならびにLBO向け貸出債権の証券化に由来する——に傾斜しつつある。いいかえれば，こうした方法で収益を稼ぐしか，主要な収益源を見出すことができなくなりつつある。これは，まさに，生産的企業への貸出とそこからの利鞘収入に依拠してきた既存のビジネスモデルの崩壊と新たなそれへの転換であるとみなされなければならない。

　つぎに，投資銀行についていえば，自己売買にともなうそれを除くと，収益の源泉が，株式・社債の発行引受にともなう手数料収入から，M&Aの仲介や住宅ローンの証券化ならびに投資家が有する「過剰貨幣」・「過剰な貨幣資本」の運用にともなう手数料収入に傾斜しつつある。その理由の一端は，1999年のグラム＝リーチ＝ブライリー法の成立に関連している。同法は，1933年のグラス＝スティーガル法のうちの第20条（銀行が証券の引受等を主たる業務とする会社と系列関係を持つことの禁止）の廃止をともなうものであったが，この措置は，銀行持株会社および国法銀行が兄弟会社形態ないし子会社形態をつうじて，引受業務を含む証券業務へ進出する道を切り拓くことになった（だからといって，グラム＝リーチ＝ブライリー法が，投資銀行に商業銀行が取り扱う預金の開設を認めたわけではない）。要するに，投資銀行は，上記のような方法で収益を稼ぐしか，主要な収益源を見出せなくなりつつある。これは，まさに，株式・社債の発行引受とそこからの手数料収入に依拠してきた既存のビジネスモデルの崩壊と新たなそれへの転換であるとみなされなければならない。

　よく知られているように，レーニンは，『資本主義の最高の段階としての帝国主義』（1917年）において，「生産の集積，そこから発生する独占，銀行と産業との融合あるいは癒着——これが金融資本の発生史であり，金融資本の概念の内容である」，と論定し，また，ヒルファーディングは，『金融資本論』（1910年）

において,「銀行はその資本のますます増大する一部分を産業に固定せざるをえない。これによって銀行はますます大きい範囲で産業資本家となる。このような仕方で現実には産業資本に転化されている銀行資本,したがって貨幣形態における資本を,私は金融資本と名づける」,と論定した。はたして,これらの「金融資本の概念の内容——とりわけ,「銀行と産業との融合あるいは癒着」,「現実には産業資本に転化されている銀行資本」という指摘——は,現代金融資本の概念の内容と整合的であるといえるであろうか。

　筆者は,目下のところ,確定的な表現を用意しているわけではないが,「余剰資金」,「過剰な貨幣資本」の含意,商業銀行および投資銀行の既存のビジネスモデルの崩壊と新たなそれへの転換という内実に鑑みて,現代金融資本を「カジノ型金融資本」と称してみるのも一案ではないかと考えている。すでに,「カジノ資本主義」ならびに「金融資本主義」という用語が人口に膾炙している現実に照らしても,この表現はかならずしも不適切なものではないと判断されるが,いかがであろうか。

　ところで,「カジノ型金融資本」を以上のように概念することができるとするならば,それが有する寄生性・腐朽性もまたおのずからあきらかになる。すなわち,「カジノ型金融資本」とは,その収益源を,従来に比べて,生産的部面・生産的利潤にではなく,個人的部面・個人的所得,金融的部面・金融的利得にいちじるしく傾斜させた金融資本にほかならない,と。

　1980年代以降の金融自由化・グローバル化の推進者が,国家と一体となった「カジノ型金融資本」であったこと,今次の国際金融危機＝世界大恐慌の背後には「カジノ型金融資本」が厳然として控えていたことは疑いを容れない。

　もっとも,このように説明したからといって,現代資本主義経済のもとで,産業と金融機関とのあいだの融和的・親和的な関係が断ち切られるというわけではない。というのは,大企業の破綻にあたり,その最後の救済者となりうるのは,依然として,商業銀行と国家以外にはありえないからである。

　他方,金融という世界の本質についていえば,さしあたり,つぎの諸点を確認することができるであろう。① バブルは,実体経済から懸け離れた資産価

格（または商品価格）の高騰である以上，事前にその時期と契機を予期することはできないにせよ，かならず崩壊する。②金融的取引じたいからは，ほんらい，国民経済的な意味での価値ないし付加価値は生まれない。マルクス経済学的にみれば，利子とは，貨幣資本家（ないし商業銀行）から，貨幣（すなわち，可能的・潜在的資本）を借り入れた産業資本家が，それを生産的に活用し，そこから生み出された平均利潤のうち，自分のポケットにしまいこまないで，貨幣資本家（ないし商業銀行）に手渡す貨幣部分に与えられた特殊な名称以外のなにものでもない。したがって，利子とは平均利潤（剰余価値）の一部であって，貸付・借入という金融的取引じたいが，価値ないし付加価値の一部としての利子を生み出すわけではない。価値ないし付加価値を生まないという点では，株式や土地（住宅）の売買についても同断である。③住宅ローンその他の貸付債権の証券化およびデリバティブは，リスクを金融機関の手から投資家の手へ移転させる手段ではあっても，リスクそのものを削減あるいは消滅させる手段ではありえない。デリバティブおよび証券化は，ゼロサム・ゲームの域を超えることはできない。④住宅ローンその他の貸付債権の証券化に関連する金融機関（商業銀行，投資銀行）の各種手数料（証券化手数料，販売手数料など），ローン債権の買取価格とその証券化商品の販売価格との差額から生じる金融機関の売買差益，投資家の金利収入，これらのすべての源泉は，結局のところ，住宅ローンの借り手が支払う金利に帰着し，それによって限界づけられている。⑤つまり，金融とは，マルクス経済学的見地にたてば，既存の価値ないし付加価値が再分配される世界にすぎない。

　さて，いま，「カジノ型金融資本」と金融という世界の本質——「金融取引じたいからは，ほんらい，国民経済的な意味での価値ないし付加価値は生まれない」，「金融とは，マルクス経済学的見地にたてば，既存の価値ないし付加価値が再分配される世界にすぎない」——とを結びつけて把握するならば，どのような結論が導き出されるであろうか。答はおのずからあきらかであろう。すなわち，「カジノ型金融資本」は，定期的にバブル（これは，しばしば，実体経済の活性化につながり，金融機関と大企業との利害関係の一体化をもたらす）を引き起

こし，生産的投資に向けられることのない「余剰資金」，「過剰な貨幣資本」をそれこそたっぷりと抱えた投資家——その中心に，年金基金，投資信託，ヘッジファンドなどが位置する——をそこに巻き込むことによってしか，また，そのなかで，自己の信用創造能力（これは，商業銀行だけが有し，投資銀行は有さない）を積極的に活用することによってしか，期待に沿った金融的利得を獲得できないのだ，と。

また，このように理解することによって，1990年代以降，アジア・ロシア通貨危機，ITバブルの発生とその崩壊，住宅バブルの発生とその崩壊，原油・穀物価格の高騰とその崩落といった事態がつぎつぎに発生するにいたった現実も，これを十分に掌握することが可能になるであろう。

それでは，今次の金融危機が，過去の金融危機に比べて，なぜ，これほど深刻なものとなり，また，なぜ，アメリカにとどまらず，国際的な金融危機，さらには，世界的な大恐慌にまで，発展することになったのであろうか。

まず，国際的な金融危機という側面についていえば，そこには，第1に，金融のグローバル化と，第2に，金融工学（これは，金融の自由化を背景としている）を基礎にしたサブプライムローンを含む住宅ローンや各種ローンの証券化ならびにデリバティブの隆盛という問題がからんでいたことは否定しがたい事実である。CDO，CDOスクエアード，CDS，シンセティックCDOなどというそれまでに知られていなかった用語が，実務界および学界に完全に定着するにいたった。要するに，歴史的・世界的な低金利下において，住宅バブルを契機に，アメリカの商業銀行や投資銀行が組成したこれらの比較的高利回りのABS，CDOに，アメリカばかりではなく世界中の投資家（このなかにはヨーロッパや日本の金融機関も含まれていた）が競って，「余剰資金」，「過剰な貨幣資本」を投下するとともに，CDOのリスクをヘッジするためにCDSを利用したというのがことの真相にほかならない。

「余剰資金」・「過剰な貨幣資本」の世界的蓄積，「カジノ型金融資本」の存在，金融のグローバル化，証券化とデリバティブという新金融技術の登場といったいくつかの要因が重なりあって相乗的に作用しなかったとすれば，今次の金融

危機は，アメリカのみに留まり，国際的な金融危機にまで発展することはおそらくなかったにちがいない。だからといって，現代資本主義経済は，こうしたことがらから後戻りすることもできない。これが，現代資本主義経済が内包する不可避的なジレンマである。

　つぎに，世界的な大恐慌という側面についていえば，そこには，バブルを考察するにあたり，一方では，バブルの発生が実体経済に与える影響——住宅バブルの場合，商業銀行による住宅ローンの供与と住宅価格の上昇とが，個人消費したがって企業の設備投資の増加をつうじて，実体経済を活性化させるそれ——と，他方では，逆に，バブルの崩壊が実体経済に与える影響——住宅バブルの場合，住宅価格の下落，ならびに，不良債権の累積と自己資本比率の劣化にともなう商業銀行の家計・企業向け貸出の減退が，個人消費および設備投資の縮小をつうじて，実体経済を不活性化させるそれ——との両面が，同時に視野に収められなければならないという観点がかかわってくる。いわば犬の尻尾としての金融経済がいわば犬の頭としての実体経済を振り回すという含意も，こうした脈絡のなかに位置づけられるべきであろう。つまり，こういうことである。すなわち，住宅バブルは，アメリカ国内の「過剰消費」——住宅ローンの借り手の返済能力を超える消費——と「過剰投資」——「過剰消費」に誘発された投資——を導く。すると，今度は，これらが，アメリカの他国からの輸入増と他国のアメリカへの輸出増をつうじて，アメリカをいわば世界経済における機関車役の位置に押し上げる。こうして，世界経済全体の活性化が実現されるわけである。しかし，「過剰消費」と「過剰投資」との裏面では，当然のことながら，「過剰生産」が進展しないわけにはいかない。ところが，住宅バブルの崩壊とともに，このプロセスが逆回転をはじめるのであるから，それまで伏在していた「過剰生産」が一挙に表面化し，世界的な大恐慌を引き起こさざるをえなくなるのだ，と。

　これらの経過に，さらに，金融経済の悪化と実体経済の悪化との悪循環という問題が追い討ちをかけることになった。

　思えば，アジア・ロシア通貨危機にせよ，ITバブルにせよ，石油・穀物危

機にせよ、その影響が及ぶ範囲は、アジア・ロシア・アメリカ、商品市場というように、地理的ないし市場的に限定されたものにすぎなかった。しかし、今回の住宅バブルは、金融経済の側面においても、実体経済の側面においても、全世界を覆い尽くさずにはおかない性格のものであった。これこそが、まさに、今次の経済危機が、国債金融危機＝世界大恐慌にまで発展せざるをえなかった最大のゆえんであるとみなされなければならない。

　最後に、将来の見通しについて一言するならば、政府および中央銀行による最大級の財政政策・金融政策の発動をつうじて、今次の危機・恐慌がひとまず収束することになったとしても、一方では、皮肉にも、こうした財政政策・金融政策そのものによって、「過剰貨幣」ないし「過剰資本」が温存され、それらがひきつづき金融市場（商品市場）を徘徊しつづけることになるのであるから、他方では、政府による救済措置をつうじて生き残った「カジノ型金融資本」が依然として現代資本主義経済を支配しつづけることになるのであるから、規模や形態のいかん——これらは、今後の金融規制・監督のあり方によって左右されることになる——を問わず、バブルの発生と崩壊は将来とも避け難い現実であると考えなければならないであろう。

第2章　世界の経済発展についてのモデル
――日本と中国の関係について――

　ここで世界の経済発展について考える時，モデルには2タイプがある。第1のタイプは，文明の歴史の流れに関する視点である。第2のタイプは，資本主義経済発展に関する視点である。

　第1のタイプから考えよう。世界の文明は，まず，現在世界の怠け者として糾弾されているギリシャに発生する。ソクラテス，アリストテレス，プラトンを始め古代の哲学者の多くが活躍した。オリンピックも，またこの地から起こっているし，聖書はすべてギリシャ語で始め書かれた。こうして起こった文明は，そこから西へ西へとその中心が移っていく。もちろん西から東へと文明が移ったと思われるものもある。たとえば，唐の玄奘（三蔵法師）は，印度の方まで法典を求めて行き，唐に持ち帰ったと言われている。またもっと後になるが，イタリア商人マルコ・ポーロ（1254～1324）は中国でフビライに会い，「東方見聞録」を書く。ギリシャの次に文明が起こったのは言うまでもなくローマである。ローマは，軍事力が強大であり，また諸民族の統治力に優れた才能を持っていた。いわゆるヨーロッパは，ゲルマン民族の移住とキリスト教および古典学芸によって作られた。現在のユーロは，こうした連帯の上になっているといえよう。これは地中海文明となって，イタリア，ドイツ，フランス等を中心に花開いた。そして文明はさらに西へ進み，海洋国家としてスペイン，ポルトガルの番が来た。ヴァスコ・ダ・ガマによる喜望峰を廻るインド航路の開拓は名高い。この間，西ではなく東への動きがなかったわけではないが，たとえば十字軍であるが，これはむしろ反文明的であった。またロシアは文明に遅れて入った国である。

ヨーロッパ最後の国がイギリスであった。1805年，ネルソン提督がフランス・スペイン連合艦隊をトラファルガー沖に破り，イギリスが覇権を握る。またイギリスは産業革命に成功し，資本主義を確立するにいたった。アダム・スミスの『国富論』はその象徴である。イギリスで資本主義は形を整え発展し世界のリーダーになったが，その反面矛盾も増加した。第1次世界大戦が終了する（1945）頃には，イギリスは力を失い，遅れて発展してきたアメリカにバトンを移した。すなわち，文明は大西洋を越えたことになる。イギリス人のケインズは，『一般理論』で革命を起こしたが，イギリスでは必ずしもうまくいかなかった。すでに力がアメリカに移っていたからである。第2次世界大戦は，アメリカの力なくしては語れない。アメリカは，本来ピリグリム・ファーザーによる開拓に始まった国である故に，宗教国家であったが，その反面，資本主義を純粋に生きたと考えられる故に効率は確かに良かったであろう。マックス・ウェーバーの『プロテスタンティズムの倫理と資本主義の精神』は，その論理構造を示した。ケインズ革命が最も力をえたのはアメリカにおいてである。サミュエルソンらにより成功し，その後反ケインズ革命がフリードマン等により行われ，世界の覇者となったアメリカは，物質的にも，精神的にも，また世界の警察としても力を振るったが，次第に衰えを感ずるようになっていく。それはまたヨーロッパから始まった欧米文明の終焉とも考えられる。

　文明はさらに西へと進み，太平洋時代が始まりそうである。現在，アメリカは太平洋をめぐる諸国の連帯に懸命である。その背後には，中国の発展があるのはいうまでもない。アメリカとしては，日本は戦後急速に高成長し世界第2位の地位を獲得したものの，日本は第2次世界大戦で破った国であり，自分の傘下に置けると考えていたであろう。それ故日本がいくら発展しようとも，それほど脅威には感じなかったであろう。しかし，中国は別である。中国は現在はまだ新興国であるが，その人口，領土等を考えると，その発展力は計り知れない。その上，アメリカと異なる政治形態を持っており，透明性に欠けると考えられた。日本は，アメリカと中国の中間に置かれ，引っ張り合いの中に置かれるだろう。その例は現在問題になっているTPPである。TPPは太平洋時代

のものであるが，同じく現在問題となっている東南アジア共同体は太平洋時代の後のものである。それ故太平洋時代が終了しないうちは，東南アジア共同体は現実化しないであろう。

　もし文明がさらに西へ進むならば，かつてイギリスからアメリカへ覇権が移ったように，アメリカから中国へ覇権が移るかもしれない。しかしその時には当然中国の他にインドも世に出てくるだろう。さらに文明は西へ延び，イスラム世界へ移るかもしれない。これからの文明の移り変わりが面白い。日本と中国との関係を考えると，超長期で考えると，長くなればなるほど中国が有利となると考えられる。しかし現在の段階では，まだアメリカの力が大きいであろう。欧米の考え方の方がわが国に力を持っていると考えられるし，透明性も力を持つであろう。

　さて以上が文明の西への移動のモデルであった。これに対し，資本主義経済の発展にも類型的変化がある。次にそれを考える。

　アダム・スミスの頃は資本主義とは言っても，まだ産業資本主義であった。商品の需要と供給は，すべて商品の価格を目安に行われ，商品の価格はできるだけ自由に伸縮的であることが望まれた。供給は生産者が行い，需要は消費者が行うとされた。商品価格の自由を保証するために，企業の独占・寡占は退けられ，また政府の介入も望まれていなかった。第1次産業時代は，元来貯蔵できないものが多く，売れなければ腐るか，価格をゼロ近くまで下げて売り払うかどちらかである。しかし第1次産業時代においても，穀物のように，在庫できるものがあり，それ故現実の市場では商人が在庫を調節して需給の調節をするのが現実であった。現実の市場に商人が必然的存在である。その商人は具体的な商人であるというよりは，商人機能と考えても良いであろう。このことを明白に考えたのはヒックスで，A Market Theory of Money の中で，商人は在庫を保有し，在庫を調整しつつ需給の調整を行うとした。これはケインズが「売れ残り在庫」を重視したことと同一である。

　第2次産業が支配的になると，在庫が普通となり，これを含めた需給の調節が重要となってくる。ケインズは，そうした社会の変化をみて，市場のメカニ

ズムは重要であるが，必ずしも価格のメカニズムは重要ではないと考えた。ここに価格は安定的に維持し，在庫・生産調整が必要であるとの主張をするにいたった。景気変動過程での価格安定と成長過程での価格伸縮性を区別しなければならない。これはもちろん第3次産業時代においても妥当するであろう。ただこの場合には，生産能力を維持することが大切となる。そして第2次産業の代表として自動車が存在したが，電気自動車が出現するにいたり，ここに再び価格メカニズムが復活するかもしれない。それ故在庫調整的なものは第3次産業だけになってしまうかもしれない。もし産業資本主義を前期と後期に分けるならば，前期資本主義は主として価格伸縮的な資本主義であり，後期は在庫・生産調整的な資本主義となろう。

　ところで資本主義はさらに金融資本主義に代わってくる。その場合，貨幣は取引貨幣の他に，保蔵貨幣の存在が重要となる。そして貨幣が債券との選択において意味を持ってくる。そしてこの貨幣を保蔵するものは，単に節約の意味で貯蓄する貯蓄者ではなく，積極的に債券との選択において貨幣を保蔵しようとする投資家でなければならない。もちろん債券だけではなく，株式なども選択の対象の中にある。それに貨幣も銀行預金のみならず，MMFなどのいわば証券貨幣も貨幣の概念の中に入ってくるであろう。

　以上の事は，単に国内経済だけではなく，広く海外も含めた議論に妥当する。国際経済学へまで経済学を広げたのは，アダム・スミスではなく，リカルドであった。もちろんリカルドの国際経済学は，前期資本主義に相当するものであり，貿易収支を中心とするものであった。すなわちモノ中心の輸出，輸入であった。それ故価格の調整が有効であったと考えられる。もし金本位制が行われているとすれば，貿易黒字国は，金が増加し，それに伴い貨幣量が増加し，物価が上昇し，輸出が減少してくるから貿易黒字は減少に向かうであろう。貿易赤字国は，当然貿易黒字国の逆のメカニズムが働くことになるだろう。

　しかし，現在問題となっているのは，単にモノだけではなく，投資収入による所得収支が問題になっている。つまり貿易収支では赤字であるが，所得収支を含めた経常収支が黒字であるということなのであり，モノからカネへと代

わったことがわかる。リーマン・ショック以後はまさにカネが問題になっているのである。そういう意味で，日本はいま貿易立国というよりは投資立国と言うべきなのである。そうした変化は，円高恐怖症から脱却して，日本保有の資産に注目すべきなのである。ところで中国はいま丁度モノの経済の中心になって来たのに対し，日本ではカネの経済に入っている。保有資産とそれからのリターンが重要である。

　日本は長い間貿易立国でやって来た。輸出で成長，貯蓄で安定を図ってきた。しかし，次第に高賃金国になり，円高傾向が生じ，売り先であるアメリカや，コストの安い中国で生産を行わざるを得なくなってきた。でも中国での生産環境が悪ければ，よりコストの安い印度やインドネシアへ移るであろう。これがグローバリゼーションである。貿易収支が赤字でも所得収支の黒字が大きければ，経常収支は赤字にはならない。これよりして，中国はいま世界のモノ作りの中心となって来たのに対し，日本はモノ作りから，投資立国へと変わりつつあると考えられる。したがって，最近話題となっている iPad の問題は，現在の中国にとって重要な問題であり，昔読んだ孔子さまや孟子さまが嘆いているのではなかろうか。

第3章 「量的・質的金融緩和」政策の
　　　　波及メカニズムと日中経済

1．はじめに

　2012年11月14日，民主党の野田佳彦前首相が解散総選挙を宣言し，翌15日に安倍晋三自由民主党総裁がインフレ目標の設定と無制限の金融緩和を日本銀行に求めると，それまでの円高・株安は一変し，市場は円安・株高に向かって動き始めた。そして，当時，9千円台前後で推移していた日経平均株価は，2012年12月の第2次安倍晋三内閣発足時には1万円台を回復し，半年後の翌2013年5月には1万5千円台後半まで回復する。その間，2013年3月には「リフレ派」[1] と称される当時アジア開発銀行総裁であった黒田東彦氏が日本銀行総裁に，また当時学習院大学教授であった岩田規久男氏が副総裁に任命され，同年4月の金融政策決定会合において前例のない大胆な金融緩和政策である「量的・質的金融緩和」政策が導入されたのである。

　第2次安倍政権の経済政策は，通称「アベノミクス」と称され，短期・中期・長期の3つの時間軸に対応した政策で構成されている。すなわち，デフレ経済からの脱却に対して即効性が期待される「大胆な金融緩和政策」，中期的な政策である「機動的な財政政策」，そして長期的に安定した経済成長に導くための「民間投資を喚起する成長戦略」である。そして，これらの短期・中期・長期の各視点での政策は，一般的に，「三本の矢」と称され，日銀による「量的・質的金融緩和」政策は「第1の矢」と呼ばれている。

　ところで，この日銀による「量的・質的金融緩和」政策は，1970年代以降の「ケインジアン・マネタリスト論争」を踏まえたマクロ経済学の発展や，金融経済

の進展に伴って構築された金融理論の成果を反映した政策である。特に，マネタリズムの理論的枠組みは，この「量的・質的金融緩和」に強い影響を与えている。そして，このマネタリズムの理論的支柱である貨幣数量説の発展過程との関係でいえば，長期と短期の時間軸の導入や外国為替制度の変化などの枠組みの変化はあるものの，この「量的・質的金融緩和政策」は貨幣数量説の発展過程にある政策として整理できる[2]。

そこで，本稿においては，「量的・質的金融緩和」政策の理論的枠組みやその波及メカニズムについて整理するとともに，わが国の最大の貿易相手国であり，日本企業の現地生産拠点である中国との関係，特に日本企業の対中戦略に対する影響について考察することにしよう。

2．理論的枠組みと波及メカニズム

(1) 理論的枠組み
①バーナンキ議長の政策論

2013年4月に導入された「量的・質的金融緩和」政策の特徴は，第1に，インフレ目標政策への金融政策の転換，第2に，従来とは質的にも量的にも次元の違う大胆な金融緩和の実施，第3に，分かりやすい金融政策，第4に「リフレーション期間」の設定，の4点に整理できる[3]。そして，この第1の特徴であるインフレ目標政策は，M.フリードマンなどのマネタリストが1970年代から金融政策の在り方として主張してきた政策であり，今日，欧州や米国を始め多くの国で導入されている政策である[4]。また，第2の特徴は，貨幣数量説を前提として，政策目標を「金利」から「通貨量」に変更することで中・長期的な物価の安定を狙った政策であり，金融経済の進展により巨大化した金融資産の構成に変化を与える効果（リバランス効果）を通して実体経済に影響を与えようとする政策である。そして，第3の分かりやすい金融政策は，人々の物価安定に対する期待形成を促す観点から重要視されている政策で，1970年代にドイツ連邦銀行がマネーサプライ目標値を事前に公表する根拠となった考え方である。さらに，第4のリフレ政策はデフレ経済からの脱却には特に重要と考

えられている政策で，世界恐慌後の1930年代に主張された政策である。

　このように「量的・質的金融緩和」政策は4つの特徴を持つが，その内容は，ベン・バーナンキ（Ben S. Bernanke）連邦準備制度理事会（FRB）前議長が10年以上前から日本の金融政策の在り方として主張してきた政策と同様の内容である。そこで，ここでは，2003年の日本金融学会での講演内容を中心にバーナンキ前議長（当時はFRB理事）の主張を整理しておこう[5]。

　まず，第1のインフレ目標政策への転換について，彼は，当時の日本銀行が実施していたゼロ金利政策はインフレ率がゼロに戻るやいなや政策スタンスを転換する可能性があり，デフレが是正されてインフレ率がゼロになった以後についての明示的なコミットメントがなされていない，と主張する[6]。つまり，デフレが終息した後の日本銀行の政策運営についても明言する必要があるというのである。この場合，第4の特徴である「リフレーション期間」の設定が重要で，このリフレーション政策を前提とすれば，デフレが是正されてプラスのインフレ率になっても0から2％程度のインフレ率で安定するまで，一定期間はリフレーション期間としてその状態が続くことになる[7]。したがって，時間軸で見た場合，わが国の金融政策は，日本経済がデフレから脱却して2パーセント程度のインフレ率に落ち着くまでの「リフレーション段階」と，この段階を経てインフレ率が0から2％程度で安定的に推移する「長期的な通常段階」におけるインフレ目標政策の2段階の過程を経ることになる。この長期的な物価安定とリフレーション政策との関係について，彼は次のように述べている。

　　　法律で定義された「物価の安定」というのは，中央銀行に対して，「将来的に物価を安定させることにコミットするよう要求している」だけではなく，「長期にわたるデフレのために落ち込んだ物価が，それ以前のトレンドに復帰するよう促すために，中央銀行に対して積極的なリフレーション政策を採用するよう要求してもいる」[8]。

　このように述べ，リフレーション政策の重要性を指摘する。また，バーナン

キ前議長は,「『実際の物価水準』と,『デフレが避けられ,物価安定の目標が常時達成され続けたと仮定した場合に達成していたであろう物価水準』との差」[9]を「物価水準ギャップ」と定義し,この物価水準ギャップを埋めるためにリフレーション期間の設定を重視しているのである。その結果,第1段階は,デフレで落ち込んだ物価水準を,インフレを発生させることで引き上げる「リフレーション段階」であり,この段階では長期の目標インフレ率よりも高いインフレ率になる。そして,第2段階においては,物価水準が通常の安定を取り戻しているはずであるので,通常の長期のインフレ目標を達成することが政策目標となる。

このように,インフレ目標を2段階で設定し,日本銀行が明示的にそのスケジュールと政策目標を公表することが重要であるとする。つまり,日本銀行が分かりやすく明確に金融政策運営を公表することでインフレ期待の安定を促そうとしているのである。この点についてバーナンキ前議長は次のように述べている。

　　　多くの国で,数量的な(具体的な数値で定義された)インフレ目標は,貴重なコミュニケーションツールであることが示されてきました。明示的なインフレ目標の採用は中央銀行の目標を明確にします。そしてその結果として予想インフレ率の安定化や金融市場における不確実性の低減につながるだけではなく,金融政策の枠組みに規律を与えることにもなるのです[10]。

このように述べて,市場とのコミュニケーションの重要性を指摘する。また,このような分かりやすい政策目標を市場と約束することで,中央銀行の目標も明確となり,行動に自律性を与えると考えているのである。この視点は「量的・質的金融緩和」政策の第3の特徴に関係すると考えられるが,バーナンキ前議長は,2003年3月25日の講演「インフレ目標を考える一つの視座」[11]で,インフレ目標というアプローチを2つの構成要素に分けて説明している。すなわち,政策を選択する際に必要となる特定の枠組み(「政策枠組み」)と,この政

策選択の内容と根拠をより多くの国民に伝える戦略（「コミュニケーション戦略」）である。

　まず，前者においては「制限された自由裁量」を重視する。厳格な規則には柔軟性がなく，拘束を受けない自由裁量では規律と体系が欠如する可能性が高い。そのため，ある一定の枠組みの中で，政策目標を達成するには，最良の政策選択が可能な「制限された自由裁量」が好ましいとする。また，その制限された自由裁量は，金融政策がインフレ率に影響を与えるのに時間がかかるため，将来の先行きを見通した政策アプローチとなる。そして，人々の予想インフレ率が固定されると，長期的な物価の安定が確保されるとともに，産出と雇用の安定性確保も容易になる。そのため，将来のインフレ目標のように明確な政策課題に対して，その達成のために中央銀行の政策手法に自由裁量をもたせることが重要となる。

　次に，後者の「コミュニケーション戦略」は，中央銀行の政策の透明性を高めるために政府や政治担当者，金融市場，一般国民などと常にコミュニケーションを取る手順である。そして，その中心は「政策達成目標の公表」，「政策枠組みの議論・成立過程の公表」，「中央銀行による経済見通しや，評価・判断の公表」の3点であるが，これは中央銀行による金融政策の透明性を高めることで，人々に物価の安定に対する期待を形成させようとするドイツ連邦銀行の考え方と同様の主張である。すなわち，ドイツ連邦銀行は，オイルショック後の1970年代に，中間目標としてマネーサプライ目標値を公表するようになったが，その目的は，物価の安定に対する人々の期待を形成させることで個別の経済政策の調整を容易にすることにあった[12]。

　このように，バーナンキ前議長は，インフレ目標政策を「政策枠組み」と「コミュニケーション戦略」の2つの要素に分け，この2つの構成要素により人々の予想インフレ率を固定させることで，物価の安定を維持し，持続的な経済成長を達成させようとしているのである[13]。

②リフレーション政策とインフレ目標

　ところで，「量的・質的金融緩和」政策で重視されているリフレーション（reflation）という言葉が登場するのは，世界恐慌後の1930年代である。当時は，下落した物価水準を世界恐慌発生前の水準にまで戻すことを意味する言葉としてリフレーションが用いられた。世界恐慌発生以前の物価水準であれば，一定程度の失業を吸収するだけの余力が企業や経済にはあると考えられたため，その水準までインフレを発生させる必要があると考えられたのである。つまり，デフレを是正するに足るインフレと言う意味で理解されていたのである。これに対して，岩田規久男氏の定義では「日本銀行がインフレ目標政策を導入し，デフレを阻止し，穏やかなインフレを目指す」[14]政策であり，デフレ脱却後も「穏やかなインフレを目指す」という点で若干の違いがある。また，岩田規久男氏を始めイエール大学名誉教授の浜田宏一氏，早稲田大学教授の原田泰氏など著名なリフレ派は，「誤った，あるいは不必要な金融引き締め政策によって抑圧された経済を回復させるために金融を緩和すること」[15]をリフレーション政策としており，より限定的・明確には次のように述べている。

　　　デフレ脱却のためにゆるやかで安定的なインフレ率を目指すことによって，雇用と生産を回復させ，安定化する政策である。そのためには，政策レジームの適切な変更が必要である。政策レジームの変更とは，日銀法を改正する，あるいはインフレ目標政策を導入する（もしくはその両方）等によって，将来のインフレ率を安定させることである[16]。

　このように述べて，デフレ脱却のためにインフレ目標の設定を重視する。つまり，「単に金融緩和をするだけでは十分ではなく，ゆるやかで安定的なインフレ率を達成するための適切な枠組みを含むのがリフレ政策」[17]であると考えられているのである。

　以上のように，「量的・質的金融緩和」政策の理論的枠組みは，バーナンキ前議長が以前から提唱してきた内容に沿うものだったのであり，両者の関係は

以下のように整理することができよう。

まず第1は，明確なコミットメントである。日本銀行は，「消費者物価の前年比上昇率2％を物価安定の目標として，2年程度の期間を念頭に置いて，できるだけ早期に実現する」ということを明確に宣言した。このことは，インフレ目標政策への政策転換を意味しており，バーナンキ前議長が主張する「政策枠組み」と「コミュニケーション戦略」に基づくものと理解できる。

第2は，上記のコミットメントを裏打ちする手段として，従来とは質・量ともに次元の違う金融緩和を実施することである。従来の日銀の政策運営は，無担保コールレート・オーバーナイトの「金利」を金融市場調節の目標としてきたが，これを「マネタリーベース」という「量」に変更し，このマネタリーベースを年間約60〜70兆円のペースで増加させるために長期国債の保有残高を年間約50兆円規模で増加させる。また，「質」の面では，長期国債の買い入れ対象を超長期の40年債まで拡大し，買い入れの平均残存期間も従来の3年弱から7年程度まで拡大させる。ETFやJ–REITについても，その保有残高がそれぞれ年間1兆円で，両者とも年間300億円のペースで買い増していくことにした。このことは，ドイツ連銀が1970年代から実施しているマネタリーベース・コントロール政策への転換を意味し，またバーナンキ前議長が主張する「制限された自由裁量」への日本銀行の政策スタンスの変更を意味している。

第3は，金融政策の透明性と金融政策の分かりやすさの確保である。長期国債の買い入れについては「国債保有残高増加分」での表示とし，通貨供給量の量的緩和指標についても上記の「マネタリーベース」にすることで，対外的な金融政策の分かりやすさを確保している。この点も，バーナンキ前議長の「コミュニケーション戦略」に対応した措置と理解できる。

そして，第4は，金融緩和の継続期間についての日銀の考えの明確化である。「量的・質的金融緩和」政策では，「2％の物価安定目標の実現を目指し，これを安定的に持続するために必要な時点まで」金融緩和を継続するということを宣言したが，このことはバーナンキ前議長が主張した「リフレーション期間」を設けることを日銀が宣言したと見ることができよう。

(2) 波及メカニズム
①自然失業率仮説
　上記のような「量的・質的金融緩和」政策が実施されて以降，円安の進行に伴ってわが国の輸出企業を中心に業績が回復し，これを見込んで株価も上昇した。また，2014年の春には大企業中心に賃上げが相次ぎ，景気回復への期待が高まった。そこで，ここでは，今回の政策が実体経済に影響を与える波及メカニズムについて，マクロ経済学や金融理論などの理論的側面から整理しておこう[18]。

　1970年代のスタグフレーション問題に対するケインジアン対マネタリストの論争は，その後のマクロ経済学や金融理論の発展に強い影響を与えたが，インフレ目標政策もこの時期に形作られた政策である。特に，マネタリストが主張した自然失業率仮説は，人々の期待形成を通してフィリップス曲線が長期においては垂直になり，通貨供給量の増加を伴う裁量的な財政金融政策がインフレーションのみを引き起こすことを主張した点で重要である。また，このことからマネタリストは，インフレーションと通貨供給量の間には安定的な関係があるのであるから，通貨供給は物価安定のために一定のルールに従うべきであるとした。

　物価水準と失業率のトレードオフ関係を示すフィリップス曲線分析において，1973年のオイルショック以降このトレードオフ関係が先進諸国では見られず，「不況下のインフレ」というスタグフレーション状態が続いた。そこで，マネタリストは，その原因が「裁量」的な財政金融政策にあるとして，その経済が持つ潜在的な成長率に応じた一定の「ルール」に基づく通貨供給政策を提唱したのである。彼らの主張によれば，裁量的な財政金融政策は，景気後退期には政策当局が景気浮揚策を採るであろうという人々の期待形成を通して物価低下に歯止めをかけ，景気拡大期には好景気を反映して物価も上昇するために，物価水準は下落することなく長期的に見て上昇し続けることになる。また，各国の経済には，その国の経済に応じてそれ以上失業率を低下させることができない自然失業率が存在しており，景気変動に応じて裁量的な財政金融政策が行

われる場合には，自然失業率の下での人々のインフレ期待の形成を通して，加速度的なインフレーションが引き起こされることになる。したがって，物価を安定させるためにはその国が持つ潜在的成長率に応じた通貨供給政策が重要で，中央銀行は一定のルールに従った通貨供給政策を採用することが重要となる。

　このように，1970年代から80年代にかけて，マネタリストはフィリップス曲線を短期と長期に区別し，短期においては物価水準と失業率との間にトレードオフ関係が見られるフィリップス曲線も，裁量的な財政金融政策に対する人々の期待により価格が下方硬直的になるために，長期においては人々のインフレ期待の形成を促しつつフィリップス曲線は垂直になるという自然失業率仮説を主張する[19]。そして，このようなマネタリストの主張の背景には，物価水準と通貨供給量との間には安定的な関係があり，長期的には通貨供給量によって物価水準が決定されるという貨幣数量説の考え方があるのである。

　貨幣数量説は，一般的には「他の事情に変化がなければ，貨幣数量の変化は物価水準の同方向の変化を引き起こす」という貨幣数量と物価水準との因果関係を説明する理論として理解されている。しかしながら，この説明では，貨幣市場における貨幣数量の変化が，どのようなメカニズムで財市場における価値の現象形態である物価に影響を与えるのかについては不明である。そこで，この貨幣市場と財市場を結びつけ，貨幣数量の変化が物価水準や労働市場における雇用量に影響を与えるメカニズムを整理したのがJ. M. ケインズである。

　ケインズは，貨幣市場と財市場を流動性選好利子理論で結びつけ，実質貨幣数量の変化が利子率の変化を通して財市場の投資水準に影響を与え，投資水準が変化することで国民所得水準やその下での雇用水準を変化させるメカニズムを考える。そして，貨幣数量の増減により財市場や労働市場が変化し，労働市場に非自発的失業が存在しなくなった後で物価水準が上昇すると整理する。つまり，労働市場で非自発的失業が存在している場合には，貨幣数量の増加は国民所得の増加を通して雇用を増やし，物価水準には影響しないものの，非自発的失業が存在しない完全雇用状態に経済があるときは，貨幣数量の増加は労働

市場における賃金上昇を通して物価水準を上昇させることになるのである。

このように，ケインズは貨幣数量の変化が利子率の変化を通して財市場や労働市場に波及するメカニズムを考えるが，上記のように，マネタリストは，短期的にはこのようなメカニズムが働くものの，長期的には雇用量に影響を与えず，通貨供給量の増加を伴う裁量的な政策運営によりインフレ率のみが上昇すると考えている。そして，その後のマクロ経済学や金融論の多くの部分は，この波及メカニズムの解明に費やされた。そこで，以下，通貨供給量の増加がどのように実体経済に影響を与えるのかについて，整理することにしよう。

②総需給曲線分析

上記のように，自然失業率仮説を前提とした場合，長期的にはフィリップス曲線が垂直になるため，拡張的な財政金融政策によって雇用量を変化させることはできないのであるから，国民所得水準も変化させることはできない。この場合，物価水準と国民所得（実質国内総生産）水準との関係を示す総需給曲線分析において，長期の総供給曲線は図3-1のように垂直になる。その結果，通貨供給量の増加は総需要曲線を右にシフトさせるが，国民所得を増加させることはできず，物価水準のみが上昇することになる。他方，右上がりの短期の総供給曲線を想定した場合には，総需要曲線の右へのシフトは国民所得を増加させる。したがって，物価水準と失業率との関係を示すフィリップス曲線がどのような形状になっているのかが重要となる。岩田規久男日本銀行副総裁は，このような短期と長期のフィリップス曲線の形状の違いに応じた総需給曲線分析から，インフレ目標政策の有効性を主張する[20]。

図3-1には，縦軸を物価水準（GDPデフレーター），横軸を国民所得水準（実質国内総生産）として，右下がりの総需要曲線（AD）とともに，右上がりの短期総供給曲線（AS）と垂直の長期総供給曲線（LS）が描かれている。ここで，垂直の長期総供給曲線はその経済が持つ自然失業率，ないしは完全雇用水準に対応した国民所得水準を示しており，非自発的失業が存在している場合にはその経済が持つ潜在的国民所得水準と見ることもできる。したがって，均衡点B

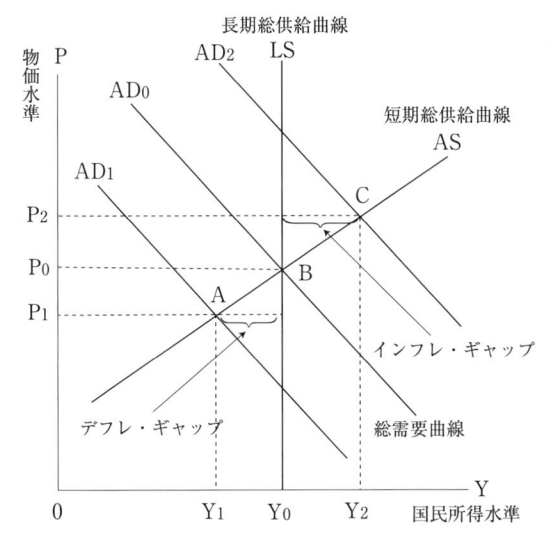

図 3-1 デフレ・ギャップとインフレ・ギャップ

では完全雇用が達成されており，その時の総需要曲線が AD₀ ということになる。

今，経済がA点で均衡していたとする。この場合の総需要曲線は AD₁ であり，均衡国民所得 (Y_1) は潜在的国民所得 (Y_0) より少ない水準にあるため，労働市場では非自発的失業が存在し，財市場では物価が下落していると考えられる。このときの国民所得の差 (Y_0-Y_1) をデフレ・ギャップという。他方，均衡点がC点の場合，総需要曲線は AD₂ であり，潜在的国民所得 (Y_0) よりも経済は拡大しているため，労働市場では賃金の上昇，財市場では物価の上昇が起きていると考えられる。このときの国民所得の差 (Y_2-Y_0) をインフレ・ギャップという。そして，現状の日本経済は点Aにあると考えられる。

図 3-1 のような右上がりの短期総供給曲線と垂直の長期総供給曲線を前提とした場合，短期的には，拡張的な財政金融政策（総需要拡大政策）により総需要曲線を右にシフトさせることでデフレ・ギャップを解消し，完全雇用を達成させることができる。また，長期的には，総需要曲線の右へのシフトはインフ

レのみを発生させる。したがって，総需要拡大政策は，右上がりの総供給曲線を前提とする短期においては国民所得を増加させることができ有効性を持つが，総供給曲線が垂直となる長期においてはインフレのみを発生させ，国民所得を増加させることはできないため無効である。さらに，完全雇用国民所得水準に対応する総需要曲線（AD_0）に政策誘導できれば，物価の安定と完全雇用の同時達成が可能になるのである。

　このように，総需給曲線分析においては，フィリップス曲線の形状に影響を受ける総供給曲線の傾きが重要な意味を持つ。1970年代に姿を消したフィリップス曲線は1990年代になると再び姿を現しているが，このことは拡張的な財政金融政策が，短期的には物価を押し上げつつも国民所得の増加を通して雇用を拡大させることを示している。それゆえ，現在の日本経済に対する処方箋としては，デフレから脱却して人々のインフレ期待が安定するまでの間は通貨供給量の増加を伴う金融政策を積極的に行い，垂直なフィリップス曲線（自然失業率）の下で総供給曲線が垂直になる長期においては，わが国の潜在的な経済成長率などに応じた安定的な通貨供給政策が望ましいことになる[21]。

　このように，フィリップス曲線の形状を考慮した総需給曲線分析によれば，通貨供給の増加は，右上がりの短期総供給曲線を前提とした場合には国民所得の増加と物価水準の上昇を，また垂直の長期の総供給曲線を前提とした場合には物価水準だけが上昇することになる。しかしながら，この総需給分析においても，どのような経路を経て物価が上昇してくるのかは依然として明確ではない。そこで，以下，国際収支均衡曲線を用いて整理してみよう。

③国際収支均衡曲線分析とリバランス効果

　図3-2は，利子率と国民所得水準との関係を分析するIS-LM曲線分析に，国際収支の均衡を示すBP曲線をのせた図である。ここで，IS曲線は財市場の均衡を，またLM曲線は貨幣市場の均衡を表しており，国際収支を経常収支と資本収支に分けた場合，前者は国民所得水準に，また後者は利子率に影響を受けるため，国際収支の均衡を示すBP曲線も同図の上に示すことができる。

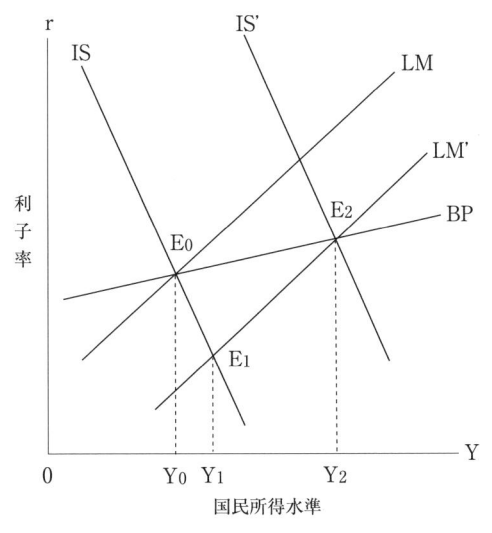

図 3-2　IS-LM-BP 曲線分析

　今，経済が図 3-2 の E_0 点で均衡していたとする。この E_0 点は IS 曲線，LM 曲線，BP 曲線上に存在するため，財市場と貨幣市場の均衡に加えて国際収支も均衡していることを意味している。ここで，BP 曲線の傾きは国際資本移動の自由度に応じて決まり，完全に自由な資本移動の場合には水平，資本移動が禁止されている場合には垂直となる。そして，変動相場制下での金融政策は，自国通貨安による企業業績の改善が民間投資を誘発するため，景気拡大政策として有効性があると考えられている。すなわち，図 3-2 において，通貨供給量の増加は LM 曲線を右にシフト（LM'）させるので，IS 曲線との交点 E は BP 曲線の下方の E_1 に移動する。BP 曲線の下方では，国際収支の赤字に伴って自国通貨安が進み，輸出企業の業績改善により民間投資が増加すると考えられるため，IS 曲線の右へのシフト（IS'）に伴って国民所得も Y_0 から Y_2 へと増加することになる[22]。

　これが変動相場制下の金融政策についての理論的な説明である[23]。しかしながら，日本経済の現状はデフレ経済下で利子率が極めて低い状態にあり，いわゆる"流動性の罠"に陥っている状況とも考えられる。経済が流動性の罠に

陥っている場合，貨幣需要の利子弾力性が無限大になっているので LM 曲線は水平になっている。そのため，金融政策により通貨供給量を増やしても利子率を低下させることはできず，利子率の低下による民間投資増によって国民所得を刺激するメカニズムは働かない。そこで，「量的・質的金融緩和」政策では，通貨供給量の変化が民間部門の資産や負債の構成割合を変化させる側面，すなわち金融政策の「リバランス効果」を重視する。

岩田規久男日本銀行副総裁は，金融政策の意味について，金融政策とは「民間部門の資産・負債構成を変化させることにより，民間部門の流動性の状態を変化させること」[24]であると述べている。つまり，1930年代に構築されたケインズの経済学では，通貨供給量の増減が利子率に影響を与え，この利子率の変化に伴う民間投資の増減が国民所得や雇用量に影響を与えるメカニズムを考えていたのに対して，彼は，外国為替市場や債券市場への中央銀行の介入が様々な市場に影響を与えつつ経済全体の資産・負債構成を変化させるメカニズムを考えているのである。そして，このように民間部門の資産や負債の構成割合に着目する視点の背景には，1970年代以降の先進各国の変動相場制への移行や金融の自由化による金融資産の巨大化があると考えられる。その結果，「量的・質的金融緩和」政策における金融政策の波及メカニズムは，利子率に影響を与えて民間投資を誘発するメカニズムではなく，外国為替市場での円安の進行による企業業績の改善やそれを見込んだ株高，債券市場から株式市場への資金移動と債券価格の下落に伴う金利上昇など，資産・負債の構成割合の変化を通した実体経済への波及メカニズムを想定しているのである。そして，現状では，この2年半の円安の進行による企業業績の改善を背景として，大手企業を中心としてベースアップが相次ぎ，民間消費の増加やそれに続く設備投資の増加が期待されており，円安による日本企業の業績改善が投資の増加に結びつくのかどうかが問題になっている[25]。また，理論的には，前例のない金融緩和による外国通貨に対する円の相対価格の変化という貨幣市場の現象が，生産拡大などの財市場の現象に影響を与えるのかという点が注目されているのである。

このように，今回の「量的・質的金融緩和」の波及メカニズムを整理すると，「マ

ネーサプライの増加→円安の進行→企業業績の改善：金融資産構成の再編（→大企業を中心としたベースアップ）」まで進んでおり，「→民間投資の増加→国民所得の増加→雇用の増加→インフレの発生」につながるのかが問われているといえよう。しかしながら，他方で，輸入企業の業績悪化や，輸入品価格，特に小麦や石油などの日常生活に関係の深い必需品の価格が上昇してきており，円安による悪影響も出てきている。さらに，2013年5月頃までは円安の進行とともに世界経済の回復傾向も手伝って株価は上昇していたものの，その後は世界経済の不透明感の増大や中国経済の減速などにより一進一退の状況が続いており，「二本目の矢」である機動的な財政政策の実施，さらには「三本目の矢」である成長戦略の実施など，実体経済に対する直接的な刺激策の実施が求められているといえよう。

④「量的・質的金融緩和」政策の持続可能性

ところで，今回の「量的・質的金融緩和」政策を上記のように整理すると，表面的にはデフレからの脱却ということであるが，その実態は円安誘導のように見える。そして，このような「為替レート誘導」による政策運営については，従来，自国産業の振興のための保護貿易主義的な側面を持つためその実施は難しいと考えられていた。この点について，翁邦雄氏は次のように述べている。

> この政策は，理論的には有効性が高いが，現実的なハードルはきわめて高い。①まず為替介入に関しては，政府と中央銀行の意向に離齬がないことが重要になる。②次に，為替レートは自国通貨と外国通貨との相対価格であるので，自国の介入を外国が容認する必要がある。原理的には，外国も外国通貨を無制限に売って自国介入を相殺することが可能だからだ[26]。

このように，「為替レート誘導」による政策運営の場合には，政府と日銀の綿密なコミュニケーションと諸外国の容認が不可欠と考えられるが，今回の「量的・質的金融緩和」においては，政府の強い意向に従って日銀総裁と副総裁が

任命され，また外交的にもサミットや財務省・中央銀行総裁会議などの様々な場面で，「為替レート誘導」ではなく「デフレ脱却」ということで説明がなされ，諸外国の了解を取り付けて実施されている。それゆえ，翁氏が指摘するように，わが国の政策運営を輸出振興のための「為替レート誘導」と諸外国が考えた場合には持続が難しくなる。

　このように整理してくると，現状では，「量的・質的金融緩和」政策の直接的な効果は円安の進行に表れており，生産活動の拡大との関係は明確ではない。また，日本経済は世界経済との関係が密接になっているため，世界経済の回復なくしてわが国の景気を回復させるのは事実上不可能であろう。とすれば，今回の大胆な金融緩和が，円安から企業業績の改善，消費増や民間投資増に波及しない場合には，単に通貨価値が下落しただけに終わる可能性もある。つまり，長期的に貨幣数量説が妥当するのであれば，貨幣は実体経済に対して中立的であるため，結局，一時的に円安という円の価値の変動が起きただけで，長期的な生産活動には影響しなかったということで終わる可能性もあるのである。

　また，「量的・質的金融緩和」政策による円安の進行は，原油価格の上昇に伴って日本経済全体のインフレ圧力を高めるため，輸出産業を中心に企業業績が改善されても賃金の上昇に結びつかない場合には，不況下のインフレ（スタグフレーション）の発生が懸念された。しかしながら，現状では世界的な原油価格の下落によりわが国の物価水準は比較的安定しており，日本銀行が想定していたようなメカニズムでインフレは発生していない。そして，このままインフレなき景気回復が実現できるのであればより好ましいわけであるが，このことはインフレの発生メカニズムには様々なチャンネルがあることを示していよう。

　さらに，円安環境が持続されている間は日本国内の輸出企業は利益を確保できるが，この環境は日本銀行が円安を維持するように大胆な金融緩和策を実施している間だけである。また，諸外国が対抗措置を講じてくる場合には，この円安環境の維持が難しくなることを企業関係者は十分認識している。それゆえ，実体経済において実際に需要が増加するまでは，わが国の企業は国内投資には慎重になるであろうし，円安環境で得た利益が国内投資や国内消費に回らず，

海外投資や輸入品の消費に回る場合には，国内の景気回復は限定的なものになる。つまり，現代社会においては，政策の効果は諸外国との関係も考慮して考える必要があり，依然として外需依存型の経済構造になっている日本経済においては，世界経済の先行きがデフレからの脱却においても重要な意味を持っているのである。そこで，以下では，わが国の最大の貿易相手国である中国との関係で「量的・質的金融緩和」の効果を整理しよう。

3．日中経済への影響

(1) 中国の為替管理制度

戦後の日本経済は，米国に対する"集中豪雨"のような輸出と，その輸出品生産のための積極的な国内投資により急激な経済成長を遂げた。また，1973年の変動相場制移行までは，日本銀行が外国為替市場に介入して円の価値を安定させる固定相場制であり，わが国の輸出が増加するのに伴って円売り・ドル買い介入が繰り返され，国内物価の持続的な上昇とともに外貨準備である米ドルが積み増されていった。そして，このようなわが国の高度経済成長の背景には，安価な労働力と質の良い製品を生産できる技術力とともに，固定相場制による外国為替市場の安定という環境があったのであり，他国よりも"安くて品質の良い商品"を生産すれば必然的に輸出が伸びるという状況にあったのである。その意味では，固定相場制によって日本製品の高い国際競争力は維持されていたと見ることができる。また，このような固定相場制下での日本銀行の行動は，外国為替相場の安定のための国際金融に引きずられ，国内金融に応じた金融政策は事実上できなくなるため，財政政策による景気のかじ取りの方が有効性を持っていたのである[27]。

このように1970年代初頭の日本経済を整理すると，そこには現在の中国経済との類似点を数多く見出すことができる。現在の中国は，通貨バスケットを参考にした管理フロート制（管理変動相場制）であるが，それまでの米ドルペッグをやめて同制度に移行したのは2005年7月である。管理フロート制の下では，1日当たりの為替相場変動幅を中国当局が定め，その許容変動幅を超えな

いよう中央銀行である中国人民銀行は市場介入をする。また，中国当局はこの許容変動幅を徐々に拡大してきており，2014年3月には人民元の対米ドル変動幅を上下それぞれ2％にまで拡大してきている。許容変動幅が小さい場合には，中央銀行による市場介入が頻繁に行われることになるが，許容変動幅が大きな場合には同行の市場介入が減り，国内経済に対する通貨政策の柔軟性が増すことになる。そして，このように許容変動幅を拡大し，中央銀行による通貨政策の柔軟性を高める背景には，2000年代に入って急増する経常収支黒字とこれに対する欧米の人民元の切り上げ圧力の増大，中央銀行の市場介入による外貨準備残高の急増と国内のインフレの進行があったと考えられる。

　このように，現在の中国の為替制度は，許容変動幅を徐々に拡大することで変動相場制への道を進んでいると見ることができる。すなわち，中国当局は，わが国の変動相場制移行後の状況を検証し，一挙に変動相場制へ移行した場合の為替変動リスクを考慮して，許容変動幅を徐々に拡大することで中央銀行の市場介入を減らしながら変動相場制への円滑な移行を意図していると考えられるのである。わが国の場合，1973年の変動相場制移行以後，中央銀行は金融政策の自立性を取り戻したが，1ドル360円であった対米ドル相場は，わが国の貿易黒字の増大に伴って1995年4月には80円台となり，22年間で4分の1以下の水準にまで円高が進行した。その間，1985年のプラザ合意後には250円前後であった為替相場は1年で150円前後にまで急騰し，円高不況を引き起こした時期もあった。それゆえ，中国当局は，このようなわが国の状況も参考に，急激な元高が中国経済の持続的で安定した経済成長を阻害する要因にならないよう，欧米による人民元切り上げ要求に配慮しつつも為替相場のコントロールを当分続けていくことになろう。

　ところで，米ドルが基軸通貨である現在の国際通貨制度を前提とした場合，わが国は，外貨である米ドルを得るために輸出を増やしていく必要がある。しかしながら，貿易黒字の増加は円高をもたらすため，わが国の輸出企業は輸出をすればするほど円高により利益が減ってしまう。そのためわが国の製造業は，1970年代後半以降海外進出を加速させ，企業によっては米欧に生産拠点を持

つことで，円高により日本での利益が減っている時でもドル安やユーロ安で米欧での利益を確保する体制を構築している。また，1980年代以降は安価な労働力を求めて東南アジアへ進出する企業が急増し，産業の空洞化の問題を引き起こしたのである。

現在の中国の状況も同様で，一挙に変動相場制に移行する場合には，急激な元高により経済成長は減速することになり，また輸出をすればするほど元高が進行するため企業業績の悪化を招くことになる。それゆえ，このような変動相場制移行に伴うショックを和らげ，安定成長へのソフトランディングを図るためには，外国為替市場に対するある程度のコントロールが必要であり，事前に変動幅を宣言することは市場に対する当局の強いコミットメントの意味を持つと考えられる。

このように，管理フロート制下の現在の中国経済は，一方では，中央銀行が外為市場に介入して人民元の価値を安定させることで急激な元高による中国製品の輸出競争力の低下を回避し，持続的で安定した経済成長を実現しようとしており，他方では，中央銀行の市場介入に伴う通貨供給量の増加が国内インフレを誘発するリスクを軽減するために，徐々に許容変動幅を拡大することで変動相場制への円滑な移行を図ろうとしていると考えられる。そして，1980年代のわが国同様，積み増された外貨準備である米ドルを欧米で運用することで，世界経済に強い影響を与える存在になってきているのである。

(2) 日本企業の対中戦略の見直し

わが国の「量的・質的金融緩和」政策は，短期的・直接的には円安を誘発させ，導入当時80円前後であった対ドル円相場は2015年12月現在で122円前後の水準で推移している。また，人民元に対しても，1元13円前後であった相場はこの2年半で19円前後にまで下落してきている。このことは，中国に進出している企業にとっては円ベースでのコストの上昇を意味しており，この1年半で約5割増加したことになる。他方で，中国経済も「輸出・投資主導」の経済成長を遂げているため，外国為替市場への中国人民銀行の介入は，通貨

供給量の増加によりインフレを加速させ，中国での人件費の上昇を引き起こしている。このような，円安によるコスト上昇とインフレの進行は，中国に進出している日本企業にとって，中国のコスト優位性が逓減してきていることを意味しており，中国市場に対する考え方の見直しを迫ることになる。

ところで，1960年代以降の日本企業の海外進出を見ると，その時代に応じて，「貿易摩擦解消型」，「コスト優位型」，「市場開拓型」の三種類に整理できる。

まず，「貿易摩擦解消型」の海外進出は，日本が高度経済成長期にあった1960年代から70年代に，輸出相手国である米国内の同種の産業との貿易摩擦を解消するために展開された海外進出の形態である。当時，日本は，安価で勤勉な日本人労働力により，米国を中心に"集中豪雨"のように輸出を増加させ，国内投資を拡大することで高い経済成長を遂げていた。特に，日本車の対米輸出が急増することによって米国内の自動車産業に打撃を与え，米国内での失業増などの雇用問題を引き起こしていった。これに対して日本の自動車業界は自主規制を実施する一方で，米国内での生産体制を構築することによって米国での雇用を増やし，この貿易摩擦問題を解消させようとしたのである。このような海外進出は，自国のコスト優位性を活用した急激な輸出増による相手国の雇用減少に対して，輸出相手国での現地生産により相手国の雇用を創出するための海外進出であり，先進国への進出という点で特徴がある。

次に，「コスト優位型」の海外進出であるが，これは1973年以降の円高の進行に伴って，日本企業が安価な労働力を求めて東南アジアに生産拠点を移転させていった1980年代以降の形態である。すでに考察したように，米国ドルを基軸通貨とする現在の国際通貨制度では，円相場は長期的に円高で推移すると考えられるが，輸出企業が円高による減益分を技術革新等で補えない場合，安価な労働力を求めて日本企業は海外進出を進めることになろう。以前は日本企業の海外進出先はタイや台湾，中国が中心であったが，インフラ整備の状況や労働者の教育水準などの条件が整うことによって，現在ではベトナムやバングラデシュへと生産拠点を移してきている。このような海外進出の場合，商品開

発等は日本で行い，生産は東南アジア，販売は先進諸国という国際的な分業体制を形成することになる。

そして，「市場開拓型」の海外進出は，経済発展が著しい新興国での利益拡大を意図して，販売市場としての新興国経済に着目した海外進出である。東南アジア諸国は，上記のように安価な労働力を活かした生産拠点として急激な経済成長を遂げたが，その間先進各国の企業はより質の良い労働力を得るために賃金の引き上げや労働環境の改善を行った。また，米ドルペッグを採用している東南アジアの多くの国では，為替相場の安定のために中央銀行は市場介入を実施するため，輸出増による経済発展は国内でのインフレ圧力を高め，物価上昇に伴って賃金もさらに上昇することになる[28]。その結果，これらの国々ではそれまでの安価な労働力という優位性は低下し，所得の増加に応じた販売市場という側面が表面化してくる。その意味では，現在の中国は生産拠点から巨大な販売市場への転換期に位置するものとして理解することができよう。

このように日本企業の海外進出を整理すると，現在の中国は，生産拠点に加えて販売市場としても機能し始めている。したがって，今回の「量的・質的金融緩和」政策による円安は，中国国内でのインフレと相まってコストの急増を引き起こしており，中国に進出している日本企業は，生産拠点を中国以外の国々へ移転させるなどの対応を加速させることになろう。また，中国以外で生産した商品を中国で販売する企業や，商品開発から生産・販売などの全てを中国国内で完結させる企業も増加してくると考えられ，日本企業の対中戦略は見直しを迫られることになる[29]。さらに，円安が進むことでわが国への外国人旅行客の増加も期待されるとともに，中国人による"爆買い"などの現象が起きている。このことは，中国が販売市場として，また中国人が販売相手として重要になってきていることの証左といえよう。

4．おわりに

以上のように，日本銀行による「量的・質的金融緩和」政策は，10年以上も前にバーナンキ前議長が主張していた内容を実施に移したものである。また，

その波及メカニズムは，短期的，直接的には，円安を引き起こすことによって日本の輸出企業の業績を改善させ，株価の上昇や債券価格の低下などの資産・負債構成を変化させるとともに，賃金の上昇による消費増や投資の拡大を通して実体経済への波及するメカニズムを想定していた。そして，人々のデフレ期待を一掃し，インフレ期待を形成させることで安定成長への回復を意図した政策として理解できよう。

　しかしながら，円安の進行も一段落し，1ドル120円前後で安定してきているものの，外需依存型の日本経済においては世界経済の回復に左右される面が強く，積極的な投資増や生産拡大には至っていないのが現状である。また，理論的にも，インフレ目標政策で重要視されているインフレ期待の形成が，どのようなメカニズムで形成されるのか，資産・負債の構成割合の変化が実体経済にどのような経路で影響を与えるのかについては依然として不明である。さらに，現状では円安誘導による企業業績の改善という面が強く，他の国々が円安状態をいつまで容認するのかも不確実である。また，管理フロート制下の中国経済との関係でいえば，中国国内でのインフレ傾向と相まって，円安の進行に伴う急激なコスト上昇は，中国以外の地域への生産拠点の移転や，販売市場としての中国市場への対応を現地の日系企業に迫ってきているのである。

　本稿においては，「量的・質的金融緩和」政策の波及メカニズムと，日中経済，特に日本企業の対応について考察した。金融政策の効果が検証されるには2～3年を要するとされるが，「量的・質的金融緩和」政策は実施から2年半が経過した段階であり，日中経済についても中国の管理フロート制の動向や中国経済の先行きにより変化するため，今後もその波及メカニズムと有効性について注視していく必要があろう。

1) アメリカの経済学者アービング・フィッシャー（I. Fisher）は貨幣数量説を定式化した経済学者として有名であるが，世界恐慌後のデフレを問題視し，物価水準を1926年水準にまで戻すことを提唱した。デフレによる物価下落を，デフレ発生前の水準にまで人為的にインフレを発生させることで戻そうとする政策をリフレーション政策という。今日では，このような政策を主張する人々を「リフレ派」と呼んで

いる。
2) 「量的・質的金融緩和」政策の理論と貨幣数量説との関係，並びにその有効性や課題については糸井（2013 年）を参照されたい。また，マルクス経済学の立場から貨幣数量説を整理するならば，貨幣数量説とは，「流通手段として機能する貨幣の数量が，より本質的な価値尺度としての機能を通した価値の現象形態である〔べき〕価格ないしは物価水準を規定するという，貨幣の必然的発生における貨幣の諸機能の生成過程・序列的付加過程に対して，転倒的に両者の関係を言明したもの」と整理することができる。
3) 黒田東彦日本銀行総裁は，2013 年 5 月 26 日に日本金融学会で「量的・質的金融緩和」の考え方や特徴について講演している。これについては，日本金融学会ホームページ，全国大会アーカイブス 2013 年度春季大会プログラム内の特別講演を参照（http://www.youtube.com/watch?v=qBkhlQEhyfI, 2014 年 3 月 17 日閲覧）。
4) 糸井（2004 年）第 2 章，第 3 章を参照のこと。
5) 2003 年頃のバーナンキ氏の日本の金融政策に対する見解については，日本金融学会ホームページ，全国大会アーカイブス 2003 年春季大会プログラム内 PDF を参照（http://c-faculty.chuo-u.ac.jp/~toyohal/JSME/pdf03s/03s100-bernanke.pdf, 2014 年 3 月 17 日閲覧）。
6) インフレ目標政策においてはインフレ期待の引き上げが重要となるが，経済が「流動性の罠」に陥っている場合，通貨供給量の増加は利子率を下げることができず実体経済に影響を与えることができない。したがって，バーナンキ前議長を含めてリフレ派の人達は，持続的に通貨供給量を増加させることによって期待インフレ率を引き上げる必要があると考えている。しかしながら，持続的な通貨供給量の増加がどのようなメカニズムで期待インフレ率を高めるのかについては依然として不明である。
7) 物価の安定の意味について，後に考察するように，多くの先進国では，0 ％から 2 ％までを安定と判断しているので，インフレ率 2 ％は安定状態ということになる。また，リフレーション政策については，同講演で「デフレが生じる以前の水準にまで物価を引き上げるために，長期的な目標インフレ率を上回るインフレを生じさせること」と定義している。（日本金融学会ホームページ。2003 年度春季大会プログラム内 PDF を参照（http://c-faculty.chuo-u.ac.jp/~toyohal/JSME/pdf03s/03s100-bernanke.pdf, 2013 年 9 月 2 日閲覧）。訳は，高橋洋一監訳・解説『リフレが正しい。FRB 議長ベン・バーナンキの言葉』（(株)中経出版，2013 年）215 － 216 ページ。
8) 訳は同上書，211 ページ。
9) 訳は同上書，213 ページ。
10) 訳は同上書，211-212 ページ。
11) Bernanke, B. S., *A Perspective on Inflation Targeting* (2003, (http://www.

federalreserve.gov/boarddocs/speeches/2003/ 20030325/, 2013 年 9 月 12 日閲覧）参照。訳は，高橋洋一監訳・解説『リフレが正しい。FRB 議長ベン・バーナンキの言葉』（㈱中経出版，2013 年）を参照。また，FRB は物価の安定に加えて雇用の最大化も政策目標として課されている。

12) Die Deutsche Bundesbank (1989) S. 98.（同訳書（1992 年），113-114 ページを参照）。
13) このような彼の主張の原型は，1970 年代のドイツ連邦銀行の通貨政策に見ることができよう。ドイツ連邦銀行の通貨供給政策については，Die Deutsche Bundesbank (1989)（同訳書（1992 年））を参照されたい。
14) 岩田規久男編（2004 年），280 ページを参照。
15) 岩田規久男・浜田宏一・原田泰編著（2013 年），9 ページを参照。
16) 同上書，9-10 ページ。
17) 同上書，10 ページ。
18) インフレ目標政策を含む現代のマクロ経済政策については，糸井（2004 年）の第 6 章を参照されたい。
19) 1970 年代の欧米諸国のスタグフレーションの原因については，裁量的な財政金融政策よりも，オイルショックに伴う一時的な「輸入インフレ」に主因があったと考えられる。それゆえ，1990 年代になると再び物価水準と失業率のトレードオフ関係が姿を現してくる。
20) 岩田規久男（2001 年）を参照。
21) この場合，フィリップス曲線が右下がりの短期の期間を「リフレーション期間」と考えることも可能であろう。
22) 他方で，自国通貨安は輸入価格を引き上げ，輸入企業にとっては業績の悪化となり，輸入物価も上昇することになるが，米国ドルを基軸通貨としている現在の国際通貨制度の下では，米国以外の国々は外貨準備不足による国家破綻を回避するために基軸通貨である米国ドルを蓄積しておくことが求められる。そのため，輸入よりも輸出が重要視される。
23) 変動相場制下の金融政策は，自国通貨安に伴って輸出が改善し，民間投資の増加を誘発するので景気刺激策として有効である。しかしながら他方で，変動相場制下の財政政策は自国通貨高に伴って企業業績が悪化し，民間投資が減少するために，無効となる。
24) 小宮隆太郎，日本経済研究センター（2002 年），392 ページ。
25) もっとも，後で考察するように，企業活動のグローバル化に伴って，日本企業は日本以外での投資も拡大させているため，日本国内の投資の増加による長期的な生産拡大や雇用創出に対する効果は限定的なものにとどまると考えられる。
26) 翁邦雄（2011 年），252 ページ。

27) 上記の国際収支均衡曲線分析においても，固定相場制下では，通貨量の増減は為替相場を変化させるため金融政策は事実上実施できないのに対して，国債発行等による財政支出の増加は利子率の上昇に伴う資本収支の黒字が自国通貨高を引き起こすため，中央銀行は通貨供給量を増やして為替の安定を図る必要がある。その結果，固定相場制下の財政政策は金融政策も誘発することになるため有効となる。これに対して，変動相場制下の金融政策はすでに考察したように有効性を持つが，財政政策は利子率の上昇に伴って自国通貨高を引き起こすため，米国以外の輸出中心の国家にとってはマイナス効果となる。

28) 東南アジア諸国の経済発展は，日本と同様「輸出・投資主導型」の経済成長であるが，日本の「投資」は日本国内での貯蓄資金で賄われたのに対して，東南アジア諸国の「投資」は先進各国からの資本移動により行われていた点で異なる。外国資本による「投資」の場合，急激な外国資本の国際間移動により為替相場が不安定化し，各国の中央銀行はその安定のために奔走することになるが，これに対応できなくなると1997年のアジア通貨危機のような国家破綻の問題を引き起こすことになる。

29) この場合，日本国内での需要が減少しても，海外進出している企業は海外での需要を確保することができることを意味している。したがって，日本企業は現地での雇用を増やしたり，社内言語を英語にするなどで対応する企業も出てきている。また，レスター・C・サローは，「グローバル化とは活動を移転させること」と述べているが，わが国の企業も現地での生産を拡大させ，現地の需給関係に応じて部品調達や製品販売も現地で行うようになり，グローバル化が進むことになろう。

参 考 文 献

糸井重夫『貨幣数量説の研究―イギリスにおける貨幣数量説の伝統―』松商学園短期大学（現松本大学松商短期大学部），1998年
　　　───『現代の金融と経済』中央大学出版部，2004年
　　　───「『量的・質的金融緩和』政策の有効性と課題」『商学論纂（建部正義教授古稀記念論文集）』第55巻第5・6号，中央大学商学研究会，2013年，1-37ページ
岩田規久男『デフレの経済学』東洋経済新報社，2001年
岩田規久男編『昭和恐慌の研究』東洋経済新報社，2004年
岩田規久男・浜田宏一・原田泰『リフレが日本経済を復活させる―経済を動かす貨幣の力―』（株）中央経済社，2013年
植田和男『ゼロ金利との闘い』日本経済新聞社，2005年
翁邦雄『ポスト・マネタリズムの金融政策』日本経済新聞出版社，2011年

小宮隆太郎・日本経済研究センター編『金融政策論議の争点』日本経済新聞社，2002年

白川方明『現代の金融政策―理論と実際―』日本経済新聞出版社，2008年

田尻嗣夫『世界の中央銀行』日本経済新聞社，1991年

建部正義『金融危機下の日銀の金融政策』中央大学出版部，2010年

────『21世紀型世界経済危機と金融政策』新日本出版社，2013年

若田部昌澄『解剖　アベノミクス』日本経済新聞出版社，2013年

Bernanke, Ben S. *A Perspective on Inflation Targeting; At the Annual Washington Policy Conference of the National Association of Business Economists,* Washington, D.C., March 25, 2003（http://www.federalreserve.gov/boarddocs/speeches/ 2003/20030325/，2013年9月12日閲覧）（高橋洋一監訳・解説『リフレが正しい。FRB議長ベン・バーナンキの言葉』（株）中経出版，2013年）

Blaug, M., Eltis, W., O'Brien, D., Patinkin, D., Skidelsky, R., Wood, G. E., *The Quantity Theory of Money from Locke to Keynes and Friedman,* Aldershot, Edward Elgar Publishing Limited, 1995

Die Deutsche Bundesbank, *Geldpolitische Aufgaben und Instrument, Sonderdurucke der Deutschen Bundesbank Nr7,* 5. Auflage, Frankfurt, 1989（葛見雅之・石川紀共訳『ドイツ連邦銀行―金融政策上の課題と政策手段―』学陽書房，1992年）

European Central Bank, *The Monetary Policy of the European Central Bank,* Frankfurt, 2001（http://www.ecb.europa.eu/pub/pdf/other/monetarypolicy2001en.pdf#search='The+Monetary+Policy+of+the+European+Central+Bank%2C+2001'，2013年9月28日閲覧）（小谷野俊夫・立脇和夫訳『欧州中央銀行の金融政策』東洋経済新報社，2002年）

Friedman, M, *Studies in the Quantity Theory of Money,* The University of Chicago Press, 1956

────, *The Counter-Revolution in Monetary Theory,* IEA Occasional Paper No. 33, 1970（保坂直達訳『インフレーションと失業』マグロウヒルブック株式会社，199-201ページ）

────, *Monetarist Economics,* IEA Masters of Modern Economics, Oxford, Basil Blackwell Ltd., 1991

Issing, O., Gaspar, V., Angeloni, I., Tristani, O., *Monetary Policy in the Euro Area; Strategy and Decision Making at the European Central Bank,* Cambridge, Cambridge University Press, 2001

Thurow, Lester C., Fortune Favors The Bold, HarperCollins Publihsers, Inc., 2003（三上義一訳『知識資本主義』ダイヤモンド社，2004）

第4章　ソーシャルビジネスの金融システム

1．はじめに

　地域経済の活性化なくして，日本経済の成長は難しい。低迷が続く地域の雇用の拡大と所得の増加が喫緊の課題になっているが，地域に密着したコミュニティビジネスの隆盛が成長の鍵を握っているのではないのだろうか。本稿の目的は，コミュニティビジネスの中でも医療・介護，教育・子育ての営利事業発展型ソーシャルビジネスを対象として，それを支える資金チャンネル，金融システムを考察することにある。

　コミュニティビジネスには，中小企業・零細企業（マイクロビジネス），ベンチャービジネス，農業などの営利型のビジネスと，医療・介護，教育・子育て，環境保全業務のように非営利型のビジネスが存在している。このうち，医療・介護，教育・子育て業務はやがて営利事業に発展していく可能性を秘めている。他方，環境保全業務は営利事業に転換するのが難しいものの，寄付金，補助金などに依存することなく自力での組織の存続を目指すビジネスである。

　本稿が営利事業発展型のソーシャルビジネスを重視するのは，市民特に高齢者の貯蓄の活用および労働への自主的，積極的な参加を促し，生き甲斐のある新しいコミュニティ，「場」を形成することができると考えるからである。市民を主役とする新たなコミュニティの中で，地方政府，地域金融機関とりわけ協同組織金融機関，NPO・市民団体，大学などの協業，連携によって，理想的な金融システムが構築されていくものと期待される。

　この問題意識の下で，本稿を次のように構成する。第2節において，官民

ファンドの設立や新たなコミュニティ形成を展望した後で，内生発展アプローチなどを参考にして，ソーシャルビジネスが秘める収穫逓増の可能性を論じる。第3節は，ソーシャルビジネスの資金調達が厳しい状況にあることを，信用金庫と農業協同組合の預（貯）貸率から検討する。そして，協同組織金融機関やNPOを軸とした間接金融タイプの連携について述べる。続いて，第4節において，地方債としての市場公募債また匿名組合契約，疑似私募債，非営利株式会社方式の民間ファンドの事例に基づいて，直接金融タイプの連携を検討する。

第5節は，ソーシャルビジネス向け資金強化策を，地方分権化と市民・家計の参加に求める。コミュニティを重視する分権化の流れの中で，高貯蓄高齢世帯と低貯蓄高齢世帯それぞれの参加について論じる。最後に，若干の提案を行うことにする。

2．コミュニティビジネスの役割

(1) 新たなコミュニティ

高齢化社会の到来につれ，高齢者の参加も可能なコミュニティの構築と地域経済の活性化が喫緊の課題になっている。コミュニティとは，労働の代替可能性を前提する工業化社会と異なって，市民の1人1人を主役とする社会のことである。依然として地域経済の低迷が続き，地域の人々の所得と雇用の増加また高齢者の参加問題が重視され始める中で，地域に密着した産業の興隆とグローバル展開への期待が高まっている。ここに，コミュニティを基盤とするビジネスまたそれを支える資金チャンネルの整備，金融システムの構築が急がれることになる。

実際，アベノミクスの成長戦略の実現を目指し，地域経済活性化支援機構や農林漁業成長産業化支援機構などの官製ファンドが設立され，ベンチャー企業向けの投資が実施されている。農林漁業成長産業化支援機構の場合，たとえば，2013年4月に発足した「上野村活性化投資事業有限責任組合ファンド」は，上野村，一般社団法人上野村産業情報センター，農林漁業成長産業化支援機構の総額10億円の協調出資によって，上野村の農林漁業活性化を目指している。

すなわち，地域の特色や資源の有効活用を促進するとともに，第1次産業，第2次産業，第3次産業の各事業者がそれぞれ技術やノウハウを持ち寄り，連携強化を図り，過疎からの脱却と次世代を担う強い産業を残すことを目的にしている[1]。

同様に，地域経済活性化支援機構は，地域経済の活性化と地域の信用秩序の基盤強化を目標として，有用な経営資源を有しながらも過大な債務を負っている事業者の事業再生を支援している。さらに，事業再生・地域活性化に不可欠な専門人材と経営人材の確保と育成，そして人材の還流を促す目的を持っている[2]。たとえば，2014年8月に社会福祉法人宇治病院を対象として支援が決定した再生支援案件の場合，京都銀行など関係金融機関などの債権放棄を含めた金融支援が実施された。その背景に，宇治病院が運営する医療・介護施設が所在地域の住民に包括的な医療・介護サービスを提供するなど高い公共性を有していることに加えて，地域の雇用への貢献への期待があった。

官製ファンドを概観しただけでも，リーマンショックの影響を受け経営が悪化した地方のベンチャー，小規模事業の再生・活性化，それに担い手である人材の重要性がクローズアップされつつあるように，コミュニティの役割を尊重せざるをえなくなっている[3]。ITの時代にふさわしく，専門技術や専門知識を有する専門家や彼らと協業する市民を主役とするだけに，今後，いかに人材をコミュニティに定着させるかがポイントになるものと思われる。この考え方を裏付けるのが，地域産業の存続に危機感を抱く中小企業が地域産業再生を目指す新たなコミュニティを誕生させた成功例である。柴山によれば，新たなコミュニティとは，①地域産業の先行きに危機感を持った地元の企業家，地域の有力企業をリタイアした人など多様な人々，さらに域外から新たな発想を持ち込む人など多様な人々が共通した危機感の下で，自主的に参加するオープンな社会，②公共的かつ自立的な精神を持つ参加者が，相互の個性を最大限発揮させながら進化を続ける社会のことである。

新たなコミュニティ誕生の背景には，たとえば，輸出産地として発展してきた地域産業が輸出競争力の低下と需要規模の減少に直面して，それまで培われ

てきた集積構造や産地問屋を軸としてきた分業構造を困難にしたことがあげられる。その対応策として，長年の間に蓄積されてきた技術，設備，技能を土台として，新たな特性を見出し，活用する試みが行われるようになっている。窯元や産地問屋が共同して製品を開発した有田焼のケース，他社の製造を請け負うOEMから脱して地域ブランドの構築や眼鏡フレーム以外の製品開発を行った鯖江眼鏡フレーム，福祉家具や大川ブランドを構築した大川家具などの事例が成功の証左である[4]。

(2) コミュニティビジネスの型

ところで，コミュニティビジネスは，図4-1のように，ベンチャービジネス，中小企業・マイクロビジネス（零細企業），コミュニティ型農業（小規模な野菜作，花き作，水田作農業）などの営利事業と，非営利事業であるソーシャルビジネスを含んでいる。このうち，ソーシャルビジネスは，営利型事業と異なって，組織を維持する程度の営利の追求に留めて，さまざまな社会的課題を解決するビジネスであると考えられてきた。

しかし，ソーシャルビジネスそのものも，営利事業発展型と非営利資源積極獲得型（組織存続型）の2つのタイプを有している[5]。前者は，地域資源を活用

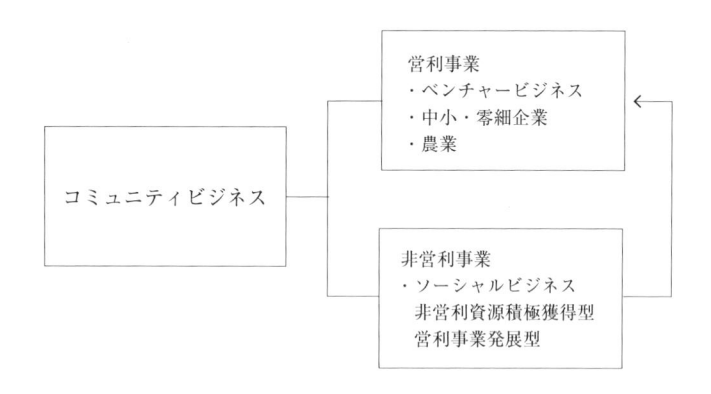

図4-1 コミュニティビジネスの型

出所）筆者作成。

して高付加価値商品・サービスの開発を行って販売し，地域コミュニティの形成や雇用創出につなげるような医療・介護，教育・子育てなどのソーシャルビジネスのことである。仮に立ち上げ期こそ補助や助成に頼るとしても，最終的にいかに事業収入をあげるかがポイントになる。本稿は，このタイプのソーシャルビジネスを営利事業発展型と呼称することにする。

これに対して，後者は地域の安全防犯活動，環境保全などの業務に携わっているが，これらの非営利資源積極獲得型のソーシャルビジネスは社会的に不利な立場にある人々にサービスを提供するケースや，受益者が特定できない環境問題などに対応するケースを対象とするものである。すなわち，受益者から直接対価を得ることが難しいので，補助金，助成金，寄付金を獲得するとともに有償労働だけでなく，ボランティアなどの非営利資源も活用しながら，事業を継続していくことになる。

しかし，補助金，助成金に頼るよりも，自ら収益を獲得しようとの考え方が強まる中で，非営利資源積極獲得型のソーシャルビジネスも，少なくとも組織を維持するだけの収入の獲得を目指すようになっている。それゆえ，立ち上げ期こそ非営利事業であっても，その業務が多様化するのにつれて，企業の社会的責任（CSR），社会的責任投資（SRI）や低所得層を対象とするBOPビジネスなどの営利事業が行う社会的な事業と境界線を引くのが難しくなってきた[6]。

本稿は，コミュニティビジネスの中でも，少子高齢化時代に重要性を高めると思われる医療・介護，教育・子育てなどの営利事業発展型ソーシャルビジネスを主な対象にする。しかし，なぜ営利事業発展型ソーシャルビジネスの発展が地域経済を活性化することができるのか，あらかじめ，その理由を述べておこう。

営利事業発展型ソーシャルビジネスを含めたコミュニティビジネスは，さまざまな参加者の協業によって飛躍的に生産を拡大する可能性を有するものと思われる。その理由を供給サイドと需要サイドの双方に求めることができよう。たとえば，家族などコミュニティ構成員が参加する介護であれば，そこに携わる全員の情報を詳細に把握しているため意思伝達のコストを低く抑え，介護に

要する用具なども効率的に使用することができる。まさしく，これがコミュニティの供給面のプラスの効果であるが，需要面でも高齢化社会の進展につれて介護サービスの必要性は増すばかりである。

　さらに，介護の規模を拡大して介護事業として考えてみても，ある一定の地域で生活する人々の連帯，協業が，低い固定費に加えて，情報の非対称性を緩和，さらに技術進歩を生むという供給サイドの効果を発揮することになる。技術進歩が経済発展過程に及ぼす効果はシュムペーターが強調するところであったが，営利事業発展型ソーシャルビジネスにも当てはまると考えられる。また，内生的経済成長論も，経済活動の過程で生じる新しい知識が技術進歩を生み，それが経済成長につながることを強調している[7]。

　介護事業を拡大する新しい技術知識は，個々の事業所が新規投資を行うとき，新しい技術知識を通じて投資効率を高める努力を通じて生産を拡大していくだけでなく，他の事業所の技術知識を増やしていく効果に着目できる。要するに，ハロッド＝ドーマーの開発モデルが有形資本（物的資本）だけを想定しているのに対して，内生的経済成長論の資本は知識その他の無形資本を含むので，技術知識の蓄積を通じて，資本の増加以上の効果を得ることになる。その結果，介護事業間の外部効果が分業の拡大を通じて収穫逓増現象を生み，経済の持続的成長をもたらすことになる。

　さらに，地域の制度・社会組織に焦点を当てることによって，内生的経済成長論を発展させるのが，内生発展アプローチである[8]。本稿がコミュニティビジネスとりわけ営利事業発展型ソーシャルビジネスを重視するのも，内生発展アプローチに近い視点に立っているからである。地域の制度と社会組織の変化が及ぼしていくプロセスそのものが成長に他ならないという視点に立てば，地域のプレーヤーが政策立案，遂行で重要な役割を果たす内生発展はボトムアップ型発展と言える。すなわち，事業経営者が，自主的に収益と投資意欲を高め，また技術革新を行うことによって，市場での競争力を形成していく。その結果，イノベーションの普及を通じて経済効率を高め，規模に関する収穫逓増的な効果を得ることを可能にする。

需要サイドも増加が予想される。たとえば，高齢化社会が介護事業の需要をますます拡大しようとしている。しかも，介護者のアイデアの集積やロボット事業などとの連携が快適な介護方法を開発し，新しい需要を生み出していくので，事業の拡大が生産コストを高騰させるとは思われない。すなわち，収穫逓減現象を生じさせることなく，地域を基盤とする事業の確立，さらに地域と地域を結ぶ形での介護事業の海外進出の可能性も秘めていることに着目できよう。

3．資金調達のチャンネル

(1) ソーシャルビジネスの発展と資金調達

しかし，ソーシャルビジネスの資金調達は容易ではない。営利事業発展型のソーシャルビジネスであっても，スタート時点では，図4-2のように，寄付金・会費，補助金・助成金，借入金，住民参加型ミニ市場公募地方債（ミニ公募債）を原資とした非営利事業が行われているものと思われる。収益を得られたとしても，組織を維持するだけのものであって，資本は形成されることはない。

そこで，当初は市場競争が不可能な事業であっても，社会的な収益が見込まれる場合には，スタート時に一定額の公的資金を投入することで，競争力を付与するプランが提案されてきた。その代表的なものが社会投資ファンド（SOIT）である[9]。環境整備や看護補助ロボットのように先端技術を要する事業の社会的収益率が高い場合でも，不動産投資ファンドと異なって私的収益率が低いた

資　産	負　債
非営利事業	寄付・会費 補助金・助成金 融資・借入 ミニ公募債

図4-2　ソーシャルビジネスのバランスシート
（組織の存続を目的とする状態）

出所）筆者作成。

め，市場経済的な投資が難しい。そこで，私的収益率と社会的収益率の格差をカバーするため，立ち上がり期に一時的に公的資金を導入することでファンドを設立して，投資を実現することになる。特に，時間を通じて規模の効果や学習効果が期待できるような場合，社会投資ファンドの意義は大きい。しかし，プロジェクトを立ち上げた後は，通常の民間企業と同様，受益者からの収入でプロジェクトを運用するので，PFIと異なって，みずからの創意工夫が活かされる反面，リスクは負担しなければならないことになる。

社会投資ファンドとして投入される公的資金は，従来の補助金とは異なって，プロジェクト発足時に一度だけ投入される資金であって，渡しきりの交付金とでもいうべきものである。プロジェクトの実施分野だけを議会で決定し，その優先順位は資本市場での資金調達の状況に任せることになる。

さらに，事業の拡大を通じて，市場での営利事業によって収益を獲得するようになると，図4-3のように，組織の維持に要される以上の収益が資本金として残されることになる。その状況下で寄付金・会費による資金調達は行われなくなる一方，融資・借入，出資，私募債発行が主な資金調達方法になる。ソーシャルビジネスの資金調達の期待を背負う金融機関は，地方銀行などの地域金融機関とりわけ信用金庫，農業協同組合（以下，農協と称する）などの協同組織金融機関であると思われる。

協同組織金融機関は低い取引コストに加えて，地域を地盤としているだけに情報の非対称性を比較的容易に克服できるという利点を持っている。しかし，

資　産	負　債
営利事業	補助金・助成金
	融資・借入
	出資
	私募債
	資本金

図4-3　ソーシャルビジネスのバランスシート
（営利事業に変わった状態）

出所）筆者作成。

その反面，営利事業だけでなく，非営利事業をも対象としているので，収益獲得に制約を受けがちになる。そのため，地域の資金を地域に還流する本来の機能が発揮されているとは言い難い状況が続いている。

　実際，農協と信用金庫の預貸率（農協は貯貸率）は，他の金融機関と比べて低いという問題を抱えている。ちなみに，2014年度末の信用金庫と農協の預貸率は，それぞれ，50.4％，23.3％であって，第二地方銀行74.4％，地方銀行72.8％，都市銀行61.6％に比べて低い。加えて，リーマンショック直前の2008年3月時点の預貸率に比べて，減少している。信用金庫と農協の減少率は，それぞれ，9.8％，11.4％であって，都市銀行の13.8％を別として，地方銀行3.8％，第二地方銀行3.0％よりも減少幅が大きい[10]。

　預貸率の低下は地域経済の低迷を反映しているが，信用金庫と農協は余資を次のように運用している。表4-1のように，信用金庫の資金運用は預け金（ほとんどが信金中金預け金）と有価証券を主にしているが，有価証券の構成は，社債その他41.6％，国債27.1％，地方債18.6％が主となっている。他方，農協の運用は，ほとんどが信農連への預け金であって，有価証券による運用はきわめて少ない[11]。その内訳は，国債40.1％，地方債24.3％，社債23.3％が主であった。

　信用金庫と農協は，都市銀行は言うまでもなく，地方銀行および第二地方銀行よりも，国債および株式保有比率が低い反面，地方債保有比率が高い。また，社債保有比率は信用金庫が最も高く，第二地方銀行，農協，地方銀行はそれに次ぐが，都市銀行の低い保有比率と対照的である。これらのことから，地域金融機関とりわけ協同組織金融機関が地域に密着した金融機関であることがわかる。

　それだけに，いかにして協同組織金融機関などの預貸率を高めるのか，そのためにいかにして地域，コミュニティの投資活動の活性化と資金チャンネルの強化を図るかが急務となる。本稿は，その1つの手段が，コミュニティと深くかかわっている企業，金融機関，NPO，市民，地方政府などの協業であると考えることにする。これら諸主体とソーシャルビジネス間には，間接金融型の融

表 4-1　金融機関別・保有証券残高（2013 年度）

(単位：億円)

	都市銀行	地方銀行	第二地方銀行	信用金庫	農業協同組合
国　　債	785,116 (61.6)	339,652 (44.1)	68,539 (42.1)	101,633 (25.4)	18,047 (40.1)
地 方 債	10,953 (0.9)	100,703 (13.1)	16,221 (10.0)	80,324 (20.1)	10,941 (24.3)
社　　債	76,451 (6.0)	166,798 (21.7)	44,313 (27.2)	167,223 (41.8)	10,472 (23.3)
株　　式	122,184 (9.6)	51,293 (6.7)	9,003 (5.5)	6,374 (1.6)	154 (0.3)
外国証券	257,117 (20.2)	82,482 (10.7)	16,255 (10.0)	34,853 (8.7)	---- ----
そ の 他	21,873 (1.7)	28,941 (3.8)	8,416 (5.2)	9,859 (2.5)	5,357 (11.9)
合　　計	1,273,694 (100.0)	769,869 (100.0)	162,747 (100.0)	400,267 (100.0)	44,992 (100.0)

注）括弧内の数字は構成比（％）。
出所）信金中央金庫（2014）および農林中央金庫（2014）より作成。

資・借入と直接金融型のファンド設定の2つのタイプの資金チャンネルが存在している。

(2) 間接金融タイプの資金チャンネル

　間接金融タイプの資金チャンネルを活用する協業の過程で，NPO がソーシャルビジネスと市民，家計を仲介するケースが生じている。協業の形式には，①事業の連携に伴う金融サイドの協業，②事業スタート時からの金融機関との協業，③協同組織金融機関と NPO バンクの協業，④協同組織金融機関が NPO に，直接，融資する協業の4つの形が存在している。

　第1に，事業そのものの連携，協業の事例を，農工商連携に見ることができる[12]。連携の形も変化しているが，特に 2005 年以降，自ら加工や販売を行う農林漁業者を主体とする連携から，農林漁業者と商工業者をともに主体とする連携が登場している。その背景に，食の安全を求める消費者，また安定した原

材料調達を必要とする商工業者のニーズがあった。たとえば，大隅物流事業協同組合のケースでは，需要サイドの要望に応じて，無農薬野菜の生産と物流までを一貫して請け負うビジネスを展開している。他方，生産・加工・物流・販売を一括してアウトソーシングしたいとの供給サイドの要望に応じて，高度化した情報・通信技術を活用したビジネスを展開している。この過程で，イノベーションを生むとともに，農業協同組合や信用金庫などとの協業が行われる可能性が生じる。

　第2に，事業体と金融機関が事業スタート時から協業するケースが見られる[13]。地域には，事業資金不足，人口減少，企業間ネットワークの不足など，特有の課題が存在しているため，これを克服する対策がとられている。

① 　資金不足を緩和する手段として，融資への便宜が図られている。ソーシャルビジネスなど小規模事業への貸出は情報の非対称性が高くリスクを伴いがちである。たとえば，新庄信用金庫の場合，バイオマスの活用にとって不可欠な生物資源の循環利用を支える諸機関の支援，地域の農業者，中小企業，住民，大学などの仲介や行政機関への申請支援，さらに的確な審査とスムーズな決済を可能にするなど地域金融機関の特性を活かした資金面の支援を行っている。

② 　人口減少対策として，協同組織金融機関が新事業創出や経営革新に取り組む中小企業を支援するようになっている。たとえば，協同組織金融機関の役割が相対的に大きい北海道において，大地みらい信用金庫は，新規事業の創出を主目的とする根室産業クラター創造研究会と，既存企業の事業転換や再生を主目的とする大地みらい信用金庫起業家支援センターの運営に取り組んでいる。

③ 　ネットワーク作りのため，金融機関を仲介者とする大学との協業が行われている。たとえば，多摩信用金庫は，中小企業，支援機関，大学が集積する地域で，創業支援，技術・経営アドバイスなどの事業支援，支援機関との連携を促進している。金融機関は大学との連携が難しい小規模事業を支援する役割を果たしている。

第3に，NPO バンクが中間支援組織として協業に加わるようになっている[14]。NPO バンクの役割は，市民が出資した資金を源泉として，地域社会や福祉，環境保全活動を行う NPO や個人などに融資することである。しかし，NPO 自身は資金を集めることを認められていないため，業容拡大に伴って増大するソーシャルビジネスの資金調達に応えることができない。そこで，NPO バンクが仲介役を務めることになる。ただし，金融商品取引法の改正下で，出資者に対して配当は許されていない。

　NPO バンクが最初に設立されたのは，1994 年の未来バンク事業組合であった。東京を活動地として，環境グッズ購入，NPO，エコロジー住宅，環境・福祉事業を融資対象にしていた。その後，次々に，NPO バンクが設立されたが，たとえば，2003 年に東京コミュニティパワーバンク（東京 CPB）が，生活クラブ生協，東京生活者ネットワーク，東京ワーカーズコレクティブ協同組合，NPO 法人アビリティクラブたすけあいの4団体を母体として設立された。設立の目的は，女性が代表を務める団体や法人格のない団体が資金調達するのが困難な状況を打開するため，市民自身の出資を可能にする仕組みを作ることにあった[15]。融資の対象は東京都内の事業者で，東京 CPB に出資している団体に限られるが，5人の賛同者とともだち融資団を組んで申請すると融資額も金利も優遇されるというグラミン銀行をモデルにしたともだち融資団制度が特徴的である。

　第4に，協同組織金融機関と NPO の直接的な協業が見られる。信用金庫と労働金庫の「NPO 事業サポートローン」がその典型であるが，NPO 法人を対象として，2000 年に，東京労働金庫（2001 年に中央労働金庫に改編），群馬労働金庫，近畿労働金庫が融資を開始した。また，2005 年に，奈良中央金庫が信用金庫として最初の「NPO サポートローン」を行った[16]。ただし，リスクも大きいので，「NPO サポートローン」への融資は，事業開始後3年という条件を課すことが多い。

4．直接金融タイプの資金チャンネル

(1) ファンドの創設

債券・株式市場の発行・流通市場の自由化，グローバル化の進展，さらに投資家保護の強化が，コミュニティビジネス向けのファンド創設に追い風になるものと思われる。しかし，小規模かつリスクが高いソーシャルビジネスが市場から資金調達する可能性は，厳しいのが実情である。そこで，私募債のように，6カ月以内で，通算して50人未満の少人数私募債制を利用することになろうが，信頼度が不十分なため，不特定な投資家から資金を集めることは容易ではない。それだけに，私募債とともに公共債に期待せざるを得ない。地方分権化の過程で，厳しい地方財政に対処すべく発行され始めた地方債が，市場公募地方債である。市場公募地方債には，全国型市場公募地方債（市場公募（個別債）），共同発行市場公募地方債（共同債），住民参加型市場公募地方債（ミニ公募債）の3つの型がある。

地方分権化に沿って，公的資金のシェアを減らす一方，民間資金特に公募債を増やす流れが定着しつつあるが，そのねらいは，財政改革の進展に合わせて市場メカニズムに基づいた資金調達の可能性を高めることにある。このうち，個別債は大規模な資金調達を目的として，1952年度から1972年度までは，東京都など3都道府県・5指定都市の8団体によって発行されたが，その後，発行団体が増加している。ちなみに，発行残高は2000年度の2兆2,690億円から2014年度の5兆2,490億円に増加した[17]。

これに比べ，2000年代に入ってから新しく開発されたのが，小型な公募債であるミニ公募債と相対的に大型な共同債である。共同債は公募債の共同発行により，ロットの確保を図り，民間資金調達を安定的かつ有利に行うことを目的として，2003年4月に発行され始めたが，ペイオフ対策の商品として拡大した。共同債の発行残高は，2003年度の8,470億円から2014年度の1兆4,740億円に増加した。

ミニ公募債は2002年3月に群馬県で発行された「愛県債」が最初であった

が，地方債の個人消化および資金調達手段の多様化と住民の行政への参加意識の高揚を目的としている。2002年度の発行額は10億円にすぎなかったのが，子育て支援サービスの充実や安全・安心な教育環境の整備を目的とする浜田市の発行額1億円，応募者利回り0.18％の「浜田きらめき債」，夜間救急センターの移転改築や帯広の森の施設整備を目的とする発行額2億円，応募者利回り0.32％の帯広市の「街づくり債」，特別養護老人ホーム建設支援を目的とする発行額10億円，応募者利回り0.25％の「さがみはらまちづくり債」など，2014年度の発行残高は1,502億円に増加した。

ミニ公募債は，ピークであった2005年の3,129億円に比べて伸び悩んでいるが，地域のニーズに直接応える民主導の金融システム構築の必要性が認識され始めた中で，今後，重要な役割を果たすものと考えられる。市場型間接金融の色彩が強まり，投資信託の販売量が増える可能性が強まると考えられるだけに，地域密着型金融の重要性が増しつつある。これまで，郵貯と証券会社は個人向け国債の販売に注力してきたが，地域金融機関，証券会社，ゆうちょ銀行がミニ公募債や共同債発行の仲介者としての機能を高めていくものと思われる。

(2) 民間主導型ファンド

民間主導型のコミュニティ・ファンドも，ソーシャルビジネスの資金調達の重要な手段になるものと思われる。コミュニティ・ファンドとは，株式を取得することなく，地域社会に金融サービスを供給するコミュニティ投資のことである。コミュニティ投資には，前節でとりあげた東京コミュニティパワーバンクのような融資を中心にする間接金融タイプと，本節で扱う直接金融タイプがある。

三菱UFJリサーチ＆コンサルティング株式会社の報告書によれば[18]，直接金融タイプにも，匿名組合契約，疑似私募債，非営利型株式会社の3つのタイプがある。このうち，匿名組合契約の事例として，2002年2月，鰺ヶ沢町において市民風車事業・建設費を調達したグリーンエネルギー青森（青森県青森市）

を挙げることができる。グリーンエネルギー青森の目的は，循環型社会の実現と地域の自立にあったが，市民風車事業，自然エネルギー・省エネに関する普及啓発および調査活動，社会制度の研究および提言事業，地域活性化に関する事業を行っている。風車建設を目的とした資金調達は匿名契約で臨み，建設費3.8億円の半分を補助金，残りの1.9億円を銀行融資と市民の出資で賄う予定であったが，銀行融資を受けられなかったため，市民からの出資金と自己資金で賄うことになった。

　この事業のモデルは，2001年に日本で初めて市民出資によって「市民風車はまかぜちゃん」を建設した「NPO法人北海道グリーンファンド」(北海道が活動地域) であった。北海道グリーンファンドそのものは，株式会社北海道市民風力発電をファンド募集の主体として，総事業費の8割を市民出資によって賄った。市民風車の意義および効果は，①市民自らの参加を通じて自然エネルギーに対する社会の関心を高めたこと，②地域循環型エネルギー経済による持続可能な社会形成に貢献したこと，③非営利性と営利を合わせ有することによって，風力発電や自然エネルギーに対する社会的受容性を高めたこと，④地域での資金循環を実現したことに求められる。このように，不特定多数の市民から資金調達するのに成功した北海道グリーンファンドの試みが，グリーンエネルギー青森などその後の市民風車の取り組みや太陽光発電事業につながっている。

　次に，疑似私募債の事例として，「NPO法人地域たすけあいネットワーク」を挙げることができる。このネットワークは，親の介護をしていた主婦らが助け合いの理念の下で結集し，1999年に設立された地域の相互扶助組織である。主な活動は，たすけあい事業と介護保険事業であるが，たすけあい事業は会員同士の有償の相互扶助事業である[19]。また，2001年には，介護事業に参入して，訪問看護事業，通所介護事業，障害者自立支援事業を行っている。会員収入 (年会費2,000円) と介護事業収入を主な収入源としている。しかし，金融機関の融資を受けられなかったことから，2001年と2003年の2度，疑似私募債を発行して，それぞれ，管理ソフトの購入と活動拠点の取得に充てた。

さらに，非営利株式会社型の事例として，2007年に設立された秋葉原駅付近地区のまちづくりを目的とする秋葉原タウンマネジメント（株）を挙げることができる。美観推進事業，交通治安維持事業，施設・地区整備事業，観光促進・産業創出事業の4事業を行っているが，秋葉原地域の清掃とパトロールを実施するほか，世界への情報発信を行うタウンメディア・観光事業として，広告サービスなどを行っている。

広告収入が主な収入源であるが，非営利会社であるだけに，地域の環境改善を利益とみなす独特な運営を行っている。また，会社組織なのでNPO法人と異なって，出資という行為により，株主として会社との連携や監視が可能になる。すなわち，資本を預かることによって，経営と所有を分離また透明性を確保できることになる。

上述のように，厳しい銀行借入の改善策は，プロジェクトの社会性や将来性を明示する借入サイドの努力とともに，金融サイドでの審査方法の改善が望まれる。また，秋葉原タウンマネジメントのように，出資を可能にする非営利会社の設立が一案と思われる。

5．ソーシャルビジネス活性化の条件

（1）地方分権化の進展

ソーシャルビジネス向け資金チャンネルの強化策は，一層の地方分権化と，市民・家計の参加を促す環境整備ではないのだろうか。地方分権化の進展が前提条件になると考える理由は，ソーシャルビジネスの資金需要と地方政府，地域金融機関，地域の企業，市民・家計間の資金供給を円滑に結び付ける環境が整うからである。コミュニティを基盤とするソーシャルビジネスは，日常的にコミュニティにかかわっている諸主体を主役にしてこそ，成長するはずである。

地方分権化そのものは，これまでも施策が積み重ねられてきた。第1に，財政面の分権化を挙げることができる。2000年の地方分権一括法は，効率的な小さな政府の実現を目指し，国庫補助金，税源移譲を含む税源配分，地方交付税の三位一体改革を行うことにあった[20]。しかし，移譲額が地方の合意を得

られるほどでなかったことから，地方交付税を引き下げたいとの中央政府の財政事情が背景にあったのではないのかと疑われた。そこで，地方公共団体自らの判断と責任による行政運営を促進し，個性豊かで活力に満ちた地域社会の実現を基本理念とする地方分権改革推進法が2007年4月に施行された。その後も，都道府県から市町村への事務・権限の移譲および義務付け・枠付の見直しが重ねられ，2015年6月，地方の発意に根差した新たな取り組みを推進する目的の第5次地方分権一括法が成立した。

　第2に，地域経済を対象とするようになった金融政策を挙げることができる。2004年12月，金融システムの活力を重視する「金融改革プログラム—金融サービス立国への挑戦—」が策定されたが，活力ある地域社会に寄与する金融システムが重視された。このスタンスは，アクションプログラムの遂行を目的とした「地域密着型金融の機能強化に関するアクションプログラム（新アクションプログラム）」に受け継がれた。各金融機関に地域密着型金融推進計画を提出，半年ごとに進捗状況を公表させることで，地域密着型金融の一層の推進を図るのが，そのねらいであった。事業再生・中小企業の円滑化，経営力の強化，地域の利用者の強化を3つの柱にしていたが，産学官のさらなる連携強化，ベンチャー企業創業・新事業支援機能強化，リスク管理体制の強化，担保・保証に依存しない融資の促進，協同組織中央機関の機能強化，地域の利用者の満足度を重視した金融機関経営の確立などの諸施策が含まれていた。

　第3に，コミュニティ基盤強化を目指す施策も行われた。2009年以降，活力ある地域社会の形成と地域主権型社会の構築を目指し，「緑の分権改革」などへの支援が行われている。緑の分権改革の目的は，豊かな自然環境，再生可能なクリーンエネルギー，安全で豊富な食料，歴史文化遺産などの地域資源を最大限活用する仕組みを，地方公共団体と市民，NPO等の協働，連携を通して創り上げ，地域の活性化，絆の再生を図ることにある。すなわち，地域から人材，資金が流出する中央集権型の社会構造を分散自立・地産地消・低酸素型に転換し，地域の自給力と創富力を高める地域主権型社会を構築しようとする取り組みである。

その後，2013年1月に閣議決定された「緊急経済対策」にしたがって，同年2月，地域の元気創造本部が設置され，地域活性化の視点から，成長戦略に取り組む体制が整えられた。地域経済イノベーションサイクルの全国展開のあり方が検討課題とされ，地域の資源や資金を結び付けて地域の元気事業の創出を図るイノベーションサイクルを各地で数多く積み重ねることによって，ボトムアップ型の経済成長を目指すことになった。

続いて，2015年6月に閣議決定された「経済財政運営と改革の基本方針2015」において，公的サービスの効率化を目的とする産業化が検討された。たとえば，医療，介護と一体的に提供することが効果的な健康サービスや在宅医療・介護の拡大に対応した高齢者向け住宅，移送サービスなどのニーズに応じた新たなサービスの供給を拡大することになった。また，民間資金の活用の視点から，官民連携によるソーシャル・インパクト・ボンドの活用が拡大されることになった[21]。

ソーシャルビジネスを対象とする官民連携が実現するようになってきただけに，地方政府・公共団体が中央政府以上に重要な役割を果たすことになるものと思われる。地方政府の財源として，中央政府の地方債に対する取り組み方も変わってきた。地方公共団体の自主性を高めるため，2006年度以降それまでとられていた認可制度に代えて，地方債の円滑な発行の確保，地方財源の保証，地方財政の確保などを目的として，協議制度に移行することになった。

同様に，地方債の構成も変わった。国の公共事業などには必要な公的資金を確保するとしても，都道府県および大都市については，民間資金による資金調達が重視されることになった。すなわち，①市場公募債を発行していない県においては，発行の推進，②安定的かつ有利な資金調達を行うための共同発行の推奨，③地域住民の行政参加意識の高揚とともに地方債の個人消化および資金調達の多様化を図るためのミニ公募債の発行が必要であるとした。

その結果，市場公募化手段を用いた地方債の発行額が増加することになった。また，地方債の構成において政府資金のシェアが低下，また民間資金の内訳も銀行引受のシェアが減少したのと対照的に，市場公募地方債のそれが増加

した[22]。しかし，今後，地方分権化を進めるためには地方交付税依存度のさらなる減少につながる地方独自の行政，地方独自の課税構造の推進が一層急がれることになる。地方の主な財源が地方税と地方債になっている現状から，ソーシャルビジネスを含め，コミュニティビジネスの経営力強化と民主導の金融システム構築の必要性が強く認識され始めている。しかし，その実現にとって，市民，家計の参加がポイントになる。

(2) 家計の参加

ソーシャルビジネスの資金チャンネルの視点から，年齢層別の貯蓄額を見てみよう。総務省統計局の「家計調査報告」によれば，2014年の1世帯（二人以上の世帯）当たり平均貯蓄保有額は1,798万円であるが，**表4-2**のように，貯蓄額が多いのは高齢世帯であって，60歳代の2,483万円，70歳代世帯の2,452万円のように，高齢世帯の貯蓄が多くなっている。対照的に，20歳代の268万円や30歳代世帯の610万円のように，若年層の貯蓄は少ない。

他方，負債は年齢に関係なく住宅・土地のための負債がほとんどであるが，高齢層のそれが少なくなっている。負債が多い世帯は，40歳代と30歳代世帯である。その結果，70歳代の2,374万円を筆頭に60歳代，50歳代世帯の純貯蓄は黒字であるが，30歳代の385万円を筆頭に，20歳代，40歳代世帯は赤字である。

この状況を見る限り，ソーシャルビジネスに対する資金チャンネルに関して，期待が寄せられるのは高齢世帯ということになる。資産保有の構成を見ても，その可能性が明らかである。たとえば，70歳代以上の世帯と60歳代世帯の定期性預金が貯蓄に占めるシェアは，それぞれ，47.8％，43.1％と，他の年齢層よりも高い。それだけでなく，有価証券保有比率も，それぞれ，16.8％，15.3％と高くなっている。したがって，NPOバンクなどが仲介する間接金融型また官民ファンドなど直接金融型のプロジェクトに参加する可能性が高いことになる。

しかし，60歳以上の高齢世帯にも，格差が存在することに留意する必要が

表4-2　1世帯当たり貯蓄・負債残高（二人以上の世帯。2014年）

(単位：万円)

	平均	～29歳	30～39	40～49	50～59	60～69	70歳～
年間収入	614	455	598	729	819	569	457
貯蓄	1,798 (100.0)	268 (100.0)	610 (100.0)	1,030 (100.0)	1,663 (100.0)	2,483 (100.0)	2,452 (100.0)
金融機関	1,761 (97.9)	261 (97.4)	579 (95.1)	978 (94.9)	1,590 (95.6)	2,451 (98.7)	2,442 (99.6)
通貨性預金	380 (21.1)	122 (45.5)	249 (40.8)	285 (27.7)	355 (21.3)	480 (19.3)	451 (18.4)
定期性預金	758 (42.2)	86 (32.1)	178 (29.2)	335 (32.5)	629 (37.8)	1,070 (43.1)	1,171 (47.8)
生命保険など	371 (20.6)	38 (14.2)	118 (19.3)	265 (25.7)	436 (26.2)	520 (20.9)	407 (16.6)
有価証券	251 (14.0)	15 (5.6)	35 (5.7)	93 (9.0)	170 (10.2)	381 (15.3)	413 (16.8)
金融機関外	37 (2.1)	7 (2.6)	30 (4.9)	53 (5.1)	74 (4.4)	33 (1.3)	10 (0.4)
負債	509 (100.0)	558 (100.0)	995 (100.0)	1,051 (100.0)	654 (100.0)	213 (100.0)	78 (100.0)
住宅・土地のための負債	458 (90.0)	514 (92.1)	943 (94.8)	975 (92.8)	558 (85.3)	178 (83.6)	59 (95.6)
住宅・土地以外の負債	37 (7.3)	16 (2.9)	32 (3.2)	53 (5.0)	76 (11.6)	26 (12.2)	13 (16.7)
月賦・年賦	14 (2.8)	28 (5.0)	20 (2.0)	23 (2.2)	20 (3.1)	9 (4.2)	5 (6.4)
純貯蓄	1,289	-290	-385	-21	1,009	2,271	2,374

注）括弧内の数字は，それぞれ，貯蓄と負債の構成比（％）。
出所）総務省ウェブ・ページより作成。

ある。保有貯蓄額を400万円未満の下位グループ，400万円以上～2,500万円未満の中位グループ，2,500万円以上の上位グループの3つに分けてみると，16.3％の高齢世帯が下位グループ，49.8％が中位グループ，34.0％が上位グループに属していることがわかる。

　さらに，貯蓄額を詳細に区分してみると，4,000万円以上を保有している世帯がすべての高齢世帯の18.2％を占めているのと対照的に，100万円未満の世

帯が 6.2％，100 万〜 200 万円の世帯が 3.4％，200 万〜 300 万円の世帯が 3.6％となっている[23]。

　この状況から，若年層および特に高齢の低資産層には，コミュニティビジネス，ソーシャルビジネスでの雇用の機会を増やす政策が要されることになる。そのためには，コミュニティを基盤として収益を得る可能性が高い介護や子育て事業などの育成，成長が待たれることになる。また，低資産層だけでなく高資産層もソーシャルビジネスに携わる環境が整えば，年金受給時期を遅らせることも，コミュニティでの消費を高める可能性も増すものと思われる。

　同時に，ソーシャルビジネスが有する収益漸増の潜在力が，高齢・高資産層の参加を促すはずである。たとえば，協同組織金融機関や NPO バンクを経由する間接金融型の出資とともにミニ公募債，官民ファンド，コミュニティ・ファンド，私募債，ソーシャル・インパクト・ボンドなど直接金融型の投資を呼ぶと考えられる。

　ただし，高齢者はリスクを避ける傾向が強い。有価証券を株式・株式投資信託，貸付信託・金銭信託，債券・公社債投資信託の 3 つに分類すると，最も株式・株式投資信託が低い 70 歳以上世帯の有価証券保有形態は，株式・株式投資信託が 67.3％，債券・公社債投資信託 28.1％，貸付信託・金銭信託 4.6％であった。対照的に，最も株式・株式投資信託が高い 40 歳以上世帯の有価証券保有形態は，株式・株式投資信託が 78.5％，債券・公社債投資信託 17.2％，貸付信託・金銭信託 3.2％であった[24]。

　上述のことから，当初は低リスクではあるが，コミュニティへの参加によって少なくとも満足度を高めることができるか，将来の収益をも見込める債券型の金融商品の開発がポイントになるものと思われる。

6．若干の提案——むすびに代えて——

　本稿は，地域経済の活性化の推進者として，医療・介護，教育・子育てなどの営利事業発展型のソーシャルビジネスに期待を掛けた。コミュニティを基盤としたこれらの事業は，少子高齢化社会の下でますます需要を高める一方，情

報の非対称性の緩和，取引コストの削減，さらに技術革新や経営組織の改革を引き出しやすい特徴を有している。それゆえ，収穫逓増現象をもたらし，収益を高め，営利事業に変わる可能性を秘めていることに着目できる。

問題は，組織存続型から営利事業発展型ソーシャルビジネスに移行していく過程で，それを支える資金チャンネルが確立されるかどうかである。地域，コミュニティと密接な金融機関である信用金庫や農業協同組合の預貸・預貯率が低いことから，ソーシャルビジネスの資金調達の厳しさがうかがわれる。この状況を克服するために，有望な事業の紹介・広報の工夫や，地域金融機関，地方政府，NPO・市民団体，大学，市民などの協業，連携が望まれる。

連携のタイプには間接金融型と直接金融型が存在するが，NPOバンクの仲介，さまざまな官製・民間ファンドの設定が行われるようになっている。いずれのタイプであっても，民間部門が主導するようになろうが，新しいコミュニティにふさわしい新しい資金チャンネルを確立する3つの条件を提案しておこう。

第1に，高齢世帯の貯蓄と投資を惹きつける環境整備が要される。公的年金によって消費を賄うのが難しく，それが高齢者の資金の有効活用のネックになっている。また，高齢世帯も高貯蓄世帯と低貯蓄世帯に分かれていることに留意する必要がある。それだけに，特に低貯蓄世帯に最低水準の公的年金を保証する年金のグランドデザインを提示することが前提となる。同時に，特に低貯蓄高齢世帯をソーシャルビジネスで雇用をすることで，コミュニティ内の資金循環を活性化するとともに，年金受給開始時期を遅らせることも可能になると考えられる。他方，高貯蓄世帯のコミュニティへの参加意欲を高めるような金融商品を開発する必要がある。

第2に，ソーシャルビジネスの資金調達を円滑化する金融・資本市場の整備，とりわけNPOの事業活動を支援する手段を提案したい。家計と金融機関を仲介するNPOは，自ら資金を集めることができないので，NPOバンクを経由せざるをえない。また，営利事業と異なって，出資に頼ることができないこともネックになっているので，法人格の認可を通じて，市民の出資を増やすことが

できるものと思われる。特に，環境関連事業のように社会的収益は高くても私的収益が小さな非営利事業の場合は，ミニ公募債の発行やコミュニティ・ファンドと同様，寄付金に頼るケースも多くなるものと考えられる。寄付を募るためには，社会的投資減税制度の拡充が有効な手段になるものと思われる。

　第3に，貯蓄者，投資家保護体制の強化を提案したい。規制の型はソーシャルビジネスの伸長につれて変わるはずである。NPO・NGO，企業，会員などの連携によって運営される小規模な段階では，自主規制が望ましい。しかし，規模の拡大に伴って，市民の貯蓄を原資とした貸出や投資が行われるようになるのにつれて，リスクを伴う資金調達も行われることになる。それに応じて，金融機関側の情報生産機能，また政府のプルーデンス規制および情報規制の強化が要されることになる。

1) 農林漁業成長産業化支援機構（A-FIVE）ウェブ・ページ。
2) 地域経済活性化支援機構ウェブ・ページ。
3) コミュニティと市民企業家，社会的企業家（ソーシャル・アントレプレナー）の関係については，勝又・岸（2004），172-181ページおよび岸・島・浅野・立原（2014），136-141ページを参照。
4) 柴山清彦（2011），7-16ページ。
5) 経済産業省ウェブ・ページ。
6) コミュニティビジネスも社会的企業と同様，社会的なミッションの実現を目指していると考え，社会的企業に含めて考えることもできる。鈴木正明（2009），27ページを参照。
7) 岸真清（2013），第1章および速水佑次郎（2000），179-181ページを参照。
8) Vázquez-Barquero, A. (2010), pp. 53-79 を参照。
9) 西村・山下編著（2004），1-30ページ。
10) 農林中央金庫（2015）および『農林金融』第68巻第8号（8月）より算出。ちなみに，2014年度末の預金残高は，信用金庫128兆602億円，農協91兆5,079億円，都市銀行294兆2,030億円，地方銀行235兆6,986億円，第二地方銀行61兆5,005億円，同様に，貸出残高は，信用金庫64兆4,792億円，農協21兆3,500億円，都市銀行181兆2,210億円，地方銀行171兆6,277億円，第二地方銀行45兆7,693億円であった。
11) 信用金庫の場合，2013年3月末の有価証券は39兆414億円であって，運用資産

残高は 68 兆 9,163 億円の 56.7％を占めていた。対照的に，農協の場合，預け金は 64 兆 9,505 億円と総資産の 59.8％を占めていたが，有価証券は 4 兆 4,992 億円であって，4.1％を占めるのにすぎなかった。信用金庫は信金中央金庫地域・中小企業研究所（2014），農協は農林中央金庫（2014）による。
12) 丹下英明（2009），30-44 ページ。
13) 中小企業金融公庫総合研究所（2008），3-60 ページを参照。
14) 三菱 UFJ リサーチ＆コンサルティング株式会社（平成 20 年度環境省請負業務）ウェブ・ページ。
15) 出資条件は 1 口 5 万円，契約期間なし，配当なし，金利 2％，融資条件は限度額 1,000 万円，契約期間なし，金利約 2％であった。
16) これらの融資は上限額を 300 万～500 万円とするものが多いが，福島信用金庫のように融資額が 1,000 万円のケースや，介護系 NPO 法人などの設備資金に関しては，介護保険報酬を担保とした動産を担保とすることで，より多額の融資を行うようになった。澤山弘（2005），59-63 ページ。
17) 全国型市場公募地方債（個別債），共同発行市場公募地方債（共同債），住民参加型市場公募地方債（ミニ公募債）の発行額は，地方債協会『地方債月報』各年次版による。
18) 三菱 UFJ リサーチ＆コンサルティング株式会社，前掲書。
19) 主な活動は，たすけあい事業と介護保険事業であるが，このうち，たすけあい事業は会員同士の有償の相互扶助事業で，利用者は時間当たり 850 円を事務局であるネットワークに支払い，サービス提供者が時給 750 円を受け取り，差額の 100 円が事務局収入になる。三菱 UFJ リサーチ＆コンサルティング株式会社，同書。
20) 三位一体改革をめぐる審議およびその後の地方分権化に関する施策については，総務省『地方財政白書』各年次版を参照。
21) 内閣府ウェブ・ページ。
22) 2000 年度から 2013 年度にかけて，政府資金のシェアは 39.1％から 9.4％に減少，民間資金は 50.7％から 85.9％に増加している。また，民間資金は銀行引受と市場公募債が主であるが，2000 年度の民間資金に占めるシェアは，それぞれ，60.1％と 39.9％であった。しかし，2013 年度には，それぞれ，44.5％，55.5％に変わった。地方債協会『地方債月報』，各年次版による。
23) 総務省ウェブ・ページ。
24) 総務省，同書。

参 考 文 献

勝又壽良・岸真清『NGO・NPO と社会開発』同文舘出版，2004 年

岸真清『共助社会の金融システム』文眞堂，2013 年

岸真清・島和俊・浅野清彦・立原繁『ソーシャル・ビジネスのイノベーション』同文舘出版，2014 年

澤山弘「NPO・コミュニティビジネスに対する創業融資―行政や「市民金融」(「NPOバンク」) との協業も有益―」信金中央金庫『信金中金月報』第 4 巻第 9 号 (9 月)，2005 年

柴山清彦「地域産業再生のための「新たなコミュニティ」の生成」日本政策金融公庫総合研究所『日本公庫総研レポート』(No. 2011-4)，2011 年

信金中央金庫地域・中小企業研究所『全国信用金庫概況』(2013 年度)，2014 年

鈴木正明「社会的企業をどのように支援すべきか―収益性向上の取り組みから得られる含意―」日本政策金融公庫総合研究所『日本政策金融公庫論集』第 4 号 (8 月)，2009 年

丹下英明「最近の農工商連携にみる新たな動向」日本政策金融公庫総合研究所『日本政策金融公庫論集』第 5 号 (11 月)，2009 年

地方債協会『地方債月報』各年次版

中小企業金融公庫総合研究所『地域活性化に向けた地域金融機関の多様な取組み』(中小公庫レポート) No. 2008-5 (9 月)，2008 年

西村・山下編著『社会投資ファンド―PFI を超えて―』有斐閣，2004 年

農林中央金庫『農林漁業金融統計』，2014 年

農林中央金庫『農林金融』第 68 巻第 8 号 (8 月)，2015 年

速水佑次郎『新版　開発経済学』創文社 (現代経済学選書)，2000 年

Vázquez-Barquero, A., The New Forces of Development: Territorial Policy for Endogenous Development, Singapore: World Scientific Publishing, 2010

経済産業省ウェブ・ページ「ソーシャル・ビジネス推進研究会報告書 (平成 22 年度地域新生町産業創出促進事業)」(http:// www. meti. go. jp/ policy/ local_ economy/ sbcb/sb%20suishin%kenkyukai/sb%suishin%20kenkyukai%20hokokusho.pdf)

総務省統計局ウェブ・ページ「家計調査報告 (貯蓄・負債編)」(http://stat.go.jp/data/sav/sokuhou/nen/pdf/h26_gai.pdf)

地域経済活性化支援機構ウェブ・ページ「再生支援案件　事例集」(http:// www.revic.co.jp/about/overview.html)

内閣府ウェブ・ページ「経済財政運営と改革の基本方針 2015―経済財政再生なくして財政再建なし―」(http:// www5. cao.go.jp/ keizai-shimon/ kaigi/ cabinet/ 2015/ 2015_basicpolicies_ja.pdf)

農林漁業成長産業化支援機構 (A-FIVE) ウェブ・ページ「サブファンドについて」(http:// www.a-five-j.co.jp/subfund/subfund_list.html)

三菱 UFJ リサーチ＆コンサルティング株式会社 (平成 20 年度環境省請負業務) ウェ

ブ・ページ「平成20年度コミュニティ・ファンド等を活用した環境保全活動の促進に係る調査検討業務報告書」(http://www.go.jp/policy/community_fund/pdf/mokuji.pdf)

第5章　日本における証券会社再編の検証
　　　──市場データによる分析──

1．はじめに

　わが国では，1992年に成立した金融制度改革法と，1998年に成立した金融システム改革法により，証券業に関する規制が大きく緩和された[1]。特に金融システム改革法によって，売買委託手数料の自由化が実施され，証券業が免許制から届出制に変更されたことにより，証券業界の競争は激しいものとなった。また金融持株会社設立の解禁などを契機に，邦銀や外資系金融機関を巻き込んだ業界再編が進んだ。金融システム改革が実施されるまで銀行業務と証券業務は業態間規制によって厳しく分離されてきたが，その垣根が段階的に引き下げられたことによって，銀行系証券会社の影響力の拡大が著しいものとなった[2]。本稿の目的は，このような証券業における再編について，市場からの評価を検証することである。この時期の証券業の再編は，証券業界内だけの問題ではなく，証券業務と銀行業務の分離に関連した重要な問題であり，金融コングロマリット形成に対する評価など，わが国の金融業界や金融システムのあり方を考える上で，またわが国だけでなく世界各国における規制のあり方を考える上で，示唆に富む結果を確認できると期待される[3]。

　金融機関の再編の効果に関しては，欧米を中心に多くの先行研究が蓄積されている。例えば財務データを利用した分析では，利潤効率性や費用効率性などに関して検証されているが，これらの先行研究のほとんどは銀行業を中心としており，わが国証券業に関する研究は十分に行われていない[4]。また証券業の再編に関して，市場からの評価に関する研究も蓄積が十分とはいえないのが現

状である。本稿で市場からの評価に着目するのは，わが国の証券業の経営体質の問題にも関連している。バブル経済の崩壊後，わが国の証券業ではコーポレート・ガバナンスの欠如を象徴するような数多くの不祥事が明るみになった。たとえば，不正な利益供与や粉飾決算などがニュースで大きく取り上げられ，社会問題となった。したがって，再編が企業組織の変化などを通じたコーポレート・ガバナンスの強化に結び付くと期待されるのであれば，市場による評価はプラスが予想される。その一方で，業務の複雑化などにより適切な経営が行われなくなることが期待されれば，市場からの評価はマイナスが予想される。また合併や持株会社設立など，再編の形態によって市場の評価が異なる場合は，共通した結果が得られないことも予想される。

　このような規制緩和とコーポレート・ガバナンスの観点から奥山 (2009) では，金融制度改革法と金融システム改革法が証券会社に与えた影響について，上場証券会社の株式のリターンとリスクに関する分析を行っている。この結果，金融制度改革は証券会社のリスクを高めると評価されていたが，金融システム改革では証券会社のリスクは低くなると評価された。本稿で分析対象とするのは金融システム改革に関連する期間であるが，金融システム改革では規制緩和による証券会社の業務内容変化や組織変更がリスクを引き下げる結果となっており，市場から好意的に評価されていたことを示している。奥山 (2009) では証券会社に与えた影響を分析対象としたが，本稿では証券業の再編を分析対象としている。このため本稿では，先行研究とは異なった観点から，証券業界に対する市場からの評価を検証することが期待される。

　本稿の構成は以下の通りである。2節では証券業を取り巻く環境を概観する。3節で分析手法とデータを確認し，4節で分析結果を検証する。最後に5節でまとめを行う。

2．証券業を取り巻く環境[5]

　1998年に成立した金融システム改革法によって，わが国の証券市場改革は大きく前進した。この金融システム改革法は，1996年に提唱された日本版ビッ

グバンの実現を目標としており，金融規制の緩和が大きく進められた。たとえば銀行業務と証券業務の関係では，銀行系証券子会社の業務制限の撤廃や銀行での投資信託の窓販解禁などが認められ，垣根が大きく引き下げられた。また，証券会社が免許制から原則登録制へと変更され，証券会社の新規設立が容易となった。さらに1997年に金融持株会社も解禁されたことにより，金融再編が進む環境が整えられていった。証券取引についても，取引所集中取引義務の撤廃や株式売買委託手数料の完全自由化など，関連規制が大きく緩和された。

　これら証券業・証券市場改革の進展により，証券業界内や業態の垣根を越えた提携や統合が進んだが，このような再編が行われたのは証券業界を取り巻く環境も大きな要因であった。1997年に発生した大手銀行や大手証券会社の総会屋への利益供与問題や，北海道拓殖銀行や山一證券の経営破綻に端を発した金融不安は，金融業界に大きな影響を与えた。大手都市銀行では，規模の拡大による信用力強化や競争力確保のために合併が進み，メガバンクが形成された。この都市銀行再編に伴い，銀行系証券会社や銀行の証券子会社の再編が行われた。三菱系で三菱証券が設立されたことを始め，みずほ系ではみずほ証券やみずほインベスターズ証券，三井住友系ではSMBCフレンド証券，UFJ系ではUFJつばさ証券などが相次いで設立された[6]。

　このように銀行系を中心とした証券会社再編が進むのに対し，大手証券会社はそれぞれ異なった戦略をとった。たとえば，大和証券は三井住友グループと資本提携し，リテール部門とホールセール部門との分社化を行った[7]。一方で，この時期に日興証券は東京三菱銀行と緊密な関係にあったが，外資系のシティ・グループとの提携を行い，三菱系の証券会社の再編には加わらなかった[8]。野村證券は，日本興業銀行との提携の試みなどさまざまな経緯を経て，独立路線を歩むことを選択した。

　これらの大手証券の再編では，金融持株会社が活用された。1999年4月の大和証券グループ本社を始め，2001年10月の野村ホールディングス，日興コーディアルグループと，三大証券は相次いで金融持株会社を設立した。三大証券だけではなく，準大手の岡三証券も2003年10月に金融持株会社である岡三ホー

ルディングスを設立した。さらに，銀行系列の証券会社は，銀行再編の過程で設立された銀行系金融持株会社の傘下に組み込まれた。たとえば，三菱証券は三菱東京フィナンシャル・グループ，新光証券やみずほインベスターズ証券はみずほフィナンシャルグループ，SMBCフレンド証券は三井住友フィナンシャルグループのそれぞれ連結対象となった[9]。これらの金融持株会社の設立による再編とは別に，準大手以下の証券会社を中心とする合併も相次いだ。しかし本稿の分析対象期間における上場証券会社の再編は，銀行系列証券会社や大手証券会社に関連するものであった。

3．証券業再編に対する市場評価を分析する手法とデータ

本稿では，証券会社の再編に関するニュースが市場による企業評価に与えた影響について，イベント・スタディを行って確認する。

イベント・スタディでは，イベント日（$t=0$）を特定し，イベントを経験したサンプル企業を抽出する。そして，サンプル企業の株価に対して，イベントが発生していない場合に予想されるリターンと現実のリターンの差である超過収益率の統計的な有意性を確かめ，市場による評価を確認する。具体的なサンプルは次に述べるが，本稿では証券会社の合併や持株会社化が新聞に掲載された日をサンプル日と定義し，掲載された上場証券会社をサンプルとして抽出する。市場からの評価を詳細に検証するために，合併・持株会社化などすべての再編を含んだケースだけでなく，合併のみを対象としたケース，持株会社化のみを対象としたケースについても分析を行う。

上記の方法で抽出された個別サンプルに対して，イベント日の150営業日前から31営業日前まで（-150営業日～-31営業日）の120営業日を計測期間（estimation window）として，以下の（1）式で表されるマーケットモデルを最小二乗法によって推定する[10]。

$$R_{it} = a_i + b_i R_{mt} + \xi_{it} \quad , \quad t = -150, \cdots, -31 \quad (1)$$

ここで R_{it} は t 営業日における第 i 企業の株式の収益率, R_{mt} は t 営業日における TOPIX の収益率, ξ_i は期待値がゼロ, 分散が $\sigma_{\xi_i}^2$ の正規分布に従う撹乱項である。したがって a_i と b_i が推定されるパラメータとなる。

続いてマーケットモデルの推定によって得られた $\hat{a}_i$ と $\hat{b}_i$ を利用して, イベントの結果発生した超過収益率を証券会社ごとに, イベント日とその前後それぞれ5営業日（-5営業日〜+5営業日）に関して（2）式によって計算する[11]。

$$AR_{it} = R_{it} - (\hat{a}_i + \hat{b}_i R_{mt}) \quad , \quad t = -5, \cdots, +5 \qquad (2)$$

さらにイベント日（$t=0$）を基準に揃えられたサンプル企業（サンプル数：N）の株式の超過収益率の算術平均をとることで, イベント期間の各営業日における平均超過収益率を計算する。

$$AR_t = \frac{1}{N} \sum_{i=1}^{N} AR_{it} \qquad (3)$$

この AR_t に対して Z 検定を行うことで有意性を確認する。

またこの平均超過収益率の累積効果を確認するために,（4）式によって累積平均超過収益率を計算する。

$$CAR(l_1, l_2) = \sum_{t=l_1}^{l_2} AR_t \qquad (4)$$

ただし平均超過収益率を累積する期間は, 全イベント期間（$l_1: t=-5, l_2: t=-4$〜 $t=+5$）とともに, 期間1（$l_1: t=-5, l_2: t=-2$）, 期間2（$l_1: t=-1, l_2: t=0$）, 期間3（$l_1: t=+1, l_2: t=+5$）の3つの期間に分割したものも計算する。これは全期間について視覚的に確認するためグラフ化するとともに, 各期間について統計的有意性を検証するためである。ニュースが事前に漏れていた可能性を考慮してイベント日以前（期間1）とイベント日及びその前日（期間2）を分割し, さらにイベントの持続的影響を見るためにイベント日以後（期間3）の累積効

果に関しても Z 検定を行う[12]。

　上記の分析では Z 検定によって有意性の確認が行われる。しかしこの Z 検定はパラメトリックな検定方法であり，イベント・スタディではノンパラメトリック検定である順位検定が併用されることが多い。本稿でもそれに従い，Corrado (1989) の順位検定も利用する[13]。この順位検定は，J_4 統計量と呼ばれる検定統計量を求め，イベント発生時の超過収益がゼロであるという帰無仮説を検定するものである。

　推定期間（estimation window）とイベント期間（event window）における AR_{it} の順位を K_{it} とすると，t 営業日における検定統計量 J_4 は (5) 式で求められる。

$$t \text{営業日の} J_4 \text{統計量} = \frac{\frac{1}{N}\sum_{i=1}^{N}\left(K_{it} - \frac{132}{2}\right)}{S(K)} \quad (5)$$

$$\text{ただし}\quad S(K) = \sqrt{\frac{1}{131}\sum_{t=-150}^{5}\left(\frac{1}{N}\sum_{i=1}^{N}K_{it} - \frac{132}{2}\right)^2} \quad \text{である。}$$

　このとき計算対象となっているのは，推定期間（estimation window）とイベント期間（event window）なので，$t = -150, \cdots, -31, -5, \cdots, +5$ であり，$t = -30, \cdots, -6$ は除外されている。

　続いて再編を行った証券会社と，使用したデータに関して確認する。表5-1が分析対象となった再編16件の一覧である。ここでは再編がニュースとなった時点を取り上げるため，実際に再編が行われた時点よりも前が対象日となっている[14]。期間は金融システム改革の影響が期待される1998年度から2003年度を対象とし，証券会社の再編に関して大きな情報量が期待できる日経4紙（日経新聞，日経金融新聞，日経産業新聞，日経流通新聞）から情報を収集した。同一ニュースについて複数の掲載がある場合には，もっとも早い記事を対象とし，市場における株式取引終了後のニュースは翌営業日，取引開始前及び取引時間

中の場合には掲載当日をイベント日と特定した。株価収益率の変動を確認するため，上場企業同士の合併の場合にはそれぞれが，上場企業と非上場企業の合併の場合には上場企業のみがサンプルとなっている。

表5-1 イベント日一覧

イベント内容	イベント日
（合併）**東海丸万証券** + 内外証券→東海丸万証券	1998/7/28
（持株会社化）**大和証券**→大和証券グループ本社	1998/7/28
（合併）**明光証券** + **ナショナル証券**→明光ナショナル証券	1998/10/1
（持株会社化）**日興証券**→日興コーディアルグループ	1999/2/22
（合併）**新日本証券** + **和光証券**→新光証券	1999/3/18
（合併）**ユニバーサル証券** + **太平洋証券** + 東和証券→つばさ証券	1999/5/13
（合併）**第一證券** + (ユニバーサル証券 + 太平洋証券 + 東和証券)→つばさ証券	1999/6/22
（合併）**山種証券** + 神栄石野証券→さくらフレンド証券	1999/9/27
（合併）**東京証券** + **東海丸万証券**→東海東京証券	2000/2/17
（合併）**勧角証券** + **大東証券**	2000/3/17
（持株会社化）**野村證券**→野村ホールディングス	2001/3/5
（合併）**つばさ証券** + UFJキャピタルマーケッツ→UFJつばさ証券	2001/11/22
（合併）**国際証券** + 東京三菱証券 + 東京三菱パーソナル証券	2001/11/26
（合併）**明光ナショナル証券** + さくらフレンド証券→SMBCフレンド証券	2002/9/26
（持株会社化）**岡三証券**→岡三ホールディングス	2003/3/17
（合併）SMBCフレンド証券 + 泉証券	2003/9/24

注) 太字の証券会社がサンプルとなる上場会社。

今回の対象となった16件の再編のうち，4件が持株会社化，12件が合併である。持株会社化の場合にはそのまま4社が対象となり，合併の場合には上場している17社が対象となっている[15]。また，つばさ証券設立に対して，ユニバーサル証券と太平洋証券（それに加えて非上場の東和証券）の合併ニュースは1999年5月14日朝刊に，第一證券がユニバーサル証券などの合併に合流するニュースは1999年6月19日朝刊に掲載されたため，1995年5月14日と1996年6月21日（6月19日が土曜日のため）をそれぞれのイベント日と特定した。

以下では，再編全体とともに，持株会社化グループと合併グループに分割した分析も行う。表5-1に掲載の証券会社を確認すると，合併はすべて銀行との関連が強い証券会社が行っている[16]。したがって証券会社の合併は，銀行の再編と大きく関連していることが分かる。銀行の再編に呼応して，銀行系列の証券会社や銀行の証券子会社が合併を行っていたと考えられる。

なお，それぞれの株価データ及びマーケットデータとしてのTOPIXデータは，日経NEEDS Financial Questから取得した。ここではニュースの影響を確認するため，日次の終値データを利用しており，終値の得られない場合は当日採用価格で代替した[17]。

4．計測結果

表5-2は全サンプルを用いた結果をまとめたものである。イベント日（$t=0$）とその前日（$t=-1$）は1％有意でプラスの値となっている。これは証券会社再編のニュースが，市場で好意的に受け止められていたことを示すものであり，再編による収益性向上や費用削減を期待されていたと考えられる。しかしながらイベント日以降（$t=1$～）は，有意ではないものの符号がすべてマイナスである。これは証券会社再編のニュースに対して市場が過剰反応をしたことへの対応とも考えられ，冷静になった市場からの再評価であると考えられる。図5-1は累積効果であるCARを視覚的にあらわしたものであるが，市場からの評価が持続しなかったことはこの図5-1からも明らかである。CAR（l_1, l_2）を確認すると，期間1（イベント以前）は5％有意水準でプラス，期間2（イベント日）は1％有意水準でプラス，期間3（イベント以後）は5％有意水準でマイナスとなっている。特にイベント日のプラス効果をその後に打ち消すマイナス効果が発生していたことが分かる。これらの結果から，トータルでは市場からプラスの評価を得られなかったと解釈することができる。順位検定に関しては，例えばイベント日（$t=0$）とその前日（$t=-1$）は，有意ではない結果となっている。市場からの評価が企業ごとに大きな差があるため，順位検定では有意な結果が得られなかったと考えられる。

表5-2 全サンプルの結果

イベント日	ARt	Zar 値		順位検定 J4 統計量		CAR(l_1, l_2)	Zcar 値	
-5	0.187%	0.428		1.380				
-4	0.652%	1.157		-1.401				
-3	0.415%	1.106		-1.406		2.034%	2.425	**
-2	0.780%	2.159	**	-0.885				
-1	1.842%	3.913	***	-1.385				
0	2.633%	3.273	***	-0.532		4.475%	5.081	***
1	-1.301%	-0.953		-1.522				
2	-1.053%	-1.454		-1.333				
3	-0.682%	-0.752		0.369		-4.885%	-2.523	**
4	-1.134%	-1.335		2.644	***			
5	-0.714%	-1.148		1.485				

注）*** は1％，** は5％，* は10％でそれぞれ有意。

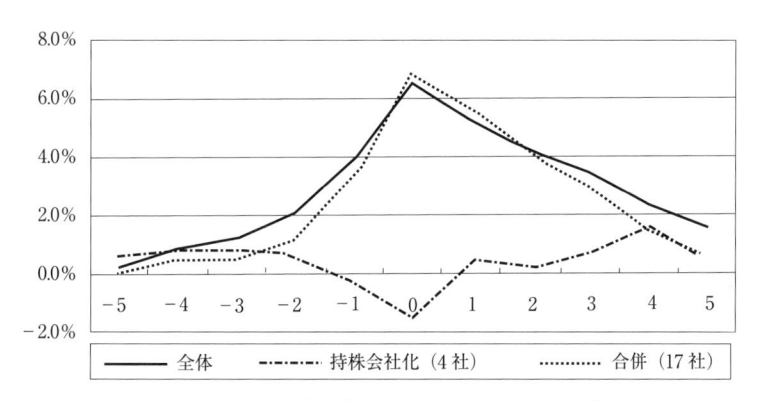

図5-1 証券会社再編のアナウンスメント効果

表5-3は持株会社化をした証券会社4社のみをサンプルとした結果である。Z検定では有意な営業日はなく，順位検定でも $t=+2$ のみが10％水準で有意となったのみである。すべての期間に対して CAR (l_1, l_2) も有意ではなく，市場は証券会社の持株会社化のニュースに対して反応しなかったことが明らかと

なった。図5-1を確認しても市場が証券会社の持株会社化のニュースに反応をしていなかったことが分かる。

表5-3 持株会社化（4社）の結果

イベント日	ARt	Zar 値	順位検定 J4 統計量	CAR(l_1, l_2)	Zcar 値
-5	0.548%	0.326	-0.309		
-4	0.220%	0.213	1.221		
-3	-0.052%	0.028	-0.353	0.589%	0.27058
-2	-0.126%	-0.025	0.559		
-1	-0.926%	-0.618	1.000		
0	-1.092%	-0.729	-0.750	-2.018%	-0.95272
1	1.873%	1.283	-0.927		
2	-0.192%	-0.250	1.662 *		
3	0.474%	0.419	-1.280	1.840%	0.61483
4	0.847%	0.655	0.103		
5	-1.161%	-0.731	0.353		

注）*** は1％、** は5％、* は10％でそれぞれ有意。

表5-4は合併を行った17社をサンプルとした結果である。イベント日($t=0$)と前日（$t=-1$）は1％有意でプラスとなっている。またそのプラスの値も大きなものである。CAR (l_1, l_2) を確認すると、期間1（イベント以前）が有意でないもののプラス、期間2（イベント日）が1％有意水準でプラス、期間3（イベント以後）が1％有意水準でマイナスとなっている。期間3（イベント日以後）のマイナスが大きく、それまでのプラス効果を相殺している。これを図5-1で確認すると、イベント日に大きなプラス効果があるものの、イベント日以降は蓄積されたプラス効果が減少していることが分かる。

以上の結果を踏まえて表5-2、表5-3、表5-4および図5-1を確認すると、証券会社再編に関して、その再編タイプによって異なる市場評価を受けていたことが分かる。持株会社化を発表した証券会社に対しては、市場はプラスの反

第5章　日本における証券会社再編の検証　77

表5-4　合併（17社）の結果

イベント日	ARt	Zar値		順位検定 J4統計量		CAR (l_1, l_2)	Zcar値	
-5	0.002%	0.151		1.550				
-4	0.445%	0.664		-1.911	*			
-3	0.066%	0.495		-1.331		1.188%	1.628	
-2	0.676%	1.946	*	-1.128				
-1	2.089%	4.054	***	-1.813	*			
0	3.652%	4.261	***	-0.274		5.741%	5.879	***
1	-1.319%	-0.632		-1.238				
2	-1.470%	-1.893		-2.004	**			
3	-1.143%	-1.312		0.860		-6.328%	-3.028	***
4	-1.586%	-1.803	*	2.711	***			
5	-0.810%	-1.131		1.413				

注）***は1%，**は5%，*は10%でそれぞれ有意。

応もマイナスの反応も見せていない。これに関しては，いくつか理由が考えられる。たとえば，金融持株会社の設立が認められた際に将来の大手証券会社の持株会社化が想定されていれば，実際の持株会社化発表の際にはその評価は既に株価に織り込まれていたというものである。これは証券会社の再編に関する市場の評価としては合理的なものである可能性が高い。この点を確認するために，金融持株会社を解禁する「銀行持株会社創設特例法」と「銀行持株会社整理法」が参院本会議で可決成立した，1997年12月5日をイベント日としたイベント・スタディを行った。イベント日の特定に関しては議論の余地が残るが，法律の正式な成立に対する市場の評価を確認することとした。対象は野村證券，大和証券，日興証券の大手証券会社3社で，推測期間（estimation window）とイベント期間（event window）は先の分析と同様である[18]。分析の結果が**表5-5**である。イベント日（$t=0$）は1%有意水準でプラスであり，CAR (l_1, l_2)も1%有意でプラスであった。ただしイベント2日前（$t=-2$）は有意水準1%でマイナスであり，そのイベント2日前を含む期間1は有意水準1%で大きなマイナ

スとなった。このためイベント期間はプラスであるが，金融持株会社法成立が大手証券会社3社にプラスの影響を与えたと明確に判断できる結果ではない[19]。今回のデータによる分析では，市場が証券会社の持株会社化のニュースには反応しておらず，また金融持株会社法成立に明確な結果が得られていないことから，大手証券会社の持株会社化に対する市場からの積極的な評価が得られなかったことが明らかとなった。

表5-5　金融持株会社法成立時が大手証券会社3社に与えた影響

イベント日	ARt	Zar 値		CAR (l_1, l_2)	Zcar 値	
-5	3.093%	2.642	***			
-4	-0.070%	-0.136				
-3	-1.518%	-1.000		-10.083%	-4.320	***
-2	-11.588%	-10.146	***			
-1	-1.043%	-0.888				
0	5.928%	5.042	***	4.885%	2.938	***
1	6.669%	5.564	***			
2	-0.279%	-0.272				
3	-3.371%	-2.847	***	1.453%	0.515	
4	-2.028%	-1.703	*			
5	0.461%	0.411				

注）*** は1%，** は5%，* は10％でそれぞれ有意。

　持株会社化のニュースは株価に影響を与えなかったものの，証券会社の合併に対して市場はプラスの評価を行った。しかしながらすぐにその評価されたプラス効果の大部分が消滅したことが明らかとなった。1998年以降に行われた証券会社の合併は銀行再編に関連したものであり，合併効果自体への評価とともに銀行との関係強化も評価の対象になったことが予想される。持株会社化と比較して，どの証券会社がどの時点で合併による再編を行うか事前に予想することが困難であり，ニュースとして市場の反応を受けたものだと考えられる。ただしプラスの反応が持続しなかったことから，市場での過剰な評価がすぐに修正された可能性が高い。今回イベント・スタディで確認した，市場は合併の

ニュースを好意的に受け取ったものの，その後は冷静な反応により累積効果が消滅の方向に向かったという内容は，播磨谷・奥山（2008）による財務データを用いた効率性の検証の結果とも整合的である。

5．まとめと課題

　本稿では証券会社の再編に関して，イベント・スタディの観点から分析を行い，再編ニュースが市場でどのように受け止められたか確認をした。持株会社化に関するニュースは，市場からの反応が見られなかった。さらに金融持株会社法が国会で成立した時点でも，市場の反応は明確な解釈を得られるものではなかった。これらの結果から，証券会社の持株会社化は市場から積極的な評価を受けていないことが示された。それに対して証券会社合併のニュースは，市場で好意的に受け止められた。ただしそのプラスの反応は急速に消滅しており，一時的な好反応であったと解釈される。このような分析から，市場は証券会社の再編に対してプラスの反応をしていたとはいえない結果となった。

　改めて直接金融の重要性が示された金融システム改革の時点で，証券業の再編が市場から積極的にプラスの評価を受けていなかったことは，わが国経済にとって望ましくない結果であったと考えられる。わが国における直接金融の発展への懸念や，金融規制緩和後の証券業の展望が明確でなかったことが要因として挙げられる。金融システム改革の成果が期待された時期が金融危機からの回復期間と重なっており，市場の不安が解消されなかったと考えられる。

　本稿では，証券会社の合併や持株会社化に関して，市場データを用いた分析を行い，再編に対して市場は厳しい評価をしたという結果を得た。これはわが国証券業に関する重要な検証結果である。このような成果を得たものの，本稿には課題も残されている。たとえば，イベント・スタディを行うにあたり，サンプル数が少ないという問題がある。本稿の分析対象期間後の再編に関しても分析とすることで，サンプル数を増やして結果の信頼性を高める必要がある。また対象となったのが銀行主導の証券業再編であり，多くの中堅，中小証券会社に関して分析をできていない。今後はこれらに留意し，さらなる分析を進め

ていきたい。

1) 金融システム改革法では，銀行業・保険業・証券業のあり方を大きく変える規制緩和が行われ，日本版ビッグバンの実現に向けて幅広い改革が行われた。
2) 銀行による証券業参入に関しては，奥山・播磨谷（2007）において分析されている。銀行の証券子会社と銀行系証券会社に関して，効率性の観点から検証されている。
3) 2007年のサブプライムローン問題を契機とする，2008年のいわゆるリーマンショックを含む世界金融危機では，金融機関の業務内容や組織，それに対する金融規制に関して多くの議論があった。1990年代の日本では金融規制緩和が進められたため，金融規制変更による金融機関の業務内容や組織への影響を検証できるひとつの機会となっている。
4) 例えば，Berger et al.（1999）のサーベイ論文で先行研究がまとめられている。わが国のケースでは，Yamori et al.（2003）では地方銀行の再編について，橘木・羽根田（1999）では都市銀行の再編について分析を行っている。証券会社に関する再編や競争環境に関する研究は，松浦（1996）や Fukuyama and Weber（1999），Tsutsui and Kamesaka（2005），播磨谷・奥山（2008）など限られている。
5) 本節は，播磨谷・奥山（2008）の2節をもとにまとめている。
6) 三菱東京フィナンシャル・グループと UFJ ホールディングスの合併により，2005年10月には，三菱証券と UFJ つばさ証券が合併して三菱 UFJ 証券が設立された。
7) 大和証券は住友銀行と提携したが，その後住友銀行とさくら銀行の合併による三井住友銀行の設立を受けて，三井住友銀行と提携を行った。現在は三井住友グループとの資本・業務提携を解消し，独立系証券会社になっている。
8) 包括提携は当時のトラベラーズ・グループと行われた。その後トラベラーズ・グループはシティコープと合併をし，シティ・グループとなった。世界金融危機を契機に日興証券とシティ・グループとの関係は解消され，脚注9で説明されているように，現在，日興証券は三井住友グループ傘下となっている。
9) 現在では，みずほグループの証券会社はみずほ証券に統合されている。三菱 UFJ グループの証券会社は，三菱 UFJ 証券とモルガン・スタンレー証券の合併を経て，三菱 UFJ モルガン・スタンレー証券となっている。一方で三井住友グループは，銀行系証券会社が合併してできた SMBC フレンド証券と，日興証券を傘下に収めて設立した SMBC 日興証券をグループ内に持っている。
10) 計測期間（estimation window）を，150営業日や90営業日とした分析も行なったが，結果に大きな違いは無かった。また20営業日前までを計測期間（estimation window）とするなど，計測期間（estimation window）終了時点を変えた分析も，結果に大きな違いが無かった。したがって150営業日前から31営業日前までの120営業日を計測期間（estimation window）とする分析を代表とした。

11) この11営業日がイベント期間（event window）となる。本節では市場の短期的な反応を確認することを目的としているため，イベント日と前後の5営業日をイベント期間と定義した。
12) 期間2としてイベント日とその前日を利用したのは，1日前に情報が漏れている可能性を考慮したためである。この分割は，分析結果においてイベント日及びその前日のAR_tの有意性が高かったことと整合的である。
13) Corradoの順位検定については，詳細はCorrado（1989）を参照のこと。
14) 例えば，2000年から2001年にかけて新光証券，東海東京証券，つばさ証券が設立されたが，ニュースが掲載された日（イベント日）はそれぞれ，1999年3月，2000年2月，1999年5月である。
15) 勧角証券は，2000年3月17日に大東証券との合併に関するニュースが掲載され，2000年6月17日に公共証券との合併に関するニュースが掲載されている。後者の推測期間と前者のイベント期間が重なるため，公共証券との合併に関するニュースはサンプルとして採用しなかった。したがって大東証券との合併に関するニュースのみがイベントの対象となっている。
16) 合併を行った上場証券会社のうち銀行系列でないのは，松下電器産業系のナショナル証券のみである。ただしその合併相手は住友銀行系の明光証券であり，銀行主導の再編と評価できる。
17) 多くの場合終値を得られている。一部の当日採用価格の利用は，全営業日を対象とした連続的なデータを得られる利点が大きいと考えられるためである。終値の得られない場合，そのサンプルを対象から外すことも考えられるが，今回の分析ではサンプル数が少ないためその方法は取らなかった。
18) 市場による金融持株会社活用に対する評価のため，それが期待されていたと考えられる大手3社をサンプル企業とした。したがって先の分析で持株会社化にグループされていた岡三証券（岡三ホールディングス）はサンプル対象となっていない。
19) この分析では，サンプル数が少なく信頼性に問題があるため，Corrado（1989）の順位検定は行っていない。

参 考 文 献

奥山英司「金融規制緩和が証券会社に与えた影響—市場データによる分析—」建部・張編著『日中の金融システム比較』第10章，中央大学出版部，2009年

奥山英司・播磨谷浩三「近年の証券業における参入規制緩和の影響—銀行の証券業務参入に関する検証—」『大銀協フォーラム研究助成論文集』第11号，2007年

橘木俊詔・羽根田明博「都市銀行の合併効果」『フィナンシャル・レビュー』, No. 52,

1999年

播磨谷浩三・奥山英司「証券業の再編と効率性の検証」『金融経済研究』第26号，2008年

松浦克己「証券業の生産関数と効率性」『横浜市立大学論叢［社会科学系列］』横浜市立大学学術研究会，47（2/3），1996年

Armitage, S., "Event Study Methods and Evidence on Their Performance." Journal of Economic Studies Vol.8, No.4, pp. 25-52, 1995

Berger, A. N., Demsetz, R. S., and Strahan, P. E., "The Consolidation of the Financial Services Industry: Causes, Consequences, and Implications for the Future." Journal of Banking and Finance Vol.23, pp. 135-94, 1999

Brown, S. and J. Warner, "Using Daily Stock Returns: The Case of Event Studies." Journal of Financial Ecnomics Vol.14, No.1, pp. 3-31, 1985

Coorade, C. J., "A Nonparametric Test for Abnormal Security-Price Performance in Event Studies." Journal of Financial Economics Vol.23, No. 2, pp. 385-396, 1989

Fukuyama, H. and W.L. Weber, "The Efficiency and Productivity of Japanese Securities Firms, 1988-93." Japan and the World Economy Vol. 11, pp. 115-133, 1999

Tsutsui, Y, and Kamesaka, A., "Degree of Competition in the Japanese Securities Industry," Journal of Economics and Business 57, pp. 360-374, 2005

Yamori, N., Harimaya, K., and Kondo, K., "Are Banks Affiliated with Bank Holding Companies More Efficient Than Independent Banks? The Recent Experience Regarding Japanese Regional BHCs." Asia-Pacific Financial Markets, 10, pp. 359-376, 2003

第6章　資産負債最適配分概念の下における
ソルベンシー・マージン比率規制のあり方
――生命保険会社の場合を中心として――

1．はじめに

　わが国の生命保険会社は，1997年から2001年にかけて7社もが破綻した。この原因は，逆ざや，株式含み益の減少，不良債権の増加，取締役による不正融資・詐欺，リスクの高い資産運用の失敗に，遠因は，非合理的で不十分なソルベンシー確保のための規制，機能しなくなってきた実体的監督主義，ほとんど行われていなかったリスク管理に，きっかけは，静かな取付け，債務超過，支援の見送りにあったと整理される[1]。これに対して，金融庁は，遠因を意識して，実質的にまったく機能することのなかったソルベンシー・マージン比率規制を数次にわたって強化するとともに，保険会社の破綻前の契約条件変更規制（2003年改正保険業法第240条の2～13）を導入した。その後，生命保険会社は，その経営を若干建て直しはしたものの，2008年の金融危機に際して，さらに1社が破綻するに到った。その一方で，保険会社の破綻前の契約条件変更規制は，現在までのところ使われたことはない[2]。

　その後，金融庁は，ソルベンシー・マージン比率規制をさらに強化して，現在に到っている。しかし，これではまだ不十分であるというのが，金融庁の認識である。金融庁は，EU等で採用しようとしている経済価値ベースの責任準備金の計算方法とそれを基礎としたソルベンシー規制を採用しようとしている。言い換えれば，現状のソルベンシー・マージン比率規制は，不十分であると認めていることになる。このように，現状のソルベンシー・マージン比率規制は，信頼性に欠け，依然わが国の生命保険会社には，経営環境の悪化次第で

は，破綻のおそれがあるといわざるをえない。

そこで，本稿では，どのような規制を導入すればよいのかについて，検討を行う。なお，本稿では，極力単純な形で考えることができるように，連結ベースではなく，単体ベースで，円建ての負債のみを想定し，かつ一般勘定を前提に考えることとする。

ここで，先行研究について触れておく。これには，大きく分けて3通りのものがある。第一のタイプは，ソルベンシー・マージン比率規制についての問題点を指摘したものである。これには，小藤康夫「なぜソルベンシー・マージン比率は有効な手段となりえなかったのか」（『共済と保険』43巻4号（通号514号），30-43ページ），宇野典明「生命保険会社のソルベンシー・マージン基準」（『ジュリスト』，No.1240, 2003年3月, 50-59ページ），宇野典明「家計におけるリスクマネジメントと生命保険設計のあり方」（貝塚啓明監修『パーソナルファイナンス研究』，日本ファイナンシャル・プランナーズ協会，2006年，201-220ページ），儀賀信利「ソルベンシー・マージン比率の算出基準等の見直しについて」（ソルベンシー・マージン比率の算出基準等に関する検討チーム（第3回）資料），深尾光洋「ソルベンシー・マージン基準のあり方について」（ソルベンシー・マージン比率の算出基準等に関する検討チーム（第1回）資料），猪野力也「生命保険会社のソルベンシー・リスクについて」（ソルベンシー・マージン比率の算出基準等に関する検討チーム（第1回）資料），澤口雅昭「ソルベンシー・マージン比率の算出基準に関する論点」（ソルベンシー・マージン比率の算出基準等に関する検討チーム（第2回）資料），恩蔵三穂「消費者とソルベンシー・マージン基準」（ソルベンシー・マージン比率の算出基準等に関する検討チーム（第2回）資料），松山直樹「ソフトランディングのために規制・会計の早急な手直しが必要」（『週刊金融財政事情』，2739号，2007年4月23日，19-23ページ），森本祐司「欧州保険市場でのソルベンシー規制見直しとリスク管理高度化の意義」（『週刊金融財政事情』，2739号，2007年4月23日，24-27ページ），ソルベンシー・マージン比率の算出基準等に関する検討チーム「ソルベンシー・マージン比率の算出基準等について」（2007年4月），米山高生「ソルベンシー規制の転換点—その根拠と規制の対応—」（『生命保険

論集』,No. 161, 2007 年 12 月, 1-32 ページ), 水口啓子「保険会社のリスク管理高度化を促すソルベンシー・マージン比率見直し」(『週刊金融財政事情』, 2805 号, 2008 年 9 月 15 日, 42-45 ページ), 宇野典明「リスクマネジメントと生命保険」(貝塚啓明, 吉野直行, 伊藤宏一編著『実学としてのパーソナルファイナンス』(中央経済社, 2013 年, 273 ページ), 宇野典明監修, 宇野典明『FP テキスト／リスクマネジメント（平成 26 年度）』(日本ファイナンシャル・プランナーズ協会, 2014 年, 53-59 ページ) などがある。

　第二のタイプは, ソルベンシー・マージン比率規制のようなリスク・ファクター方式に代えて経済価値ベースでのソルベンシー規制を提言するものである。これには, Sandström, A., *Solvency: Models, Assessment and Regulation* (Florida, Chapman & Hall/CRC, 2006), ソルベンシー・マージン比率の算出基準等に関する検討チーム「ソルベンシー・マージン比率の算出基準等について」(2007 年 4 月), 森本祐司「経済価値ベースのソルベンシー・マージン基準の実現に向けて」(ソルベンシー・マージン比率の算出基準等に関する検討チーム（第 5 回）資料, 2007 年), 米山高生「ソルベンシー規制の転換点―その根拠と規制の対応―」(『生命保険論集』, No.161, 2007 年 12 月, 1-32 ページ) などがある。

　第三のタイプは, 経済価値ベースでのソルベンシー規制以外の規制を提言するものである。これには, 久保英也『生命保険業の新潮流と将来像』(千倉書房, 2005 年, 49-117 ページ), 久保英也「収益力評価による生命保険会社の経営破綻リスクの早期把握―ソルベンシー DI, CI, 修正基礎利益の乖離率からなる複線型指標の提案―」(『保険学雑誌』, 第 593 号, 2006 年 6 月, 1-30 ページ), 久保英也「個別生命保険会社の破綻予測指標の提案―ソルベンシー DI（ディフュージョン・インデックス), 同 CI（コンポジット・インデックス）などによる破綻会社の早期抽出―」(『Discussion Paper』No. J-2 (CRR Working Paper Series J-14), 2010 年 7 月, 1-21 ページ) などがある。

　上述のとおり, 私は, 2003 年 3 月に「生命保険会社のソルベンシー・マージン基準」という論文を書いた[3]。この論文は, ソルベンシー・マージン比率の算出基準等に関する検討チームが「ソルベンシー・マージン比率等の算出基

準等について」を公表する前であり，さらに大和生命の破綻の前でもあった。その後，ソルベンシー・マージン比率規制をめぐる環境は，大きく変化した。「ソルベンシー・マージン比率等の算出基準等について」が示した短期的な対応として，規制の内容が大幅に改正され，さらには，中期的な対応として経済価値ベースのソルベンシー規制の導入まで示唆されるに到った。このように，ソルベンシー・マージン比率規制をめぐる環境が大きく変化したことに加え，私が危険団体概念に代わる保険引受けの基礎理論として，資産負債最適配分概念を提示したこともあり，本稿は，改めてソルベンシー・マージン比率規制について検討を行おうというものである。

2．ソルベンシー・マージン比率規制

(1) ソルベンシー・マージン比率規制の意義

内閣総理大臣は，保険会社の経営の健全性を判断するための基準として保険金等の支払能力の充実の状況が適当であるかどうかの基準を定めることができる（保険業法第130条）。この基準は，次の算式により得られる比率について，200％以上とするとされている（平成11年金融監督庁・大蔵省告示第3号）。この基準をソルベンシー・マージン基準，この比率をソルベンシー・マージン比率という。

$$\frac{ソルベンシー・マージンの額}{1/2 \times リスクの合計額} \times 100$$

ここで，リスクの合計額は，通常の予測を超えたリスクが実現した場合の損失または損害（以下，損失という。）の額を表すものであることから（保険業法第130条第1項第2号），ソルベンシー・マージン比率は，本来的には，通常の予測を超えたリスクが実現した場合の損失の額をソルベンシー・マージンの額がどの程度余裕を持って塡補することができるかについて見るためのものとして作られているということができる。この結果，ソルベンシー・マージン比率が

200％以上であるという基準を充たせば，通常の予測を超えたリスクが実現した場合であっても，それによって生じた損失をソルベンシー・マージンの額で塡補することができる[4]ことになるはずである。

　ソルベンシー・マージン基準が，事業継続基準に基づくものであるのか，清算基準に基づくものであるのかについては，若干の議論が存在する[5]。しかし，保険契約は，遠い将来の約束をするものであり，ことに生命保険契約，疾病保険契約の場合には，被保険者の健康状態の如何によっては，再度の保険契約の締結が困難になることからすると，保険契約の継続が当然の前提となり，ソルベンシー・マージン基準も事業継続基準に基づくべきであると考えられる。なお，現行の早期是正措置においては，清算基準に基づくと解される実質純資産が，メルクマールとして採用されている（保険業法第132条第2項に規定する区分等を定める命令第3条）が，これは，何らかの理由によってソルベンシー・マージン比率が機能しなかった場合の補助的なメルクマールとして期待されたものであると考えるのが適当であろう。

(2) ソルベンシー・マージンの額

　ソルベンシー・マージンの額は，次の①から②を控除したもの（保険業法施行規則第86条第1項，平成8年大蔵省告示第50号第1条）とされる。

① 資本金又は基金等の額等

次のiからxまでの合計額をいう。

 i．資本金又は基金等の額
 ii．価格変動準備金の額
 iii．危険準備金の額
 iv．異常危険準備金の額
 v．一般貸倒引当金の額
 vi．その他有価証券の貸借対照表計上額の合計額と帳簿価額の合計額の差額の90％（ただし，貸借対照表計上額の合計額が帳簿価額の合計額を下回る場合には，100％）

vii. 土地（海外の土地を含む）の時価と帳簿価額の差額の85％（ただし，保険会社が有する土地の時価が帳簿価額を下回る場合には，100％）

viii. 保険料積立金等余剰部分

次の(1)に掲げる額から次の(2)及び(3)に掲げる額の合計額を控除した残額

(1) 保険料積立金及び未経過保険料の合計額

(2) 保険契約の締結時の費用を保険料払込期間にわたり償却する方法その他これに類似する方法により計算した保険料積立金の額に未経過保険料を加えた額又は保有する保険契約が保険事故未発生のまま消滅したとして計算した支払相当額のうちいずれか大きい額

(3) 保険金等の支払能力の充実の状況を示す比率の算出を行う日において，規則第69条第5項の規定に基づき追加して積み立てた保険料積立金の額を積み立てていないものとした場合に，法第121条第1項に基づき保険計理人が行う確認その他の検証により，追加して積み立てておくことが必要である保険料積立金の額

ix. 配当準備金未割当部分

株式会社にあっては，契約者配当準備金のうち，保険契約者に対し契約者配当として割り当てた額を超える額をいい，相互会社にあっては，社員配当準備金のうち，社員に対する剰余金の分配として割り当てた額を超える額をいう。

x. 税効果相当額

任意積立金の取崩しを行うこと等によりリスク対応財源として期待できるものの額をいい，次の算式により求められる。

$A \times t/(1-t)$

ここで，Aおよびtは，それぞれ次の数値を表す。

A 次に掲げる区分に応じて計算した額

イ 株式会社 貸借対照表の純資産の部の利益剰余金の額から利益準備金，剰余金の処分として支出する額，利益準備金に積み立てる額及びこれに準ずるものの額の合計額を控除した額（当該控除し

　　　　た額が零未満となる場合は，零とする。）
　　　ロ　相互会社　貸借対照表の純資産の部の剰余金の額から損失てん補準備金，剰余金の処分として支出する額（社員配当準備金に積み立てる額を含み，社員配当平衡積立金に積み立てる額を含まない。），損失てん補準備金及び基金償却積立金に積み立てる額並びにこれに準ずるものの額の合計額を控除した額（当該控除した額が零未満となる場合は，零とする。）
　　　t　繰延税金資産及び繰延税金負債の計算に用いた法定実効税率
　　　税効果相当額については，上記の規定にかかわらず，算入限度額を限度として算入できるものとする（平成8年大蔵省告示第50号第1条第7項）。
　xi．負債性資本調達手段等
　　　負債性資本調達手段等とは，次に掲げるものの額の合計額をいう。
　　　イ　負債性資本調達手段で，次に掲げる性質のすべてを有するもの
　　(1) 無担保で，かつ，他の債務に劣後する払込済みのものであること。
　　(2) 次に規定する場合を除き，償還されないものであること。
　　　　　期限前償還（以下「償還等」という。）の特約が付されている場合には，当該償還等が債務者である保険会社の任意によるものであり，かつ，次のいずれかのときに限り償還等を行うことができるものに限る。
　　　　　一　当該償還等を行った後において当該保険会社が十分な保険金等の支払能力の充実の状況を示す比率を維持することができると見込まれるとき
　　　　　二　当該償還等の額以上の額の資本金等の調達を行うとき
　　(3) 損失の補てんに充当されるものであること。
　　(4) 利払の義務の延期が認められるものであること。
　　　ロ　期限付劣後債務（契約時において償還期間が5年を超えるものに限る。)

期限付劣後債務（残存期間が5年以内になったものにあっては，毎年，残存期間が5年になった時点における帳簿価額の20/100に相当する額を累積的に減価するものとする。）については，中核的支払余力の50/100に相当する額を限度として算入することができるものとする（平成8年大蔵省告示第50号第1条第8項）。

償還等の特約が付されている場合には，当該償還等が債務者である保険会社の任意によるものであり，かつ，次のいずれかのときに限り償還等を行うことができるものに限り，負債性資本調達手段等に該当するものとする（平成8年大蔵省告示第50号第1条第9項）。

一　当該償還等を行った後において当該保険会社が十分な保険金等の支払能力の充実の状況を示す比率（保険業法第132条第2項に規定する区分等を定める命令（平成12年総理府令・大蔵省令第45号）第2条第2項，第4条第2項，第5条第2項に規定する保険金等の支払能力の充実の状況を示す比率をいう。）を維持することができると見込まれるとき

二　当該償還等の額以上の額の資本金等（法第130条第1号，第202条第1号又は第228条第1号に掲げるものをいう。）（法第130条第1号，第202条第1号又は第228条第1号に掲げるものをいう。）の調達を行うとき

ステップ・アップ金利を上乗せする特約を付す場合において，当該ステップ・アップ金利が過大なものであるために，債務者である保険会社が償還等を行う蓋然性が高いと認められるときは，最初に償還等が可能となる日を償還期日とみなす（平成8年大蔵省告示第50号第1条第10項）。

②　繰延税金資産の不算入額

繰延税金資産の不算入額は，価格変動準備金，支払備金，責任準備金（生命保険株式会社にあっては契約者配当準備金を含み，生命保険相互会社にあっては社員配当準備金を含む。）及び評価・換算差額等に係る繰延税金資産以外の繰延税金資産の額から，次に掲げる額の合計額（ただし，当該合計額が零未満の場合は零とし，

「繰延税金資産算入基準額」という。）の20/100に相当する額を控除した残額とする（当該控除した残額が零未満となる場合は，零とする。）。ただし，事業開始後10事業年度を経過していない生命保険会社又は事業開始後5事業年度を経過していない損害保険会社については，零とする（平成8年大蔵省告示第50号第1条第1項）。

　ⅰ．資本金又は基金等の額，価格変動準備金の額，危険準備金の額
　ⅱ．その他有価証券評価差額
　ⅲ．保険料積立金及び未経過保険料の合計額から，保険契約の締結時の費用を保険料払込期間にわたり償却する方法その他これに類似する方法により計算した保険料積立金の額に未経過保険料を加えた額又は保有する保険契約が保険事故未発生のまま消滅したとして計算した支払相当額のうちいずれか大きい額を控除した額
　ⅳ．配当準備金未割当部分

③　中間支払余力を超過する額の控除

　保険料積立金等余剰部分及び資本調達手段等（次に掲げる額（特定負債性資本調達手段を除く。）の合計額が，算入限度額（繰延税金資産算入基準額から不算入額を控除した残額をいう。）から税効果相当額を控除した残額（「中核的支払余力」という。）を超過する場合には，当該超過する額を控除した額とする（平成8年大蔵省告示第50号第1条第5項）。

　ここで，「特定負債性資本調達手段」とは，上記 xi. 負債調達手段イに規定する負債性資本調達手段のうち，利払の義務が非累積型（延期された利払を行う必要がないものをいう。）又は累積型（延期された利払が累積し，翌期以降において当該利払を行う必要のあるものをいう。）のものであって利払の義務の延期に制限がないものをいう（平成8年大蔵省告示第50号第1条第6項）。

(3)　各リスクの意義

　ここで，各々のリスクは，次のように定義されている。

① 保険リスク

実際の保険事故の発生率等が通常の予測を超えることにより発生し得る危険をいう（保険業法施行規則第87条第1項第1号）。

② 予定利率リスク

責任準備金の算出の基礎となる予定利率を確保できなくなる危険をいう（保険業法施行規則第87条第1項第2号）。

③ 最低保証リスク

特別勘定を設けた保険契約であって，保険金等の額を最低保証するものについて，当該保険金等を支払うときにおける特別勘定に属する財産の価額が，当該保険契約が最低保証する保険金等の額を下回る危険であって，当該特別勘定に属する財産の通常の予測を超える価額の変動等により発生し得る危険をいう（保険業法施行規則第87条第1項第2号の2）。

④ 資産運用リスク

資産の運用等に関する危険であって，保有する有価証券その他の資産の通常の予測を超える価格の変動その他の理由により発生し得る危険をいい，以下のリスクに分かれる（保険業法施行規則第87条第1項第3号）。

イ 価格変動等リスク

保有する有価証券その他の資産の通常の予測を超える価格変動等により発生し得る危険をいう（保険業法施行規則第87条第1項第3号）。

ロ 信用リスク

保有する有価証券その他の資産について取引の相手方の債務不履行その他の理由により発生し得る危険をいう（保険業法施行規則第87条第1項第3号）。

ハ 子会社等リスク

子会社等への投資その他の理由により発生し得る危険をいう（保険業法施行規則第87条第1項第3号）。

ニ　デリバティブ取引リスク

デリバティブ取引，金融等デリバティブ取引，先物外国為替取引その他これらと類似の取引により発生し得る危険をいう（保険業法施行規則第87条第1項第3号）。

ホ　信用スプレッドリスク

クレジット・デリバティブ（市場デリバティブ，店頭デリバティブをともに含む。）またはこれに類似する取引において，通常の予測を超える価格の変動その他の理由により発生し得る危険をいう（保険業法施行規則第87条第1項第3号）。

ヘ　再保険リスク

未発生の保険事故にかかる再保険金等（支払備金に計上されたものを含む。）についての，受再保険会社の信用リスクをいうものと考えられる。

ト　再保険回収リスク

決算時点における未回収の再保険収入である再保険金等，再保険配当からなる再保険貸についての，受再保険会社の信用リスクをいうものと考えられる。

⑤　経営管理リスク

業務の運営上通常の予測を超えて発生し得る危険であって，①から④に掲げたリスクに該当しないものをいう（保険業法施行規則第87条第4号）。

以上の定義を見て大変興味深いのは，「通常の予測を超える」という表現が，予定利率リスクにはなく，通常の予測を超えるという表現のある資産運用リスクに含まれるリスクについても，通常の予測を超えるという表現があるものとないものがあるということである。このため，資産運用リスクが通常の予測を超えるものとされているのであれば，通常の予測の範囲内の資産運用リスクは，一体どのようにして担保されるのかという疑問が生ずる。

(4)　各リスク相当額の計算方法

各リスク相当額の計算方法のうち，主要なものについて述べる。

① 保険リスク相当額

表6-1に掲げるリスクの種類ごとのリスク対象金額にそれぞれのリスク係数の欄に掲げる率を乗じて得られる額に基づき，表6-2の算式により計算した額（平成8年大蔵省告示第50号第2条第1項）とされている。

表6-1 保険リスク相当額のリスク係数

リスクの種類	リスク対象金額	リスク係数
普通死亡リスク	危険保険金額	0.6/1000
生存保障リスク	個人年金保険期末責任準備金額	10/1000
その他のリスク	危険準備金積立限度額	1

表6-2 生命保険会社の保険リスクの合計額の計算式

$$\sqrt{A^2 + B^2} + C$$
Aは，普通死亡リスク相当額
Bは，生存保障リスク相当額
Cは，その他のリスク相当額

② 第三分野保険の保険リスク相当額

表6-3に掲げるリスクの種類ごとのリスク対象金額にそれぞれのリスク係数の欄に掲げる率を乗じて得られる額に基づき，表6-4の算式により計算した額（平成8年大蔵省告示第50号第2条第2項）とされている。

表6-3 第三分野保険の保険リスク相当額のリスク係数

リスクの種類	リスク対象金額	リスク係数
ストレステストの対象とするリスク	危険準備積立金限度額	0.1
災害死亡リスク	危険準備積立金限度額	1
災害入院リスク	危険準備積立金限度額	1
疾病入院リスク	危険準備積立金限度額	1
その他のリスク	危険準備積立金限度額	1

表 6-4　第三分野保険の保険リスクの合計額の計算式

```
第三分野保険の保険リスクの合計額 ＝ D ＋ E ＋ F ＋ G ＋ H
  D は，ストレステストの対象とするリスク相当額
  E は，災害死亡リスク相当額
  F は，災害入院リスク相当額
  G は，疾病入院リスク相当額
  H は，その他のリスク相当額
```

③　予定利率リスク相当額

責任準備金の予定利率ごとに，当該予定利率を**表 6-5** に掲げる予定利率の区分により区分し，それに当該区分のリスク係数の欄に掲げる率を乗じて得られた数値を合計し，その得られた合計値を，当該予定利率の責任準備金残高に乗じた額の合計額（平成 8 年大蔵省告示第 50 号第 2 条第 3 項）とされている。

表 6-5　予定利率リスク相当額の予定利率のリスク係数

予定利率の区分	リスク係数
0.0% を超え 1.5% 以下の部分	0.01
1.5% を超え 2.0% 以下の部分	0.2
2.0% を超え 2.5% 以下の部分	0.8
2.5% を超える部分	1

④　資産運用リスク相当額

イから**ト**までに掲げる額の合計額をいう（保険業法施行規則第 87 条第 1 項第 3 号）。

　イ　価格変動等リスク相当額

表 6-6 に掲げるそれぞれのリスク対象資産の貸借対照表計上額から**表 6-7** に掲げるそれぞれのリスク対象資産に対応する対象取引残高の欄に掲げる額（保険金等の支払能力の充実の状況を示す比率の向上のため，意図的に同表のデリバティブ取引の欄に掲げる取引を行っていると認められる場合には，当該取引に係る対象取引残高に相当する額を控除した額とする。ただし，当該額が零未満となる場合には，零と

する。）を控除した残額（デリバティブ取引によるリスクヘッジ効果を得るために同表に掲げるリスク対象資産に対応する同表に掲げるデリバティブ取引を行っている場合には，当該貸借対照表計上額を限度として，同表のリスクヘッジの効果の額を控除した残額）にそれぞれのリスク対象資産に係る表6-6のリスク係数の欄に掲げる率を乗じた額の合計額から，**表6-8の1.** に規定する分散投資効果の額を控除した残額（平成8年大蔵省告示第50号第2条第5項）とされている。

表6-6 価格変動等リスク相当額のリスク係数

リスク対象資産	リスク係数
国内株式	20%
外国株式	10%
邦貨建債券	2%
外貨建債券，外貨建貸付金等	1%
不動産（土地（海外の土地を含む。））	10%
金地金	25%
商品有価証券	1%
為替リスクを含むもの	10%

表6-7 価格変動等リスクの対象取引残高

リスク対象資産	デリバティブ取引	対象取引残高
国内株式	株式に係る先物取引（売建）	時価×取引単位×契約数量
	株式に係るオプション取引（プット買）	行使価格×取引単位×契約数量
外国株式	株式に係る先物取引（売建）	時価×取引単位×契約数量
	株式に係るオプション取引（プット買）	行使価格×取引単位×契約数量
邦貨建債券	債券に係る先物取引（売建）	時価×取引単位×契約数量
	債券に係るオプション取引（プット買）	行使価格×取引単位×契約数量
外貨建債券・外貨建貸付金等	債券に係る先物取引（売建）	時価×取引単位×契約数量
	債券に係るオプション取引（プット買）	行使価格×取引単位×契約数量
為替リスクを含むもの	外国通貨に係る先物取引（為替予約を含む。）(売建)	時価×取引単位×契約数量
	外国通貨に係るオプション取引（プット買）	行使価格×取引単位×契約数量

第6章 資産負債最適配分概念の下におけるソルベンシー・マージン比率規制のあり方 97

表6-8 分散投資効果

1．分散投資効果の額は，表6-6に掲げるリスク対象資産の貸借対照表計上額（デリバティブ取引によるリスクヘッジの効果が認められる場合として表6-7に掲げる場合に該当するときは，当該リスク対象資産の貸借対照表計上額を限度として同表のリスクヘッジの効果の額を控除した残額。「リスク対象資産相当額」という。）にそれぞれ表6-6のリスク係数の欄に掲げる率を乗じた額の合計額に，次に掲げる算式により計算した分散投資効果係数を乗じた額とする。

$$\text{分散投資効果係数} = 1 - \frac{\sqrt{\sum_{i=1}^{\infty}\sum_{j=1}^{\infty} X_i X_j \delta_i \delta_j \rho_{ij}}}{\sum_{i=1}^{\infty} X_i \delta_i}$$

X リスク対象資産の構成割合（当該リスク対象資産に係るリスク対象資産相当額が，すべてのリスク対象資産についてリスク対象資産相当額を合計した額に占める割合をいう。）
δ 表6-6に掲げるリスク係数
ρ_{ij} 2．に掲げるリスク対象資産iとjのリスクの相関係数

2．相関係数

ρ_{ij}		リスク対象資産 j							
		1 国内株式	2 外国株式	3 邦貨建債券	4 外貨建債券・外貨建貸付金	5 不動産	6 金地金	7 商品有価証券	8 為替リスクを含むもの
リスク対象資産 i	1 国内株式	1.00	0.50	0.00	0.00	0.00	0.00	0.00	0.00
	2 外国株式	0.50	1.00	0.00	0.00	0.00	0.00	0.00	0.00
	3 邦貨建債券	0.00	0.00	1.00	0.50	0.25	△0.25	1.00	0.00
	4 外貨建債券・外貨建貸付金等	0.00	0.00	0.50	1.00	0.25	△0.25	0.50	0.00
	5 不動産	0.00	0.00	0.25	0.25	1.00	0.00	0.25	0.00
	6 金地金	0.00	0.00	△0.25	△0.25	0.00	1.00	△0.25	0.00

| 7 商品有価証券 | 0.00 | 0.00 | 1.00 | 0.50 | 0.25 | △0.25 | 1.00 | 0.00 |
| 8 為替リスクを含むもの | 0.00 | 0.00 | 0.00 | 0.00 | 0.00 | 0.00 | 0.00 | 1.00 |

ロ　信用リスク相当額

次に掲げる額の合計額（平成8年大蔵省告示第50号第2条第6項）とされている。

ⅰ．**表6-9**に掲げるリスク対象資産の貸借対照表計上額にそれぞれのリスク対象資産に係る**表6-10**に掲げるランクに応じた表6-9のリスク係数の欄に掲げる率（ランク別リスク係数）を乗じて得た額を合計した額

ⅱ．金融保証の保証金額に当該金融保証の対象であるそれぞれのリスク対象資産に係るランク別リスク係数を乗じて得た額を合計した額から，当該金融保証に係る未経過保険料の額を控除した残額

表6-9　信用リスク相当額のリスク係数

リスク対象資産		貸付金，債券および預貯金	証券化商品	再証券化商品	短資取引
リスク係数	ランク1	0%	0%	0%	0.10%
	ランク2	1%	1%	2%	
	ランク3	4%	14%	28%	
	ランク4	30%	30%	30%	30%

表6-10 信用リスク相当額のリスク対象資産

	リスク対象資産	
	貸付金, 債券, 預貯金および短資取引	証券化商品および再証券化商品
ランク1	(a) 最上級格付を有する国の中央政府, 中央銀行および国際機関 (b) OECD諸国の中央政府および中央銀行 (c) わが国の政府関係機関, 地方公共団体および公企業 (d) (a)から(c)までのいずれかに掲げる者の保証するもの (e) 保険約款貸付け	左欄の(a)から(e)までのいずれかに該当するもの
ランク2	(a) ランク1の(a)および(b)に該当しない国の中央政府, 中央銀行並びにランク1の(a)に該当しない国際機関 (b) 外国の政府関係機関, 地方公共団体および公企業 (c) わが国および外国の金融機関 (d) BBB格相当以上の格付を有する者 (e) (a)から(d)までのいずれかに掲げる者の保証するもの (f) 抵当権付住宅ローン (g) 有価証券, 不動産等を担保とする与信 (h) 信用保証協会の保証する与信	ランク1に該当せず, BBB格相当以上の格付を有するもの
ランク3	ランク1又はランク2に該当せず, ランク4に掲げる事由が発生していない先への与信等	ランク1又はランク2に該当せず, BB格相当以上の格付を有するもの
ランク4	破綻先債権 延滞債権 3カ月以上延滞債権 貸付条件緩和債権	ランク1からランク3までのいずれにも該当しないもの

ハ 子会社等リスク相当額

表6-11の区分によるリスク対象資産の額（貸借対照表計上額とする。）にそれぞれのリスク係数の欄に掲げる率を乗じた額の合計額（平成8年大蔵省告示第50号第2条第7項）とされている。

表6-11　子会社等リスク相当額のリスク係数

子会社等の種類	事業の種類	リスク対象資産	リスク係数
国内会社	金融業務	株　式	30%
		貸付金	1.5%
	非金融業務	株　式	20%
		貸付金	1%
海外法人	金融業務	株　式	25%
		貸付金	9.5%
	非金融業務	株　式	15%
		貸付金	9%
上記に係わらず表6-10のランク4に該当する子会社等		株　式	100%
		貸付金	30%

ニ　再保険リスク相当額

再保険リスク相当額は，**表6-12**に掲げるリスク対象金額にリスク係数の欄に掲げる率を乗じた額（平成8年大蔵省告示第50号第2条第10項第1号）とされている。

表6-12　再保険リスク相当額のリスク係数

リスク対象金額	リスク係数
規則第71条（再保険契約の責任準備金等）に基づいて積み立てないこととした責任準備金の額および規則第73条第3項（支払備金の積立て）に基づいて積み立てないこととした支払備金の額の合計額	1%

ホ　再保険回収リスク相当額

再保険回収リスク相当額は，**表6-13**に掲げるリスク対象金額にリスク係数の欄に掲げる率を乗じた額（平成8年大蔵省告示第50号第2条第10項第2号）とされている。

表6-13　再保険回収リスク相当額のリスク係数

リスク対象金額	リスク係数
再保険貸（外国再保険貸の額を含む。）の額	1%

⑤　経営管理リスク相当額

各リスク相当額の合計額に，表6-14に掲げる対象会社の区分に応じ同表のリスク係数の欄に掲げる率を乗じた額（平成8年大蔵省告示第50号第2条第11項）とされている。

表6-14　経営管理リスク相当額のリスク係数

対象会社の区分	リスク係数
繰越利益剰余金（相互会社にあっては，当期未処分剰余金）が零を下回る会社	3%
上記以外の会社	2%

(5)　リスクの合計額

次の計算式に基づき，計算する（平成8年大蔵省告示第50号第3条第1項）。

$$リスクの合計額 = \sqrt{(R_1+R_8)^2+(R_2+R_3+R_7)^2}+R_4$$

R_1：保険リスク相当額
R_2：予定利率リスク相当額
R_3：資産運用リスク相当額
R_4：経営管理リスク相当額
R_7：最低保証リスク相当額
R_8：第三分野の保険リスク相当額

(6)　保険募集に関連する規制

ソルベンシー・マージン比率規制は，保険募集に係る規制にも関連している。

保険会社等，これらの役員，保険募集人又は保険仲立人若しくはその役員若しくは使用人は，保険契約の締結又は保険募集に関して，次に掲げる行為をしてはならない（保険業法第300条第1項）として，9種類のいわゆる禁止行為が定められている。その最後に，前各号に定めるもののほか，保険契約者等の保護に欠けるおそれがあるものとして，保険契約者若しくは被保険者又は不特定の者に対して，保険契約等に関する事項であってその判断に影響を及ぼすこととなる重要なものにつき，誤解させるおそれのあることを告げ，又は表示する行為が挙げられている（保険業法第300条第1項第9号，保険業法施行規則第234条第1項第4号）。

具体的には，次に掲げる行為が考えられる（金融庁「保険会社向けの総合的な監督指針」Ⅱ-3-3-1(8)②）とされている。

（ア） 業務報告書及び中間業務報告書に記載された数値若しくは業務及び財産の状況に関する説明書類に記載された数値又は信用ある格付業者の格付（以下，「客観的数値等」という。）以外のものを用いて，生命保険会社の資力，信用又は支払能力等に関する事項を表示すること。

（イ） 使用した客観的数値等の出所，付された時点，手法等を示さずその意味について，十分な説明を行わず又は虚偽の説明を行うこと。

（ウ） 表示された客観的数値等が優良であることをもって，当該生命保険会社の保険契約の支払が保証されていると誤認させること。

ここで，業務報告書及び中間業務報告書に記載された数値若しくは業務及び財産の状況に関する説明書類に記載された数値は，ソルベンシー・マージン比率および実質純資産の額を指していると考えられる。

(7) 規制改正の状況

ソルベンシー・マージン比率規制は，1996年に導入されて以来，16回にわたって改正されてきている。以下，そのうちの主要なものを生命保険会社の破綻と併せて概観する。

(1997 年 4 月 25 日　日産生命破綻)

1997 年 8 月 1 日 [6]

・劣後債務のソルベンシー・マージンへの算入を容認
・資本調達手段の同一業界内のダブル・ギアリングを禁止

1999 年 1 月 13 日

・予定利率リスクのリスク係数の見直し
・価格変動等リスクのリスク係数の見直し
・将来利益の計算方法の厳格化

1999 年 5 月 21 日

・意図的な保有に係る潜脱（第三者を介した迂回）の禁止

1999 年 5 月 31 日

・ステップアップ金利の取扱いの厳格化

(1999 年 6 月 4 日　東邦生命破綻)

2000 年 2 月 4 日

・劣後債務の算入限度額の厳格化
・生・損保間のダブル・ギアリングの否認
・期越えのデリバティブ取引を用いた比率嵩上げの禁止
・税効果会計導入に伴う税効果相当額の見直し

(2000 年 5 月 1 日　第一火災海上破綻)
(2000 年 5 月 31 日　第百生命破綻)
(2000 年 8 月 28 日　大正生命破綻)
(2000 年 10 月 9 日　千代田生命破綻)
(2000 年 10 月 20 日　協栄生命破綻)
(2001 年 3 月 23 日　東京生命破綻)

2001年3月30日
・有価証券の評価損益の反映
・時価評価額に基づくリスク額の算定
・国内債券の価格変動等リスクの算入
・「将来利益」の算入の厳格化
・グループ内の銀行等とのダブル・ギアリングの否認

(2001年11月22日　大成火災海上破綻)

2002年2月5日
・ソルベンシー・マージン比率の分子・分母の内訳の開示の義務づけ
2004年7月8日
・風水害リスクに係るリスク相当額の変更
2004年10月22日
・最低保証リスクに対応したリスク相当額の新設
2006年4月28日
・第三分野保険のリスク計測についてストレステストの導入
2007年4月3日
・ソルベンシー・マージン比率の算出基準等に関する検討チーム「ソルベンシー・マージン比率等の算出基準等について」を公表
2008年2月8日
・ソルベンシー・マージン比率の見直しの骨子（案）について意見を募集
2008年3月31日
・ソルベンシー・マージンの額算入の厳格化

(2008年10月10日　大和生命破綻)

2009年8月28日

第 6 章　資産負債最適配分概念の下におけるソルベンシー・マージン比率規制のあり方　105

・「ソルベンシー・マージン比率の見直しの改定骨子（案）」について意見を募集

2010 年 4 月 20 日
・ソルベンシー・マージンの額算入の厳格化
・リスク計測の厳格化・精緻化

2011 年 5 月 24 日
・経済価値ベースのソルベンシー規制の導入に係るフィールドテストの結果を公表

2012 年 3 月 30 日
・不動産について，国内の土地に加えて，海外の土地も含むものとする。

　このように，保険会社の破綻が規制の強化に大きく関わっていることが窺える。

（8）規制の基礎となる考え方
　このような内容を持つソルベンシー・マージン比率規制は，どのような考え方を基礎として作られたのであろうか。以下，通常の想定の範囲内のリスクと通常の想定を超えたリスクに分けて検討を行う。
　①　通常の想定の範囲内のリスク
　ソルベンシー・マージンの額の計算のうち，保険料積立金等余剰部分の計算は，前述のとおりであることから，通常の想定の範囲内のリスクを担保するのは，全期チルメル式保険料積立金と保険事故未発生のまま消滅したとして計算した支払相当額のうちいずれか大きい額（追加責任準備金として計上した部分を含む。）であることが判る。
　このように考えると，全期チルメル式保険料積立金と保険事故未発生のまま消滅したとして計算した支払相当額のうちいずれか大きい額の担保するリスクは，次のようになると考えられる。
　➢　保険リスクの一部（信頼水準 97.72％程度[7]）

> 予定利率を保守的に定めることにより担保される部分

　一般的に，通常の予測の範囲内のリスクといえば，上記のような保険リスクの一部などに限定されることはない。たとえば，日常的に株価は変動しているのであり，通常の予想の範囲内のリスクに株式の価格変動リスクが含まれることは当然であろう。また，リスク管理の観点からも同様である。しかし，ソルベンシー・マージン比率規制においては，そうはなっていない。このことは，ソルベンシー・マージン比率規制の範となったアメリカのRBC規制においても同様である。

　なお，全期チルメル式保険料積立金の計算方法については，保険会社向けの総合的な監督指針と保険検査マニュアルにおいて，次のように定められている[8]ことを除いて，保険業法，保険業法施行規則には何ら定めがない。

> 　第一分野及び第三分野において，保険会社の業務又は財産の状況及び保険契約の特性等に照らし特別な事情がある場合に，保険数理に基づき，合理的かつ妥当なものとして，いわゆるチルメル式責任準備金の積立てを行っている場合には，新契約費水準に照らしチルメル歩合が妥当なものとなっているか[9]。

> 　保険料積立金・未経過保険料について，以下の項目に留意しているか[10]。
> ロ．責任準備金の積立方式がチルメル方式の場合，チルメル歩合及びチルメル期間は妥当なものであり，その水準は解約返戻金相当額を上回っているか。

　このように，チルメル歩合については，新契約費の水準に照らして妥当なものであることだけが求められており，その水準については，保険計理の一般的な慣行にまかされているものと考えられる。また，予定率は，標準責任準備金の対象契約であれば標準責任準備金の計算に用いられる予定死亡率と予定利率（平成8年2月29日号外大蔵省告示第48号）が用いられることになるのであろう。

このように，通常の想定の範囲内のリスクについては，全期チルメル式保険料積立金で担保されており，その基礎には危険団体概念があると考えることができる。

② 通常の予測を超えたリスク
これに対して，ソルベンシー・マージン比率規制が想定している通常の予測を超えたリスクは，ソルベンシー・マージン比率のリスク相当額の計算から判るとおり，次のようになる。
- 保険リスクの信頼水準97.72％程度から99％の部分
- 価格変動等リスクの信頼水準95％までの部分
- 予定利率リスク相当額が担保する予定利率リスクの部分
- 信用リスク相当額が担保する信用リスク相当額の部分など

③ 保険料積立金とソルベンシー・マージン比率基準の想定しないリスク
この結果，次に掲げるリスクについては，両者とも想定していないことになる。
- 保険リスクのうち信頼水準99％を超える部分
- 価格変動等リスクのうち信頼水準95％を超える部分
- 予定利率リスク相当額が想定する予定利率リスクの部分を超える部分
- 信用リスク相当額が想定する信用リスク相当額の部分を超える部分
- 予定事業費率リスク等の経営管理リスク相当額が想定する部分を超える部分

(9) ソルベンシー・マージン比率規制の問題点
上記のように，ソルベンシー・マージン比率規制は，16回にもわたって改正されてきたが，主要な問題点だけでも次のようなものがある。
① 基本的な考え方についての問題点
　a) 実際の保険会社は，保険リスク以外にも予定利率リスク，資産運用リ

スク，予定事業費率リスクなど，さまざまなリスクを取っている。これらのリスクは，日常的に発生しており，保険会社からすれば，当然通常想定されるものである。それにもかかわらず，保険会社の実態からかけ離れた危険団体概念が，ソルベンシー・マージン比率の計算に反映したと考えることができる。言い換えれば，ソルベンシー・マージン比率規制は，危険団体概念をその基礎に置いたが故に，本来的にその構造に問題が生じ，十分なものとなりえないという宿命を抱えているということができる。

b) 通常の想定を超えるリスクという言葉は，南海トラフ巨大地震のようなテール・リスクがその中心になるものと考えられる。しかし，ソルベンシー・マージン比率の計算式から判ることは，このようなテール・リスクを考慮するものではなく，保険リスクの場合には信頼水準99％で，価格変動等リスクの場合には信頼水準95％で考慮されているに過ぎない。その意味では，通常の想定を超えるリスクについてどの程度担保しているかという基準では決してないということが判る。

　しかし，普通保険約款は，一般的に信頼水準99％を超えるようなテール・リスクであっても担保している[11]のであり，正規分布したリスクの一部しか考慮しないのには，問題がある。ことに，南海トラフ巨大地震など大地震の発生が喫緊の課題とされている現状を考えると，そうしたことを考慮せずに，ソルベンシー・マージン比率を求め，早期是正措置のメルクマールとして使うことは，問題である。やはり，南海トラフ巨大地震等のテール・リスクが実現した場合に生ずる損失額を，どの程度の余裕を持って塡補できるのかということが，保険監督の立場だけでなく，消費者にとってもきわめて大きな問題であり，そのことを早期是正措置のメルクマールとして用いることが望ましい。

c) 全体的な考え方に整合性がないこと。全期チルメル式保険料積立金は，全保険期間を担保しているが，ソルベンシー・マージン比率規制の保

険リスクには期間の概念はなく，単に1回だけそうしたリスクが発生することを想定している。これに対して，価格変動等リスクは，1年間を前提に置いている。また，保険リスクの信頼水準は，生命保険会社の場合，99％を超えるものとなっている[12]一方で，価格変動等リスクについては，信頼水準95％の資産価格の年間最大下落幅をリスク量とする[13]にすぎない。このため，きわめて大きなアンバランスが生じている[14]ことに加え，保険リスク等が想定している期間が1年でしかないため，生命保険契約のように相当の期間にわたって継続することが前提の保険契約を締結しようとする者にとっては，意味のないものとなっている[15]。ことに，低金利下で発生する逆ざやのように，その発生が複数年におよびうるリスクについては，将来発生するリスクがまったく考慮されていないことになる。

d) ソルベンシー・マージン比率規制は，逆ざやについては，予定利率リスクをリスク相当額として一応は認識している。しかし，保険会社が破綻した場合，すなわちソルベンシー・マージン比率が0％以下または実質純資産の額が負値となる場合には，全期チルメル式保険料積立金は，過去法により積み立てられたものであること[16]に加えて，予定利率リスク相当額を塡補すべきソルベンシー・マージンはなくなってしまっており，実際には担保できないことになる。また，追加責任準備金の計上も，保険契約者にとっては予定利率引下げなどのおそれが減るにもかかわらず，追加責任準備金に計上された金額がソルベンシー・マージンの額から減算されるため，ソルベンシー・マージン比率が低下するというジレンマがある。このため，実際には健全性の高い会社で一部行われたにすぎず，破綻のおそれの高い会社では，行われることがなかった。

さらに，破綻した生命保険会社は，破綻の数年前からは，逆ざやの影響もあって基礎利益の額が負値となっている[17]。加えて，破綻処理を行うと，当面の間は，新契約の募集が行えず，死差益の増加も見

込みにくい。このため，基礎利益が負値を続けるおそれが高くなる。

　こうしたことから，ソルベンシー・マージン比率に基づく早期是正措置が発動された場合，実際上予定利率の引下げを行わざるをえなかったものと考えられる。生命保険会社の破綻の際，既契約の予定利率が引き下げられることは，普通のことのようにいわれるが，保険契約者等の保護の観点からは，あってはならないことであり，その大きな原因は，ソルベンシー・マージン比率のこうした問題点にあることは間違いない[18]。

　また，恒常的な死亡率の増加，インフレーションに伴う事業費の増加等の場合にも，同様なことが起こりうる。このように，保険契約者等の保護の観点からは，きわめて問題が多い。

e) モデル的な生命保険会社を想定しているため，モデル的な会社と異なる場合には適切でないおそれがあること[19]。これは，リスク・ファクター方式を採用していることが大きな原因になっている[20]。たとえば，保険リスクの場合，保有契約の規模等により分散が異なるにもかかわらず，一律のリスク係数になっている[21]。また，価格変動等リスクの場合，資産種類別のリスク係数は全社同率であり，保有ポートフォリオの特性が反映されていない[22]。

f) EUで検討されているソルベンシーIIと同様の規制をわが国に導入しようとしているということも，ソルベンシー・マージン比率規制などの生命保険会社のソルベンシー確保のための規制に問題があることを示唆している[23]。

g) 早期是正措置において，実質純資産基準が機能するということは，会社の継続を前提としたソルベンシー・マージン比率規制が，会社の清算を前提とした実質純資産によって取って代わられるということに他ならない。このことは，ソルベンシー・マージン比率規制が不十分である可能性が高いことを示すものであるといえる。

h) ロック・イン方式による保険料積立金の評価となっているため，保険

会社のリスク管理の状況をソルベンシー・マージン比率に十分反映することができない[24]。
i) 予定解約率を保険料計算に用いている場合の予定解約率リスクが考慮されていない[25]。

② ソルベンシー・マージンの主な問題点
a) 税効果相当額については，将来減算一時差異の解消がなかなか進まない実態にあるものが多いこと，課税所得が発生する可能性が高いと見込むことが適切とは限らないことから，過大であるおそれがあると考えられる[26]。

③ リスク相当額の問題点
a) 一般的に生命保険約款が担保しているテール・リスクのうち，生命保険会社に対する影響がきわめて大きいものとしては，南海トラフ巨大地震や新型インフルエンザの大流行などが考えられる。生命保険会社の保険リスク相当額のうちのたとえば普通死亡リスクのリスク係数 $0.6/1,000$ についても，新型インフルエンザの流行により想定される最大死亡者数は，64万人[27]，南海トラフ巨大地震の想定される最大死亡者数は，32万人[28]とされており，この場合，日本の総人口を分母とした死亡率は，各々 $5/1,000$ と $2.5/1,000$[29] になる[30]。このため，これらのリスクは，信頼水準99％をはるかに超えていることになる。価格変動等リスクについても，信頼水準95％では，こうしたテール・リスクに対応できるはずもない。
b) 予定事業費率リスクは，経営管理リスクの中に含まれるとされている[31]が，インフレーションなどを考えると十分とは考えられない。
c) 保険業法第113条繰延資産などの繰延資産の将来の償却額が考慮されていない。このため，設立後あまり時間の経過していない生命保険会社のソルベンシー・マージン比率は，非常に高く出ることがある[32]。

④ 開示にかかる問題点
　　a) 個々の保険会社のソルベンシー・マージン比率の計算の詳細が開示されていない。たとえば，資産運用リスク相当額は，総額で示されているが，価格変動等リスク相当額等の別に，表6-8の1.のリスク対象資産の別（国内株式，外国株式，邦貨建債券等）にリスク相当額が示され，上記の信頼水準も開示されていれば，信頼水準を変えた試算も可能になる。

(10) 規制改正の方向性

　世界的に見ると，EUのソルベンシーII[33]，保険監督者国際機構（International Association of Insurance Supervisors, IAIS）の保険基本原則（Insurance Core Principles）[34]など，経済価値ベースの規制への見直しが進んでいる。この一方で，アメリカでは，従来用いられてきたRBC（Risk Based Capital）規制を修正し，用いていく方向が示されている[35]。

　こうした世界的な流れの中で，先に述べたとおり，ソルベンシー・マージン比率の算出基準等に関する検討チームは，その報告書において，責任準備金の積立てとソルベンシー・マージン比率の計算に用いられているリスク・ファクター方式の限界を認めた[36]。その上で，「現在のロック・イン方式の負債評価と，リスク・ファクター方式によるリスク評価の手法を前提とすると，保険会社のリスク管理の高度化へのインセンティブは必ずしも働きやすいとは言えない。したがって，保険会社にとってリスク測定・管理を高度化するインセンティブが働くよう，速やかに経済価値ベースでのソルベンシー評価の実現を目指すべきである。」[37] とした。

　さらに，「マージンを評価する上で，責任準備金の十分性又は保守性を検証することがまず重要であると考えられる。その際，安全資産である国債の金利等から算出した割引率（リスクフリーレート）を用いた将来キャッシュフロー推計により，責任準備金の最良推計（ベスト・エスティメイト）を算出し，実際の責任準備金との差額によって安全性（プルーデンス）を判断する必要がある，と

IAIS でも示されている」[38]として，責任準備金の積立てとの関連についても，方向性を示した。

そして，「保険会社のリスク測定・評価の一層の高度化のためには，経済価値ベースでの資産価値と負債価値の差額（純資産）自体の変動をリスク量として認識し，その変動を適切に管理する経営を促すべきである。しかしながら，現行の予定利率リスクは利息・配当金などの収入が予定利息を賄えるかにもっぱら着目している。保険会社の ALM の実態やその高度化を念頭に置けば，会社のリスク管理の実態と整合性のあるリスク計測を行うよう現状を変えていくことが望ましい。したがって，今後は，経済価値ベースでの負債評価を前提として，負債と資産の金利・価格変動等リスクを統合して評価する方法を目指すべきである。この方法をとる場合，責任準備金の金利リスクを測定するには，金利変動に伴う将来キャッシュフローの見積りが前提になる」[39]として，経済価値ベースでのソルベンシー規制導入への方向性を示した。このように，日本の保険会社に対するソルベンシー規制は，世界の潮流と歩調を合わせて，経済価値ベースでのソルベンシー規制へと進もうとしている。

ただ，この報告書を見ていて大変気になるのは，「保険会社にとってリスク測定・管理を高度化するインセンティブが働くよう」とか，「保険会社のリスク測定・評価の一層の高度化のため」のように，保険会社のリスク管理の高度化が目指されており，保険契約者等の保護のためとは一切いわれていないことである。保険会社がリスク管理を高度化すれば，保険契約者等の保護に資するという論理は，理解できるものの，強い違和感が残るところである。

3．資産負債最適配分概念

現行の保険業法は，たとえば，前述のとおり，ソルベンシー・マージン比率規制がそうであるように，黙示的に危険団体概念をその基礎に置いているため，必然的に限界が生じている。こうした限界を打ち破るものに，私が考えた資産負債最適配分概念がある。

(1) 危険団体の与えた影響と問題点

① 保険会社のリスク管理への影響

　保険は，危険団体をその基礎に置くが故に，「多数の契約を締結するに於ては法律的には自己が責任者となるが然し経済的には他の多数の保険契約者に責任が分担せしめられ，従つて事業の合理的の経営が可能となるのである。契約の数が多ければ多い程保険者の出資が多数の保険契約者より徴収する保険料に比して重要性を喪失し，従ひて保険者は事故発生の蓋然性に従ひ計算徴収したる保険料よりして被保険者（生命保険の場合には保険金受取人）に対する責任を果たすことを得，自己の資本より出捐する必要なく，従つて保険事業を合理的に経営することを得るのである」[40]とされ，保険会社にあっては，保険契約者の数が増えれば自己資本の必要性が低下するとされた。つまり，保険契約者数が増えれば，自己資本がなくとも健全に保険の引受けを行うことができるとされたのである。

　この考え方は，1900年保険業法ばかりでなく，1939年保険業法にも引き継がれ，保険引受けの基礎的な概念として位置づけられ，大きな影響を及ほした。その後の1995年保険業法においては，保険契約者の数が増えれば自己資本の必要性が低下するとまではしないものの，この基本的な位置づけは変わらず，標準責任準備金規制，ソルベンシー・マージン比率規制などにもその影響が見られる。こうした問題は，日本に限らず，諸外国においても基本的に変わるところはない。

② 保険契約者等の保護の軽視

　危険団体においては，危険団体が存在しないと，保険者は，保険契約を引き受けることができないと考えられることから，危険団体が存続することが第一義とされ，個々の保険契約者の利益よりも危険団体全体の利益を優先する傾向が生じがちである[41]。この考え方の影響を受けた規制が，1995年保険業法の保険会社の破綻前における契約条件の変更規制（1995年保険業法第240条の2～13）である[42]。この規制によって，保険会社の破綻前であっても，会社の決定

によって予定利率の引下げなどが行われることになる。これは，保険契約者等の保護という観点からは，看過できない大きな問題である。

(2) 危険団体概念の見直しの必要性

このように，危険団体は，保険の基本的な概念，保険会社のソルベンシーおよび保険契約者等の保護に対して，日本ばかりではなく国際的に見てもきわめて大きな影響と問題点を残している。こうしたことを解決するためには，危険団体を新たな概念に置き換え，それを保険引受けの基礎理論とすることが最も望ましいものと考えられる[43]。

(3) 新たな保険引受けの基礎理論

従来の危険団体概念は，死亡率等の事故率にだけ注目して構築されてきた。このため，他のリスクへの配慮が行き渡らず，上記のようなさまざまな問題点が生じてしまったといえる。そこで，保険リスクだけではなく，テール・リスクを含むすべてのリスクに注目し，保険会社の有するすべての資産と負債を適切に組み合わせることによって，会社全体としてのリスクを最小限に抑え，健全に保険の引受けを行うことができるようにしようとするのが，以下に説明する資産負債最適配分概念である。

① 2パラメータ・アプローチ

私が，最初に思いついたのが，2パラメータ・アプローチの援用であった。これまで，2パラメータ・アプローチは，資産だけを対象にし，負債はその対象に含めることはなかった。しかし，保険会社の負債の中核を占める責任準備金（正確にいえば，保険料積立金，払戻積立金および未経過保険料）は，負債の計上時点で見積もった将来の支出額が実際の支出額と異なることによって，実際の支出の時点で利益や損失を生じさせる。

このように，保険会社の負債には利益や損失を生じさせるものが含まれており，その負債と各資産の収益率の間に何らかの相関がある限り，その負債を無

視して2パラメータ・アプローチを適用し，この結果求められた資産配分を行っても決して最適な配分になりえないことは，いうまでもない。ことに，生命保険会社の場合，負債および資本の額に占める責任準備金の額の割合は，きわめて高く，その影響は大きいものと考えられるだけになおさらである[44]。このため，少なくとも，保険会社の場合には，資産だけでなく責任準備金も含めて最適な資産，負債の配分を求める必要があるといえる。換言すれば，資産・負債を含めて最適な分散投資を行えば，保険会社は，会社全体として最小のリスクで保険の引受けを行うことができるようになる[45]。

　なお，資産だけでなく負債も含めて2パラメータ・アプローチを適用すると，貸借がバランスするとは限らず，資産の方が大きい場合や負債の方が大きい場合も考えられる。負債の方が大きい場合には，無リスクの資産を組み入れることが考えられる。資産の方が大きい場合，一般的な無リスクの資産のように，期待収益率は存在するもののリスクのない負債というのは，存在しないと考えられる。しかし，期待収益率が常にゼロの負債であれば，そのリスクはないことになる。それは，単に一般的な負債でしかない。つまり，何らかの一般的な負債を組み込めばよいことになる[46]。なお，負債の取入れにコストがかかる場合には，期待収益率がその分常にマイナスであると考えればよい。

　② 確率論的シナリオ法
　このような2パラメータ・アプローチを用いる方法には，テール・リスクを考慮することができないという欠陥が残されている。しかし，確率論的シナリオ法であれば，個々のテール・リスクの発生確率が与えられる限り，テール・リスクを組み込むことができる[47]。そこで，2パラメータ・アプローチを確率論的シナリオ法に置き換えることが考えられる。具体的には，通常の確率論的シナリオ法で，ある信頼区間を担保する保険料積立金を求めようとすると，資産と負債の額が一致するように資産と負債の配分を操作することになる[48]。この結果，その場合のリスクとリターンが求められる。さらに，そうした資産と負債の組合せを確率論的に発生させ，リスクとリターンの最も適切な組合せ

を探すことができる。この場合，無リスクの負債や資産を組み込むことも想定に入れることになる。確率論的シナリオ法であれば，テール・リスク以外の収益率が正規分布しないリスクについても，組み込むことができる。これは，まさに2パラメータ・アプローチの確率論的シナリオ法によるものといえる[49]。

この結果，2パラメータ・アプローチには，テール・リスクが組み込めないなどの問題点が残されていたが，確率論的シナリオ法によることによって，そうした問題点も一応解決でき，最小のリスクで保険の引受けを行うことができるようになる

③ 資産負債最適配分概念

a) 資産負債最適配分概念の構築

この2パラメータ・アプローチを確率論的シナリオ法に拡大した手法を用いれば，資産と負債の最適な配分を実現することによって，保険者が一応テール・リスクも含め，リスクとリターンを適切に管理することができ，合理的に保険を引き受ける基礎を構築することができる。そこで，私は，この考え方を資産負債最適配分概念と名付け，保険引受けの基礎理論として位置づけることを提案した[50]。

b) 危険団体の問題点の解決

資産負債最適配分概念は，収益を生み出す保険会社の資産と負債について，テール・リスクも含め，そのリスクとリターンに関する過去の経験に基づき，全体としてのリスクを最も小さくする配分比を求めるものといえる。これに対して，危険団体概念は，保険リスクについてのみ，その分散を小さくしようとするものである。加えて，資産運用にかかるリスクは別途管理され，リスク管理の中で保険リスクと統合されることが多い。このため，事故差益の分散を小さくできても，他のリスクが大きく実現することもありうる。つまり，リスクとリターンが適切に組み合わされない結果，合成の誤謬が生ずるおそれが大きいといえる。このため，危険団体概念によるよりも，資産負債最適配分概念による方が，保険会社のソルベンシーを確保しやすいことになる。同時に，危険

団体概念のもたらしたさまざまな問題点も解決できることになる。

4．ソルベンシー・マージン比率規制のあり方

上記のような問題点を抱えるソルベンシー・マージン比率規制の代替策としては，わが国が採用を考えている経済価値ベースでのソルベンシー規制，私が考えついた資産負債最適配分概念に基づく確率論的シナリオ法，近年銀行などで注目を集めている期待ショートフォールが考えられる。

なお，ソルベンシー DI（ディフュージョン・インデックス），同 CI（コンポジット・インデックス），修正基礎利益の乖離率からなる複線型指標を提言する久保英也『生命保険業の新潮流と将来像』などは，示唆に富み，なかなか面白い。しかし，現行の規制と危険団体概念を前提に置いていること，この仕組みでは，債務超過になったことなどを示すわけではないので，実際に破綻処理を開始するメルクマールとはなりえないことから，ソルベンシー・マージン比率規制に代わるものとはならないと考えられる。ただ，ソルベンシー・マージン比率規制に代わる規制の補助的な指標としては検討する価値があるかもしれない。

(1) 経済価値ベースでのソルベンシー規制

経済価値ベースでのソルベンシー規制とは，「企業の継続性を前提として，資産と負債を経済価値ベースで評価し，それらをベースに資本量とリスク量を定量化して比較するもの」[51]とされている。負債を経済価値ベースで評価するには，リスク・フリー・レートを用いて責任準備金の最良推定を行い，リスク・マージンを加算する必要がある[52]。

しかし，この方式には，危険団体概念をその基礎に置いていることもあって，次のような問題点が考えられ，ソルベンシーを確保する仕組みとしては，必ずしも最適のものであるとはいえない。

 a) リスク・フリー・レートを用いて責任準備金の最良推定を行い，リスク・マージンを加算するということは，結果的に保険料の計算に関連するリスクだけを重視してリスク管理を行うことにつながる。しかし，保険リ

スクおよび予定利率リスクとそれ以外のリスクをその管理において平等に取り扱うことが不可欠である。このため，危険団体概念を基礎に置いたまま，経済価値ベースのソルベンシー評価を行っても，保険料積立金が担保する保険リスクと予定利率リスクの一部，予定事業費率リスク，中でも予定利率リスクの担保の充実につながるだけでしかなく，保険会社の取るすべてのリスクを総合的に担保するという本質的な改善にはならないおそれが高い。

b) この考え方のもとでは，「保険負債から最良推計額を控除したものをリスクマージンと認識し，資本部分と合算した「サープラス」部分が，経済価値ベースのバランスシートで負の値をとる場合を支払い不能と判断する」[53]ことになる。このため，逆ざやは生じにくいが，保険リスク，予定利率リスク，（予定事業費率リスク）以外のリスク，たとえば株式の価格変動等リスクが継続的に発生した場合，担保できないおそれがある。その場合には，保険契約者は，保険金等の削減の憂き目に遭うことになる。

c) リスク・フリー・レートによって経済価値ベースの負債評価を行うことは，対応する資産がすべてインカムしか生まないものであれば，理解できないことはない。しかし，対応する資産にキャピタル・ゲイン／ロスを生じさせるものが含まれているのであれば，負債がリスク・フリー・レートで増加していくことはありえない点，実態と乖離しており，保険監督法上どのような意味があるのか，必ずしも明らかではない。さらに，こうした経済価値ベースで評価した負債に，キャピタル・ゲイン／ロスを生む資産のリスクをリスク・マージンとして加算することは，合成の誤謬を生じさせかねない。

このように，経済価値ベースでのソルベンシー規制は，現行のソルベンシー・マージン比率規制よりも優れている面はあるが，危険団体概念によるため，いくつもの問題点が残されているといわざるをえない。

(2) 資産負債最適配分概念に基づく確率論的シナリオ法

この方法は，資産負債最適配分概念に基づく確率論的シナリオ法によって，テール・リスクを含めて，どの程度の信頼水準を担保できるかを検証するものである。そのため，確率的シナリオ法の結果は，担保できる最大の信頼水準によって表されることになる。

シナリオの対象となるものとしては，金利，債権の貸倒れ，有価証券の価格変動，不動産の価格変動，外国為替，死亡率，解約，失効，事業費，保険契約者の持つ約款上の権利の行使，逆選択失効，新契約高などが考えられる。なお，保険契約者の持つ約款上の権利の行使については，保険契約者の合理的期待を考慮する[54]。

また，考慮すべきキャッシュ・フローとしては，保険契約者配当については，剰余から保険契約者配当に配分する割合を定めるなどして，そのルールに従って保険契約者配当が行われるようにする。法人税等の税金については，現行の法人税法等が基本的に続くと想定して計算をする。また，資産の再評価と再保険に関する方針を定める[55]。

資産の評価については，原則として将来のキャッシュ・イン・フローの現在価値である時価による評価を採用する。時価が付されていない場合には，適切な公正価値評価を行う。また，満期まで保有する意図が明らかな債券のように，時価によって黙示的に示されている将来のキャッシュ・イン・フローが実現されない場合には，実際に想定されるキャッシュ・イン・フローの現在価値を評価額とすることが考えられる。たとえば，満期まで保有している意思のある債券については，その評価をアモチゼーションまたはアキュムレーションで行うことが考えられる。このように資産を原則として時価で評価するのであれば，資産は，当該生命保険会社の将来のキャッシュ・イン・フローの現在価値を表すことになる[56]。

確率論的シナリオ法のやり方についてガイドラインを作成し，各生命保険会社は，そのガイドラインに従って自社の内部モデルを構築する。たとえば，テール・リスクとして，南海トラフ巨大地震，東京直下地震，インフルエンザのパ

ンデミックを考慮するとした場合，各々について，毎年の発生確率，発生した場合の死亡者数，怪我人の数，程度等も示す。その結果については，第三者の確認を得るものとするとともに，金融庁の検査の対象とする。

このようにして求められた信頼水準を開示する。また，早期是正措置の基準としても用いることができる。

この方法には，次のようなメリットが想定される。

ⅰ．理解しやすいこと
ⅱ．保険リスク以外のリスクも，同じ信頼水準で考慮できること
ⅲ．発生確率の想定が可能な巨大地震等を考慮できること
ⅳ．当該の保険会社の状況に合わせてシミュレーションすることができること
ⅴ．期限付劣後債務については，期限到来時に全額弁済をしても，テール・リスク込みで一定の信頼水準を維持できるのであれば，更改を前提に計算できるとすることが考えられる。そうすれば，期限付劣後債務に関する問題点を解決できる。

なお，これと同じ方法で，たとえば，信頼水準80％を最低責任準備金として定めれば，生命保険会社が取るすべてのリスクを80％の確率で担保できることになり，平成に入ってからの生命保険会社の破綻の際に発生したような，破綻時の予定利率引き下げを回避できることになる。

これに対して，次のような問題点が想定される。

ⅰ．内部モデルの使用が不可欠になるが，内容的にバックテスティングが難しいこと
ⅱ．計算にコストがかかると想定されること

このように，理論的には最善の方法であると考えられるが，若干の問題点を残している。

(3) 期待ショートフォール

期待ショートフォールは，バリュー・アット・リスクの信頼区間外における

損失額の条件付期待値，つまり，損失がバリュー・アット・リスクを超える場合に平均的にどの程度の損失を被るかを表す[57]ものである。

通常の損益額分布では，期待ショートフォールが分布の下側何％分位点に当たるかを事前に知ることはできない。したがって，期待ショートフォール自体を所要自己資本算出の根拠とすると，バリュー・アット・リスクに基づくリスク管理のように「ある確率水準を予め定め，自社が倒産する確率をその水準以内に抑える」という意味付けはできなくなる[58]。

なお，従来は，金融機関，ことに銀行の場合，そのリスク管理は，バリュー・アット・リスクによることが多かったが，以下のような欠点がある[59]とされてきた。

- 信頼区間外のリスクを捉えられないこと
- 劣加法性を充たさないこと

そのため，バリュー・アット・リスクよりも期待ショートフォールの方が優れている[60]と考えられる。そこで，ここでは，バリュー・アット・リスクを検討の対象に入れず，期待ショートフォールの検討を行う。

バリュー・アット・リスクに対して，期待ショートフォールは，

- バリュー・アット・リスクの信頼区間外の損益も織り込むことができること[61]
- ポートフォリオの最適化を比較的容易に行うことができること[62]
- 劣加法性を充たすこと[63]

などの優れた点がある一方で，次のような問題点も指摘されている。

- 期待ショートフォールを実際に安定的に推計できるか否か十分な検証が進んでいないこと[64]
- バックテスティングの方法が確立していないこと[65]
- 分布の裾の想定については，相関関係を一定とおくと，正確な期待ショートフォールの推計は，困難であり，ヒストリカル・シミュレーションを用いても，裾の部分の十分なデータ確保が困難な場合が多いと考えられる[66]こと

> バリュー・アット・リスクの信頼区間外における損失額の条件付期待値を示すものでしかなく，実際に起こりうるリスクとは異なること
> 実際上1年の期間を前提にしていること

しかし，期待ショートフォールを安定的に推計できるか否かについては，シミュレーションの回数を増やすことによって，推計の安定性を高めることができる[67]。また，裾の部分のデータについては，極値理論を用いる方法が考えられている[68]。

なお，期待ショートフォールは，銀行の場合その資産についてだけ行われる。しかし，保険会社の場合，負債である責任準備金も利益を上げ，その収益は変動する。このため，期待ショートフォールの計算にあたっても，責任準備金を含める必要がある。

資産負債最適配分概念に基づく確率論的シナリオ法と比べると，このように期間と分布の裾の部分に関する想定については，資産負債最適配分概念に基づく確率論的シナリオ法の方が優れていると考えられる。

(4) 望ましい規制のあり方

このように，ソルベンシー・マージン比率規制に代わる規制としては，論理的に考えると，経済価値ベースでのソルベンシー規制でも期待ショートフォールでもなく，資産負債最適配分概念に基づく確率論的シナリオ法による信頼水準の値を用いるものが望ましいものと考えられる。これによって，現行のソルベンシー・マージン比率規制の持つ問題点は，解決できるものと考えられる。

5．おわりに

保険会社が保険を引き受けるということは，保険契約を締結し，保険事故が発生した場合に，保険金を支払うことを約すことを意味している。この遠い将来の約束を果たすためには，保険会社が健全であることが不可欠である。保険金が削減されてしまっては，保障の意味はまったくない。「保険会社の破綻は銀行とは異なるため，銀行のそれに相当するような厳格な財務健全性規制は，

費用便益分析的な観点から不必要である」[69)]とする考え方については，コストが低い代わりに破綻によって保険金が削減されるおそれがあるということでしかなく，消費者としては，到底容認しがたい論理である。また，保険会社にとっても自己否定をしているとしかいいようがなく，受け入れることはできない。

保険会社の健全性を維持するためには，適切な保険業法の規制は不可欠である。中でも，保険料積立金に関する規制とソルベンシー・マージン比率規制は，意味が大きい。このソルベンシー・マージン比率規制を上記のように置き換えれば，生命保険会社の健全性は，相当程度維持できるようになろう。

しかし，この方法であっても，いくつかの課題が残されている。第一は，どのようにバックテスティングを行うのかということである。この点については，今後さらに検討が必要であるが，第三者による検証，他の補助的な手段による確認などの制度を設ける必要があろう。第二は，コストと時間がかかるということである。この点については，コンピュータの発達によって解決されよう。第三は，開示の問題である。これまでソルベンシー・マージン比率については，必ずしも十分な開示がなされてこなかった。十分な開示をすればするほど，それを見る人が内容についての検証をすることができる可能性が増える。また，規制と異なった信頼水準で判断をしたいという要望にも応えることができるようになる。このため，計算の詳細を開示すべきである。たとえば，内部モデルの概要，信頼水準ごと（84.13%（1σ），93.32%（1.5σ），97.72%（2σ），99.38%（2.5σ）99.87%（3σ）など）のシナリオなどが考えられる。第四は，現実的に使うことができるのか否かについて確認をする必要がある。このためには，フィールド・テストが必要であろう。

このように，私は，この方法が最善であると信じているが，実際に使うにあたっては，こうした課題を解決する必要がある。ただ，こうした課題も実際に解決できるものと考えられるため，この規制が導入されることを心から期待するものである。また，このことが，真の意味での保険契約者等の保護に資することを確信している。

なお，この指標を用いて，どのように早期是正措置を発動するのかについて

は，今後検討を行っていきたい。

1) 宇野典明「生命保険企業をめぐる環境の変化と生命保険企業の対応」，田村祐一郎編『保険の産業分水嶺』（保険学シリーズ），千倉書房，2002年，72-76ページ
2) この規制については，その発動の要件である保険業の継続が困難となる蓋然性の判断が適切に行われないおそれが相当にあること，解約に係る業務が停止されているにもかかわらず，解約の請求が行われるおそれがあること，予定利率の下限を設けたばかりに，予定利率の引下げを行うことができない範囲が生じてしまったことなどの理由から，私は，きわめて問題が多く，保険会社のソルベンシーを確保することによって，保険契約者等を保護するための本来的な規制を合理的かつ十分に強化し，その上でこの規制のあり方を再検討すべきであるとした（宇野典明「保険会社の破綻前における契約条件の変更規制―生命保険会社の場合を中心として―」，『ジュリスト』，No.1261，2004年2月，26-31ページ）。
3) 宇野典明「生命保険会社のソルベンシー・マージン基準」，『ジュリスト』，No.1240，2003年3月，50-59ページ
4) 宇野「生命保険会社のソルベンシー・マージン基準」，50ページ
5) 現行の早期是正という位置づけを維持するのであれば，基本的には継続基準になる（住谷貢「ソルベンシー・マージン基準の見直しについて」（ソルベンシー・マージン比率の算出基準等に関する検討チーム（第3回）資料），2006年12月，6ページ，金融庁ウェブページ，http://www.fsa.go.jp/singi/solvency/siryou/20061219/03-05.pdf（2015年2月23日アクセス））とする者がいる。その一方で，清算基準であるとする者（高山武士，藤田一郎「見直し進むソルベンシー・マージン基準」，『週刊金融財政事情』，2868号，2010年1月25日，47ページ）もいる。
　　また，継続基準は，経済価値ベースのソルベンシー・マージンによって計測され，全ての保険会社に，清算基準は，換金価値ベースの実質資産負債差額によって計測され，継続基準で問題ありと評価された保険会社に適用されるとするもの（森本祐司「経済価値ベースでのソルベンシー・マージン基準の実現に向けて」（ソルベンシー・マージン比率の算出基準等に関する検討チーム（第5回）資料），2007年，2ページ，金融庁ウェブページ，http://www.fsa.go.jp/singi/solvency/siryou/20070129/05-03.pdf（2015年2月23日アクセス）。），この意見に賛意を示すものとして，田口茂「森本委員ペーパーへのコメント」（ソルベンシー・マージン比率の算出基準等に関する検討チーム（第5回）資料），2007年，金融庁ウェブページ，http://www.fsa.go.jp/singi/solvency/siryou/20070129/05-05.pdf（2015年2月23日アクセス）がある。
6) 以下，2006年4月28日に到るまでの改正の概要は，金融庁「ソルベンシー・マー

ジン比率とは？」（2008 年 2 月，4 ページ，金融庁ウェブページ，http://www.fsa.go.jp/news/19/hoken/20080207-1/02.pdf（2015 年 2 月 23 日アクセス））による。

7) 「将来経験する死亡率が変動予測を超える確率を約 2.28%（2σ 水準）におさえるように補整した。（男女各々 400 万件を想定した変動予測）ただし，補整幅に年齢間で極端な差異が生じるのを避けるため，粗死亡率の 130% を上限として補整した。」（日本アクチュアリー会「標準生命表 2007 の作成概要」資料-②，2007 年，日本アクチュアリー会ウェブページ，http://www.actuaries.jp/lib/standard-life-table/seimeihyo2007_B3.pdf（2015 年 2 月 23 日アクセス））とされているが，実際の信頼水準が明らかではないため，信頼水準 97.72% 程度とした。

8) 金融庁『保険会社向けの総合的な監督指針』，2014 年，II-2-1-2 (2)，金融庁『保険検査マニュアル（保険会社に係る検査マニュアル）』，2013 年，132 ページ

9) 金融庁「保険会社向けの総合的な監督指針」，15 ページ

10) 金融庁「保険検査マニュアル」，134 ページ

11) 一般的に，被保険者が戦争その他の変乱により死亡した場合を除いて，どのような場合であっても普通死亡保険金は支払われる。

12) ソルベンシー・マージン比率の算出基準等に関する検討チーム「ソルベンシー・マージン比率の算出基準等について」，2007 年 4 月，6 ページ，金融庁ウェブページ，http://www.fsa.go.jp/singi/solvency/20070403.pdf（2015 年 2 月 23 日アクセス）

13) 金融庁「ソルベンシー・マージン比率の見直しの改定骨子（案）」，2009 年 8 月，金融庁ウェブページ，http://www.fsa.go.jp/news/21/hoken/20090828-1/01.pdf（2015 年 2 月 23 日アクセス）

14) この点については，「保険リスクの対象である保険契約は一旦約定した保険料と保険給付内容の変更が困難である一方で，価格変動等リスクの対象である資産運用は保険会社の経営判断によりある程度方針の変更も可能であるという，リスクの特性の違いを反映したものである」（ソルベンシー・マージン比率の算出基準等に関する検討チーム 前掲資料，6 ページ）ことや「現在の規制で用いている 90% の信頼水準から，99.5% 等の高水準の信頼水準に一挙に移行することは，リスク測定の正確性に限界がある中でリスク係数が数倍となりリスク量が大幅に上昇することから，必ずしも適切ではないと考えられる」（ソルベンシー・マージン比率の算出基準等に関する検討チーム 前掲資料，8 ページ）という説明がなされている。しかし，実際の生命保険会社の破綻の大きな原因が，保険リスク以外のリスクが実現したことにあることを考えると，決して説得力のある説明ではないと考えられる。また，「市場が求める水準を過度に超える基準は，保険会社の資本効率性を低下させるおそれがある。信頼水準の引上げの検討に際しては，保険会社の資本効率性に対する影響についても考慮する必要がある。」（ソルベンシー・マージン比率の算出基準等に関する検討チーム 前掲資料，6 ページ）とする考え方も，保

険契約者等の保護と保険会社の資本の効率性を天秤にかけること自体，保険業法は，保険契約者等の保護を目的の一つとしているのであり，資本の効率性は，保険業法ではなく，投資家保護のための会計で考慮すべきものであると考えられるため，おかしなことである。
15) 1年を超える部分は，現状では，保険計理人による3号収支分析が担保しているとも考えられる。しかし，3号収支分析は，モンテカルロ方式ではなく，決定論的なものであることに加え，次のようないくつかの問題点が指摘でき（宇野「保険会社の破綻前における契約条件の変更規制」，26ページ），ほとんど機能しないものと考えられる。
    ➢ 価格変動等リスクを十分に考慮していないこと
    ➢ 金利について上昇，下降のシナリオがないこと
    ➢ 新契約を考慮するもの（オープン型）であること
    ➢ 経営政策の変更により，責任準備金不足額の不積立を認めること
    ➢ 合併・再編，組織変更，事業費削減，業務の再編成等，保険業の継続のために取りうる経営改善方策の効果を織り込むこととするとされているため，会社の悪意が分析の結果に反映するおそれがあること
16) 保険数理のテキストでは，過去法と将来法の保険料積立金の額は一致するとされている（たとえば，二見隆『生命保険数学（上巻）』，財団法人生命保険文化研究所，1992年，191-193ページ）が，一致するには，保険料積立金の評価の時点で，将来想定される予定率が，過去想定した予定率と一致していることが不可欠である。このため，過去法で積み立てている保険料積立金を将来法で積み立てていると言い換えても，実質的に意味はない。
17) 実際に「93～94年度には多くの（破綻した生命保険）会社が三利源の合計額でも赤字となった」（「破綻生保，5社に兆候」，『朝日新聞』，2004年8月28日）とされている。これは，朝日新聞が行った金融庁の検査報告書に対する開示請求の結果によるものである。
18) こうしたことが起こる最大の理由は，保険料積立金の計算にあたって予定利率がロックインされていることにある。これ以外にも，実質純資産の額に追加責任準備金が含まれるため，実質純資産の額が負値になったときには，すでに追加責任準備金に相当する資産もなくなっている。このため，早期是正措置に基づく破綻処理が実質純資産の額によって発動される場合，追加責任準備金は，すでになくなっていることになってしまう。
19) 宇野典明「ソルベンシー・マージン比率と早期是正措置」，宇野典明監修，『FPテキスト／リスクマネジメント（平成26年度）』，日本ファイナンシャル・プランナーズ協会，2014年，58ページ
20) リスク・ファクター方式が個々の保険会社の実態にそぐわない点が生ずるとす

るものに，儀賀信利「ソルベンシー・マージン比率の算出基準等の見直しについて」（『ソルベンシー・マージン比率の算出基準等に関する検討チーム（第3回）資料』，10ページ，金融庁ウェブページ，http://www.fsa.go.jp/singi/solvency/siryou/20061219/03-04.pdf（2015年2月23日アクセス））がある。
21) 恩蔵三穂「消費者とソルベンシー・マージン基準」（ソルベンシー・マージン比率の算出基準等に関する検討チーム（第2回）資料），2ページ，金融庁ウェブページ，http://www.fsa.go.jp/singi/solvency/siryou/20061204/02-06.pdf（2015年2月23日アクセス），儀賀 前掲資料，10ページ，猪野力弥「生命保険会社のソルベンシー・リスクについて」（ソルベンシー・マージン比率の算出基準等に関する検討チーム（第1回）資料），2006年11月，12ページ，金融庁ウェブページ，http://www.fsa.go.jp/singi/solvency/siryou/20061120/01-07.pdf（2015年2月23日アクセス）
22) 猪野 前掲資料，19ページ
23) 宇野典明「リスクマネジメントと生命保険」，貝塚啓明，吉野直行，伊藤宏一編著『実学としてのパーソナルファイナンス』，2013年，中央経済社，273ページ
24) ソルベンシー・マージン比率の算出基準等に関する検討チーム 前掲資料，3ページ
25) 猪野 前掲資料，11ページ
26) 宇野「生命保険会社のソルベンシー・マージン基準」（54-55ページ）参照のこと。
27) 新型インフルエンザ対策閣僚会議「新型インフルエンザ対策行動計画」，2011年9月，3ページ，厚生労働省ウェブページ，http://www.cas.go.jp/jp/seisaku/ful/kettei/090217keikaku.pdf（2015年2月23日アクセス）
28) 中央防災会議防災対策推進検討会議南海トラフ巨大地震対策検討ワーキンググループ「南海トラフ巨大地震の被害想定について（第一次報告）」，2012年8月，21ページ，内閣府ウェブページ，http://www.bousai.go.jp/jishin/nankai/taisaku_wg/pdf/20120829_higai.pdf（2015年2月23日アクセス）
29) 次のとおり，総務省統計局「人口推計」，総務省ウェブページ，http://www.stat.go.jp/data/jinsui/new.htm（2015年2月23日アクセス）における2014年9月1日現在（確定値）の総人口を分母として計算した。
 640,000/127,046,000=5/1,000
 320,000/127,046,000=2.5/1,000
30) 宇野「リスクマネジメントと生命保険」，272-273ページ
31) 庄子浩「ソルベンシー・マージン基準について」（ソルベンシー・マージン比率の算出基準等に関する検討チーム（第3回）資料），6ページ，金融庁ウェブページ，http://www.fsa.go.jp/singi/solvency/siryou/20061219/03-03.pdf（2015年2月

23日アクセス）

32) ライフネット生命の場合，保険業法第113条繰延資産の計上は，開業5年目（2012年度）までであり，2012年度末で53億円が計上されている。その後，2017年度までの間毎年償却が行われ，2013年度末で42億4000万円の残高となっている（ライフネット生命「2013年度決算のお知らせ」，2014年5月15日，10，15ページ，ライフネット生命ウェブページ，http://pdf.irpocket.com/C7157/YWWN/pQY4/Y4fh.pdf（2015年2月23日アクセス）。この保険業法第113条繰延資産の金額は，この程度の規模の保険会社から見ると決して小さくなく，こうした会社のソルベンシー・マージン比率を大きくしている最大の原因といえる。）。

33) THE EUROPEAN PARLIAMENT AND THE COUNCIL OF THE EUROPEAN UNION, "DIRECTIVE 2009/138/EC OF THE EUROPEAN PARLIAMENT AND OF THE COUNCIL of 25 November 2009 on the taking-up and pursuit of the business of Insurance and Reinsurance（Solvency II)", 2009

34) International Association of Insurance Supervisors, "Insurance Core Principles, Standards, Guidance and Assessment Methodology", 2013

35) Solvency Modernization Initiative (E) Task Force, "NAIC White Paper - THE U.S. NATIONAL STATE-BASED SYSTEM OF INSURANCE FINANCIAL REGULATION and the SOLVENCY MODERNIZATION INITIATIVE", 2012

36) ソルベンシー・マージン比率の算出基準等に関する検討チーム 前掲資料，5ページ

37) ソルベンシー・マージン比率の算出基準等に関する検討チーム 前掲資料，19ページ

38) ソルベンシー・マージン比率の算出基準等に関する検討チーム 前掲資料，19ページ

39) ソルベンシー・マージン比率の算出基準等に関する検討チーム 前掲資料，20ページ

40) 田中耕太郎「保険の社会性と団体性（2）」，『法学協会雑誌』，第50巻第10号，1932年10月，41-42ページ

41) 宇野典明『新保険論—保険に関する新たな基礎理論の構築—』，中央大学出版部，2012年，47ページ

42) 宇野『新保険論』，56-57ページ参照のこと。

43) 宇野『新保険論』，59ページ

44) 私は，この論文の中では，資産だけで最適な配分を求めた場合と，負債も含めて最適な配分を求めた場合を比較しているが，負債も含めて最適な配分を行った方が，適切な配分が行えることが明らかになっている（宇野『新保険論』，57-59ページ）。

45) 宇野『新保険論』，70-72 ページ参照のこと。
46) 宇野『新保険論』，71 ページ
47) テール・イベントが発生した場合，各種リスクの相関関係は，通常の状態と異なると考えられ，独自に想定することになろう。
48) 宇野『新保険論』，84-85 ページ
49) 宇野典明「生命保険会社におけるテール・リスクへの対応―資産負債最適配分概念の下におけるその基本的な枠組みのあり方について―」，岸真清，黒田巌，御船洋編著『グローバル下の地域金融』，中央大学出版部，2014 年，180-181 ページ
50) 宇野「生命保険会社におけるテール・リスクへの対応」，174-182 ページ
51) 森本「経済価値ベースでのソルベンシー・マージン基準の実現に向けて」，1 ページ
52) 森本祐司「欧州保険市場でのソルベンシー規制見直しとリスク管理高度化の意義」，『週刊金融財政事情』，2739 号，2007 年 4 月 23 日，25 ページ
53) 米山高生「ソルベンシー規制の転換点―その根拠と規制の対応―」，『生命保険論集』，No. 161，2007 年 12 月，23 ページ
54) 宇野『新保険論』，183 ページ参照のこと。
55) 宇野『新保険論』，183-184 ページ
56) 宇野『新保険論』，184 ページ
57) 山井康浩，吉羽要直「バリュー・アット・リスクのリスク指標としての妥当性について―理論的サーベイによる期待ショートフォールとの比較分析―」，『金融研究』，2001 年 4 月，38 ページ
58) 山井，吉羽「バリュー・アット・リスクのリスク指標としての妥当性について」，38 ページ
59) Artzner, P., Delbaen, F., Eber, J. M., and Heath, D. "Thinking Coherently", in *Risk*, Vol. 10, No. 11, November 1997, p. 68 など。
60) 山井，吉羽「バリュー・アット・リスクのリスク指標としての妥当性について」，33-68 ページ，山井康浩，吉羽要直「期待ショートフォールによるポートフォリオのリスク計測―具体的な計算例による考察―」，『金融研究』，2001 年 12 月，53-93 ページ，山井康浩，吉羽要直「リスク指標の性質に関する理論的整理―VaR と期待ショートフォールの比較分析―」，『金融研究』，2001 年 12 月，95-131 ページ，山井康浩，吉羽要直「市場ストレス時におけるバリュー・アット・リスクと期待ショートフォールの比較：多変量極値分布のもとでの比較分析」，『金融研究』，2002 年 10 月，111-170 ページ，山井康浩，吉羽要直「バリュー・アット・リスクと期待ショートフォールの比較分析」，『Journal of the Operations Research Society of Japan』45（4），2002 年 12 月，490-506 ページなどがある。
61) 山井，吉羽「バリュー・アット・リスクのリスク指標としての妥当性について」，

第 6 章 資産負債最適配分概念の下におけるソルベンシー・マージン比率規制のあり方　131

　　　　61 ページ
62)　Rockafeller R. T. and Uryasev, S. "Optimization of Conditional Value–at-Risk", in *Journal of Risk*, Vol.2, No.3, Spring 2000, pp. 31-32 など。
63)　Artzner, P., Delbaen, F., Eber, J. M., and Heath, D., *Ibid*, pp. 68-69 など。
64)　山井，吉羽「バリュー・アット・リスクのリスク指標としての妥当性について」，61 ページ
65)　山井，吉羽「バリュー・アット・リスクのリスク指標としての妥当性について」，61 ページ
66)　山井，吉羽「バリュー・アット・リスクのリスク指標としての妥当性について」，62 ページ
67)　山井，吉羽「期待ショートフォールによるポートフォリオのリスク計測」，57-61 ページ
68)　Neftci, S. N., "Value at Risk Calculations, Extreme Events, and Tail Estimation" in *Journal of Derivatives*, Spring 2000, pp. 23-37 など。
69)　米山 前掲論文，19 ページ

参 考 文 献

Artzner, P., Delbaen, F., Eber, J. M., and Heath, D. " Thinking Coherently", in *Risk*, Vol. 10, No. 11, November 1997

THE EUROPEAN PARLIAMENT AND THE COUNCIL OF THE EUROPEAN UNION, "DIRECTIVE 2009/138/EC OF THE EUROPEAN PARLIAMENT AND OF THE COUNCIL of 25 November 2009 on the taking-up and pursuit of the business of Insurance and Reinsurance (Solvency II)", 2009

International Association of Insurance Supervisors, "Insurance Core Principles, Standards, Guidance and Assessment Methodology", 2013

Neftci, S. N., "Value at Risk Calculations, Extreme Events, and Tail Estimation," in *Journal of Derivatives*, Spring 2000, pp. 23-37

Rockafeller R. T. and Uryasev, S., "Optimization of Conditional Value-at-Risk", in *Journal of Risk*, Vol.2, No.3, Spring 2000, pp. 31-32

Sandstörm, A., *Solvency: Models, Assessment and Regulation, Florida*, Chapman & Hall/CRC, 2006

Solvency Modernization Initiative (E) Task Force, "NAIC White Paper - THE U.S. NATIONAL STATE-BASED SYSTEM OF INSURANCE FINANCIAL REGULATION and the SOLVENCY MODERNIZATION INITIATIVE", 2012

『朝日新聞』，2004 年 8 月 28 日

猪野力弥「生命保険会社のソルベンシー・リスクについて」（ソルベンシー・マージン比率の算出基準等に関する検討チーム（第1回）資料），2006年，金融庁ウェブページ，http://www.fsa.go.jp/singi/solvency/siryou/20061120/01-07.pdf（2015年2月23日アクセス）

宇野典明「生命保険企業をめぐる環境の変化と生命保険企業の対応」，田村祐一郎編『保険の産業分水嶺』（保険学シリーズ），千倉書房，2002年

宇野典明「生命保険会社のソルベンシー・マージン基準」，『ジュリスト』，No. 1240，2003年3月

宇野典明「保険会社の破綻前における契約条件の変更規制―生命保険会社の場合を中心として―」，『ジュリスト』，No. 1261，2004年2月

宇野典明「家計におけるリスクマネジメントと生命保険設計のあり方」，貝塚啓明監修『パーソナルファイナンス研究』，日本ファイナンシャル・プランナーズ協会，2006年，201-220ページ

宇野典明『新保険論―保険に関する新たな基礎理論の構築―』，中央大学出版部，2012年

宇野典明「リスクマネジメントと生命保険」，貝塚啓明，吉野直行，伊藤宏一編著『実学としてのパーソナルファイナンス』，中央経済社，2013年

宇野典明「生命保険会社におけるテール・リスクへの対応―資産負債最適配分概念の下におけるその基本的な枠組みのあり方について―」，岸真清，黒田巌，御船洋編著『グローバル下の地域金融』，中央大学出版部，2014年

宇野典明「ソルベンシー・マージン比率と早期是正措置」，宇野典明監修，『FPテキスト／リスクマネジメント（平成26年度）』，日本ファイナンシャル・プランナーズ協会，2014年

恩蔵三穂「消費者とソルベンシー・マージン基準」（ソルベンシー・マージン比率の算出基準等に関する検討チーム（第2回）資料），2006年，金融庁ウェブページ，http://www.fsa.go.jp/singi/solvency/siryou/20061204/02-06.pdf（2015年2月23日アクセス）

儀賀信利「ソルベンシー・マージン比率の算出基準等の見直しについて」（ソルベンシー・マージン比率の算出基準等に関する検討チーム（第3回）資料），2006年，金融庁ウェブページ，http://www.fsa.go.jp/singi/solvency/siryou/20061219/03-04.pdf（2015年2月23日アクセス）

金融庁「ソルベンシー・マージン比率とは？」，2008年2月，金融庁ウェブページ，http://www.fsa.go.jp/news/19/hoken/20080207-1/02.pdf（2015年2月23日アクセス）

金融庁「ソルベンシー・マージン比率の見直しの改定骨子（案）」，2009年8月，金融庁ウェブページ，http://www.fsa.go.jp/news/21/hoken/20090828-1/01.pdf（2015年

2月23日アクセス）
金融庁『保険検査マニュアル（保険会社に係る検査マニュアル）』，2013年
金融庁『保険会社向けの総合的な監督指針』，2014年
久保英也『生命保険業の新潮流と将来像』，千倉書房，2005年，49―117ページ
久保英也「収益力評価による生命保険会社の経営破綻リスクの早期把握―ソルベンシー DI, CI, 修正基礎利益の乖離率からなる複線型指標の提案―」『保険学雑誌』，第593号，2006年6月，1-30ページ
久保英也「個別生命保険会社の破綻予測指標の提案―ソルベンシー DI（ディフュージョン・インデックス），同 CI（コンポジット・インデックス）などによる破綻会社の早期抽出―」『Discussion Paper』No. J-2（CRR Working Paper Series J-14），2010年7月，1-21ページ
小藤康夫「なぜソルベンシー・マージン比率は有効な手段となりえなかったのか」『共済と保険』43巻4号（通号514号）
澤口雅昭「ソルベンシー・マージン比率の算出基準に関する論点」『ソルベンシー・マージン比率の算出基準等に関する検討チーム（第2回）資料』，2006年，金融庁ウェブページ，http://www.fsa.go.jp/singi/solvency/siryou/20061204/02-03.pdf（2015年2月23日アクセス）
庄子浩「ソルベンシー・マージン基準について」（ソルベンシー・マージン比率の算出基準等に関する検討チーム（第3回）資料），2006年，金融庁ウェブページ，http://www.fsa.go.jp/singi/solvency/siryou/20061219/03-03.pdf（2015年2月23日アクセス）
新型インフルエンザ対策閣僚会議「新型インフルエンザ対策行動計画」，2011年9月，厚生労働省ウェブページ，http://www.cas.go.jp/jp/seisaku/ful/kettei/090217keikaku.pdf（2015年2月23日アクセス）
住谷貢「ソルベンシー・マージン基準の見直しについて」（ソルベンシー・マージン比率の算出基準等に関する検討チーム（第3回）資料），2006年，金融庁ウェブページ，http://www.fsa.go.jp/singi/solvency/siryou/20061219/03-05.pdf（2015年2月23日アクセス）
総務省統計局「人口推計」，総務省ウェブページ，http://www.stat.go.jp/data/jinsui/new.htm（2015年2月23日アクセス）
ソルベンシー・マージン比率の算出基準等に関する検討チーム「ソルベンシー・マージン比率の算出基準等について」，2007年，金融庁ウェブページ，http://www.fsa.go.jp/singi/solvency/20070403.pdf（2015年2月23日アクセス）
高山武士，藤田一郎「見直し進むソルベンシー・マージン基準」，『週刊金融財政事情』，2868号，2010年1月25日
田口茂「森本委員ペーパーへのコメント」（ソルベンシー・マージン比率の算出基

等に関する検討チーム（第5回）資料）、2007年、金融庁ウェブページ、http://www.fsa.go.jp/singi/solvency/siryou/20070129/05-05.pdf（2015年2月23日アクセス）

田中耕太郎「保険の社会性と団体性（2）」、『法学協会雑誌』、第50巻第10号、1932年10月

中央防災会議防災対策推進検討会議南海トラフ巨大地震対策検討ワーキンググループ「南海トラフ巨大地震の被害想定について（第一次報告）」、2012年8月、内閣府ウェブページ、http://www.bousai.go.jp/jishin/nankai/taisaku_wg/pdf/20120829_higai.pdf（2015年2月23日アクセス）

日本アクチュアリー会「標準生命表2007の作成概要」資料—②、日本アクチュアリー会ウェブページ、http://www.actuaries.jp/lib/standard-life-table/seimeihyo2007_B3.pdf（2015年2月23日アクセス）

深尾光洋「ソルベンシー・マージン基準のあり方について」、（ソルベンシー・マージン比率の算出基準等に関する検討チーム（第1回）資料）、2006年、金融庁ウェブページ、http://www.fsa.go.jp/singi/solvency/siryou/20061120/01-06.pdf（2015年2月23日アクセス）

二見隆『生命保険数学（上巻）』、財団法人生命保険文化研究所、1992年

松山直樹「ソフトランディングのために規制・会計の早急な手直しが必要」『週刊金融財政事情』、2739号、2007年4月23日

水口啓子「保険会社のリスク管理高度化を促すソルベンシー・マージン比率見直し」、『週刊金融財政事情』、2805号、2008年9月15日

森本祐司「欧州保険市場でのソルベンシー規制見直しとリスク管理高度化の意義」『週刊金融財政事情』、2739号、2007年4月23日

森本祐司「経済価値ベースでのソルベンシー・マージン基準の実現に向けて」（ソルベンシー・マージン比率の算出基準等に関する検討チーム（第5回）資料）、2007年、金融庁ウェブページ、http://www.fsa.go.jp/singi/solvency/siryou/20070129/05-03.pdf（2015年2月23日アクセス）

山井康浩、吉羽要直「バリュー・アット・リスクのリスク指標としての妥当性について—理論的サーベイによる期待ショートフォールとの比較分析—」、『金融研究』、2001年4月

山井康浩、吉羽要直「バリュー・アット・リスクと期待ショートフォールの比較分析」、『Journal of the Operations Research Society of Japan』45 (4)、2002年12月

山井康浩、吉羽要直「リスク指標の性質に関する理論的整理—VaRと期待ショートフォールの比較分析—」、『金融研究』、2001年12月

山井康浩、吉羽要直「期待ショートフォールによるポートフォリオのリスク計測—具体的な計算例による考察—」、『金融研究』、2001年12月

山井康浩、吉羽要直「市場ストレス時におけるバリュー・アット・リスクと期待ショー

トフォールの比較：多変量極値分布のもとでの比較分析」,『金融研究』, 2002 年 10 月

米山高生「ソルベンシー規制の転換点—その根拠と規制の対応—」,『生命保険論集』, No.161, 2007 年 12 月

ライフネット生命「2013 年度決算のお知らせ」, 2014 年 5 月 15 日, ライフネット生命ウェブページ, http://pdf.irpocket.com/C7157/YWWN/pQY4/Y4fh.pdf （2015 年 2 月 23 日アクセス）

第7章　日本の公社債流通市場における価格形成の特徴[1]
——アセット・スワップ・スプレッドの計測と決定要因の検討——

1. はじめに

　近年，日本の公社債市場は，全体としての取引金額も増大してきており，種類も多様になりつつある。国債では10年長期債，20年超長期債の2種類から，各種中期債や30年超長期債といった種類も増えてきているし，社債の銘柄もかつてに比べ増えてきている。

　本稿は，公社債流通市場において，金利スワップ市場からみた相対価値評価である，いわゆる「アセット・スワップ・スプレッド」（"asset swap spread"）の計測を通じ，市場参加者が公社債に対して，どのような評価を行っているかを明らかにしようとする試みである。

　アセット・スワップは，相対的な価格形成を見るために最適なツールである。固定利付債のキャッシュ・フローの変動金利キャッシュ・フローへの変換は，全般の金利水準のリスクやクーポンの効果を限定的にする。さらに，どちらのポジションもイールド・カーブを同じ金利水準で落ちてくるため，イールド・カーブの形状によるリスクを限定的にする。どのポイントでもアセット・スワップのパッケージのNPVは，スワップの解約と債券の売却により求めることができるわけなので，債券とスワップの利回り格差により生じる価値が，債券のアセット・スワップ・スプレッドとして求められることになる。こうした理由から，実務家はアセット・スワップ・スプレッドを債券市場の分析に頻繁に活用してきた。

　アセット・スワップ・スプレッドを利用した研究は，それほど多くない

が，Tonge, D.（2001）は，アセット・スワップ・スプレッドの分析を通じてCEEMEA固定利付債投資戦略への活用を試みている。日本の市場については，小池（1992），家田・大庭（1998），高橋（1999），（2002），（2005），（2007），（2014）がある。小池（1992）は，国債流通市場の特徴をスワップ市場情報から行う点は共通しているものの，アセット・スワップ・スプレッドではなく，個々の国債をスワップ市場情報により再評価し，実際の市場価格と再評価価格の差を一致させるためにeffective duration をもとにスワップ市場のゼロ・クーポン・レートをどれだけシフトさせるかで，国債の流通市場での評価を明らかにしようとするものである[2]。これに対して家田・大庭（1998）は，1997年5月から1998年3月までの期間について，日本の社債市場でのアセット・スワップ・スプレッドを計測し[3]，スプレッドに対する重要な影響要因を検証し，残存年数，利率，格付が重要な要因であることを明らかにしている。高橋（1999）は，国債市場におけるアセット・スワップ・スプレッドを検証する最初の試みで，高橋（2002），（2005），（2007），（2014）では，本稿同様，それらを社債流通市場まで拡張したものである。

　一方で，T-noteと金利スワップとのスプレッドに代表される，国債と金利スワップとの間の利回り水準の差（スワップ・スプレッド）に関しては，様々な形で検討が加えられている。Grinblatt（2001）は，スワップ・スプレッドが，国債とユーロドル金利との流動性の格差によるものであるとしている。Longstaff and Schwartz（1995），Duffie and Huang（1996），Lekkos and Milas（2001），Blanco, et al.（2005），In, Brown and Fang（2003），Afonso and Strauch（2007），Shimada et. al（2012）などでは，スワップ・スプレッドをスワップの相手方の様々なリスクを補償するために必要なリスク・プレミアムであるとし，実証分析によりそのことを確認している。しかし，Lekkos and Milas（2001）は，金利の期間構造の変化のスワップ・スプレッドへの影響はスワップの満期によって一様ではないことを明らかにしている。Huang and Chen（2007）は，流動性プレミアムが，金融引き締め期の2年物のスワップ・スプレッドの動きに対する唯一の影響因であること，デフォルト・リスクの影響は，金融環境とスワップの満期構成によって異なることを明らかにしている。決定要因の相対的な重

要性と，スワップ・スプレッドが形成される過程は，アメリカにおける金融環境の違いにより変わることを分析している。日本の市場については，Eom, et al.(2000), (2002), Fehle (2003), Huang, et al. (2008) らの研究がある。これらの研究では，日本のスワップ・スプレッドに対する影響要因を検討し，スワップの相手方のデフォルト・リスク，金利のボラティリティ，LIBOR の流動性リスク，イールド・カーブの傾きなどが，スワップの契約期間，分析対象期間に応じてスワップ・スプレッドに影響を与えることを明らかにしている。

国債流通市場の情報への信頼性に対するスタンスの違いはあるが，日本の社債流通利回りの対国債スプレッドに注目した分析としては，植木 (1999) などがあげられる。植木 (1999) は，国内普通社債の流通市場のデータとして日本証券業協会の社債基準気配個別銘柄流通利回りを利用し，1997 年 4 月～1999 年 7 月の期間について，国内普通社債の流通市場における社債スプレッド（社債流通利回りの国債利回りに対するスプレッド）を計測し，その特徴を明らかにしようとするとともに，R＆I（1998 年 4 月以前は，JBRI）の格付情報を利用し信用リスクから推計される理論社債スプレッドをあわせて計測することで，社債流通市場における投資家の行動についても明らかにしようとしている。

本稿の構成は，以下の通りである。まず2節では，取引データから，日本の公社債流通市場について概観するとともに，金利スワップ市場についても確認する。第3節では，アセット・スワップについて確認し，相対価値を認識する手法について，明らかにする。第4節では，2004 年から 2009 年の期間を対象に，流通市場で取引されている個々の銘柄についてアセット・スワップ・スプレッドを計測するとともに，その主要な影響要因を検討する。最後に第5節で，要約と結論を述べる。

2．日本の公社債市場の現状

公社債流通市場のうち店頭売買市場の現状を日本証券業協会の公表する公社債種類別店頭売買高からのデータをもとに確認することにしよう[4]。**図7-1** は 1998 年 12 月から 2013 年 8 月までの期間について公社債の種類別に店頭売

買状況を示したものである。いずれも単位は億円で，国債のみ左目盛，それ以外は右目盛である。

この期間においては，周期的な動きがあるものの，おおむねトレンドとしては売買高が増大していることが読み取れる。次に，国債の内訳ごとの売買高を示したものが，図7-2である。この図を見ると，全期間を通じて長期国債の売買高が大きいことがわかる。また，中期国債の売買高の伸びが著しく，超長期国債の売買高も伸びてきている。

次に，売買高の割合を示したものが図7-3である。これを見ると売買高に占める国債の割合が圧倒的に大きく，他の債券は全体でも1割にも満たないことがわかる。社債等の種類は増えてきたものの，依然として国債中心で市場が形成されているということができよう。

さらに，国債以外の公社債の売買高に占める割合を見たものが図7-4である。

以上の状況から公社債市場での売買高としては，国債の割合が圧倒的に大きく，中でも長期国債の占める割合が大きいことがわかる。

一方，金利についてのデリバティブ，特に金利スワップは，ここ10年間で指数的に増大している。最近の推計によると，民間の店頭デリバティブ契約の名目残高は，1997年の29兆米ドルから，2007年12月末には310兆米ドルに増大している[5]。主要な参加者のうち，日本円の金利スワップは，総残高の平均約17%と，世界のデリバティブ取引のうちで重要な役割を果たしている。円の国際取引や金融における重要な役割からすれば，日本円の金利スワップが米ドルに次ぐ大きな位置を占めるのは，決して不思議なことではないだろう。円金利スワップ取引の拡大は，スワップの金利設定メカニズムを理解することの重要性を物語っていると考えることができる。

スワップ金利はしばしば，スワップの満期日に近い満期の国債利回りに対する利鞘，あるいは，スプレッドの形で提示される。これは，国債がスワップ取引やスワップ・ポートフォリオに対する，ヘッジ・ツールとして利用されるためである。しかし，円金利スワップの場合には，異なった提示方法が採用されるのが一般的である。円金利スワップの場合，取引の金利は，（米ドルのスワッ

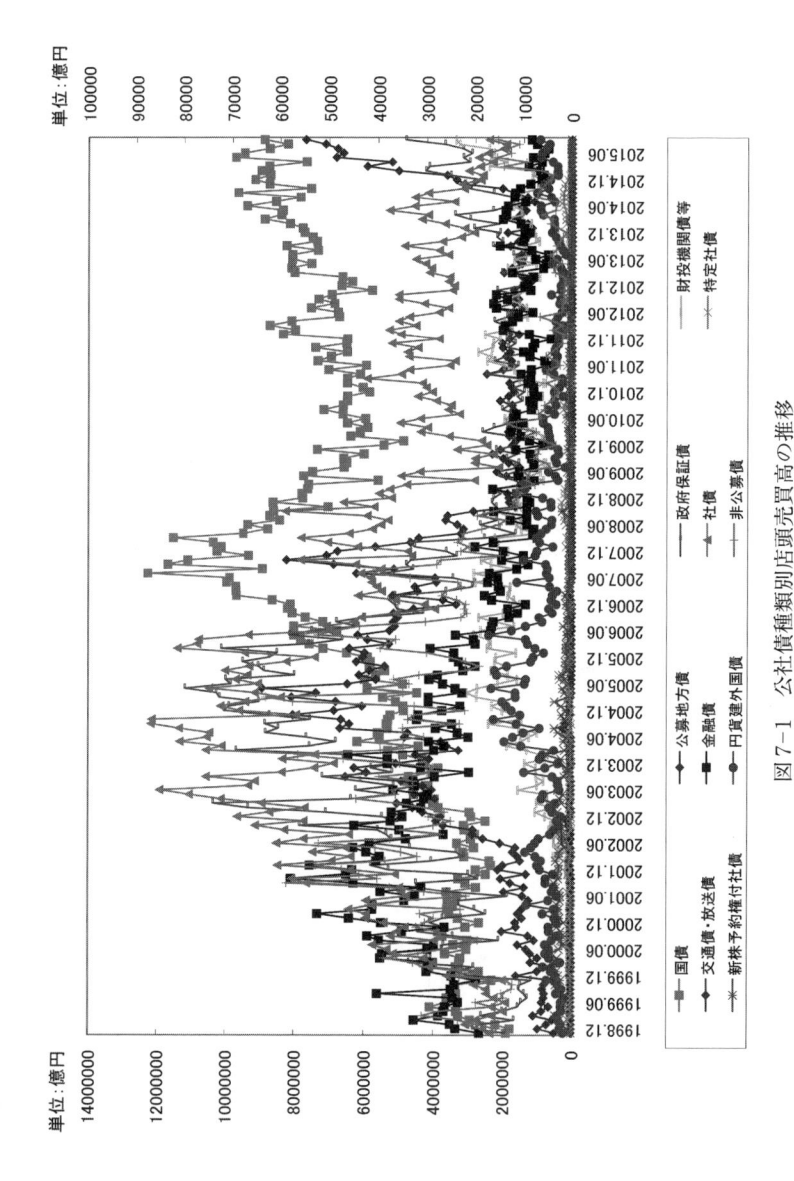

第 7 章　日本の公社債流通市場における価格形成の特徴　141

図 7-1　公社債種類別店頭売買高の推移

出所）日本証券業協会ウェブサイト http://www.jsda.or.jp/shiryo/toukei/shurui/index.html のデータをもとに作成。

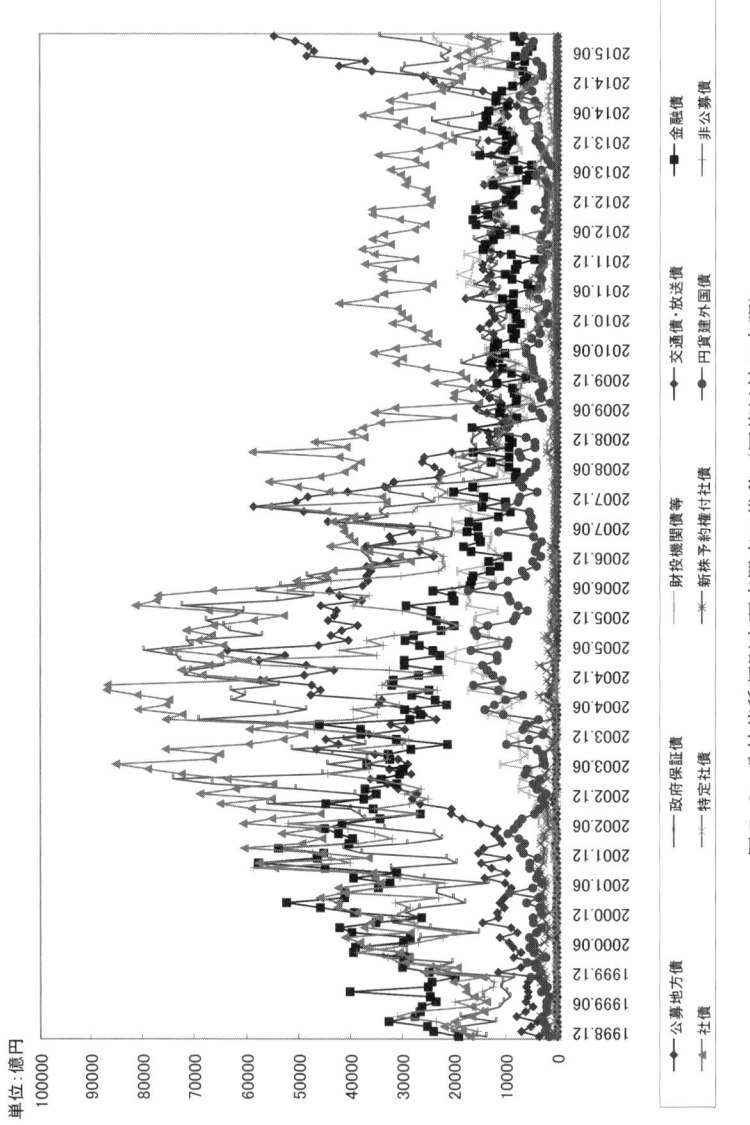

図 7-2 公社債種類別店頭売買高の推移（国債以外の内訳）

出所）図 7-1 に同じ

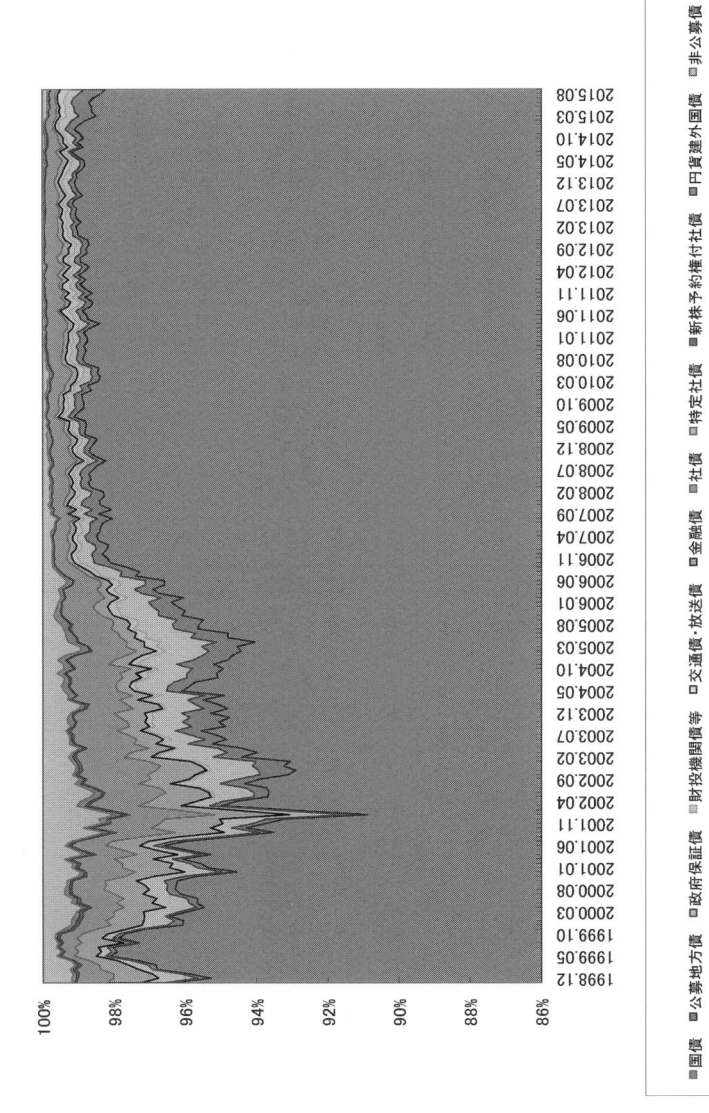

第7章　日本の公社債流通市場における価格形成の特徴　143

図7-3　公社債種類別店頭売買高の推移
出所）図7-1に同じ

144

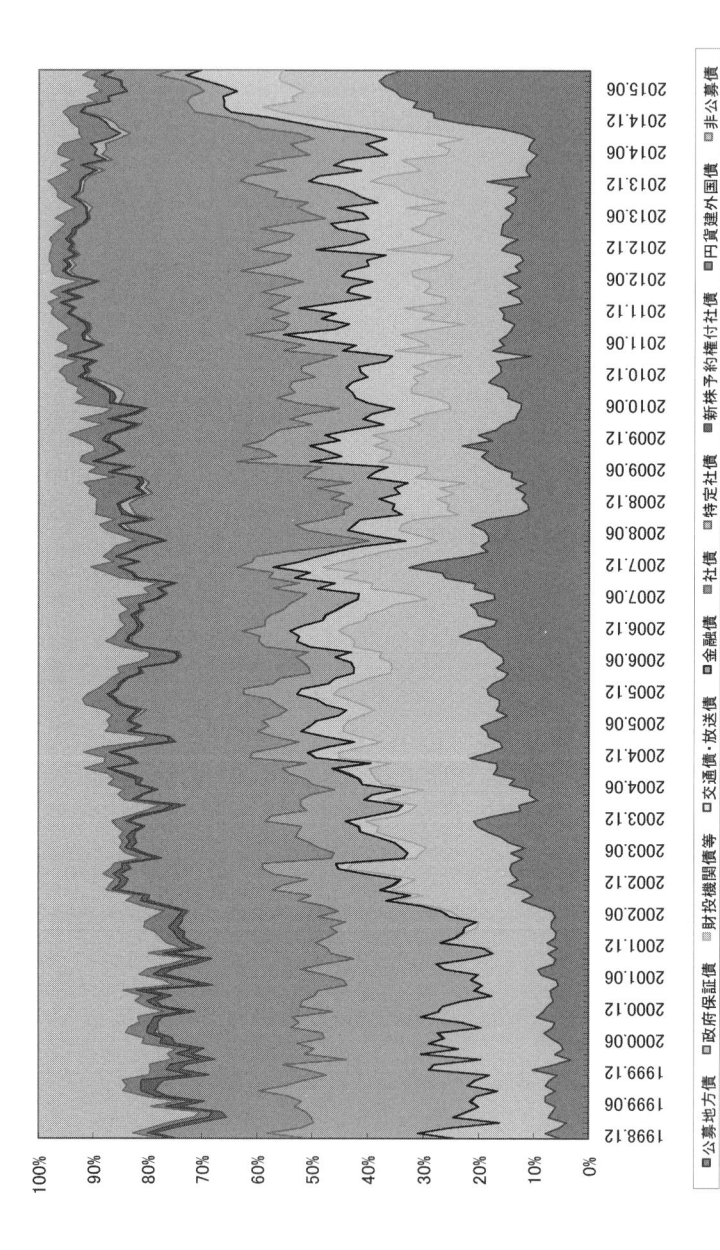

図7-4 公社債種類別店頭売買高の推移（国債以外）
出所）図7-1に同じ

プのように）国債に対するスプレッドの形で提示されるのではなく，金利の形で提示されるのが一般的である。これは，円金利スワップ取引の歴史的な経緯を反映したものと考えられる。

1980年代半ばに，日本の金利スワップ取引がスタートした，多くの邦銀がスワップデスクを開設し，スワップ・ポジションのヘッジを始めた。1986年には，米銀が日本において円金利スワップのマーケット・メイクを始めた。当時の国債市場は，「歪んだ」市場（"kinky" market）であると考えられていた。国債の取引は，「指標銘柄」に集中し，銘柄間の裁定取引は活発ではなかった。こうしたことから，長期国債ではなく，円金利スワップが，中長期金利の指標として重要な役割を果たし，金利の提示は国債利回りに対するスプレッドの形で行われていなかった。こうした状況は，1990年代終りごろから変化が生じ始めた。金融の規制緩和が加速し，大蔵省（当時）は，国債発行において満期の多様化を図るようになったこともあり取引は多様化し，裁定取引が活発になり，指標銘柄は1999年3月に役目を終えることになった。

3．アセット・スワップを用いた相対価値分析

（3）アセット・スワップ・スプレッド

相対価値分析の基本は，キャッシュ・フローを，通常ベイシス・リスクをとることにより，より少ないコストで合成することにある。ミスマッチのキャッシュ・フローの評価を中心におくイールド・カーブ分析と対照的である。アセット・スワップは，合成FRNを創造することで，観点の同じ評価基準を提供することができるため，国債の相対価値分析に最適である。

社債については，格付を代表としてクレジット・リスクを表す変数をいくつか考えることができるが，国債については，クレジット・リスクの変数はないこと，スワップで債券の固定金利キャッシュ・フローを合成することで，クーポン（coupon）や相場の方向性のリスク（directional risk）である金利のデュレーション（interest-rate duration），イールド・カーブのリスク（curve exposure）などをヘッジできること，アセット・スワップは取引可能であること，なども利点

として挙げることができる。

完成したアセット・スワップ・パッケージの価格と想定元本はパーに固定される。典型的な価格がパーでない債券の場合，価格をパーに設定するために，アップ・フロントのキャッシュ・フロー交換が発生する。このようなパーのアセット・スワップ・パッケージは，それ以外のアセット・スワップよりも多く取引されている。

図7-5は債券投資におけるキャッシュ・フローを図示したものである。投資家は，流通市場で債券を購入し満期まで保有するという投資パターンの場合，当初流通市場（以前の所有者）に購入代金を支払う。そののち所有期間中は，債券の発行体から決められた利払を受け，満期時点で償還を受ける。

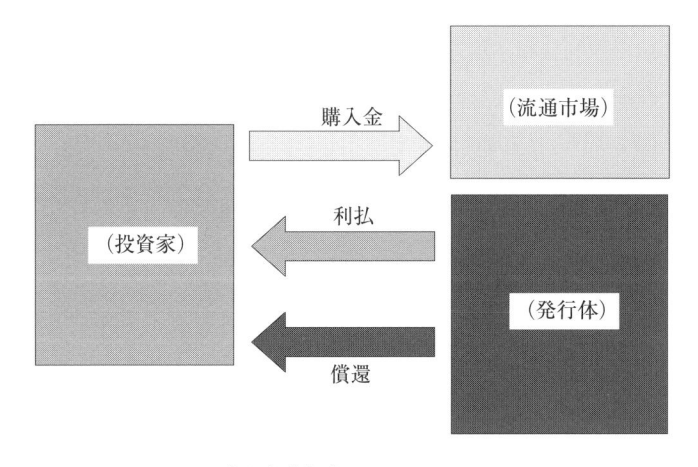

図7-5　固定利付債投資におけるキャッシュ・フロー

図7-6は，この債券への投資と同時に，アセット・スワップを行う場合のキャッシュ・フローを示したものである。投資家は固定利付債を購入することで，図7-5と同様のキャッシュ・フローを得るのに加え，図の左側に示した，スワップの相手方（Swap C/Pと表記してある）との間にアセット・スワップのキャッシュ・フローが発生する。図の上の部分がアセット・スワップのうち債券の購入に関連するキャッシュ・フロー交換で，購入代金と額面金額のスワッ

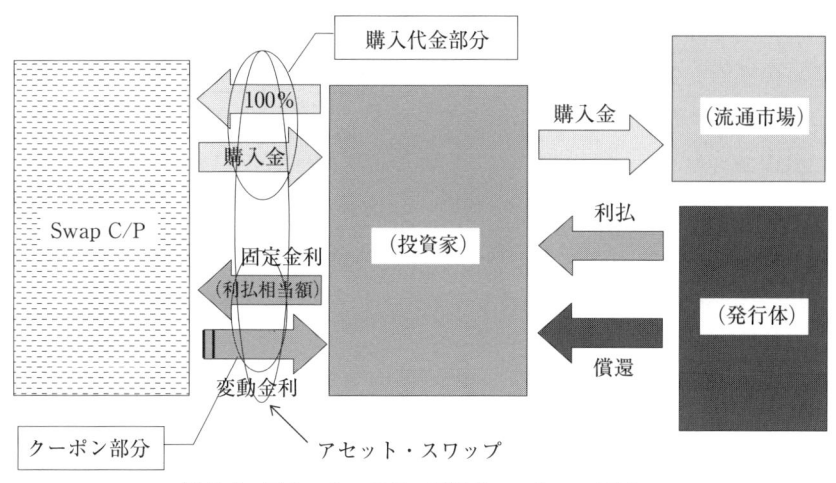

図7-6　アセット・スワップのキャッシュ・フロー

プにより，実質的に額面金額での債券購入とすることが可能となる。図の下の部分が債券の利払いキャッシュ・フローとLIBORを基準とする変動金利キャッシュ・フローとを交換するスワップである。

　このように債券購入とアセット・スワップを組み合わせることで，個々の銘柄の債券キャッシュ・フローを実質的に**図7-7**に示したような，同じ時期に

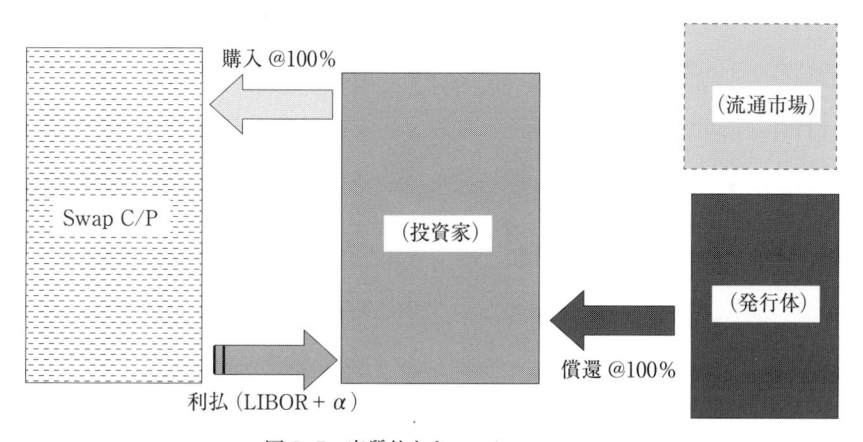

図7-7　実質的なキャッシュ・フロー

利払が行われる（価格がパーの）変動利付債投資のキャッシュ・フローとすることが可能となる。このようにして得られる変動利付債投資の利率におけるLIBORへの上乗せ金利がLIBORスプレッドである。したがって，ある債券のLIBORスプレッド α_i は，図7-6で示した，アセット・スワップで提示される，変動金利に対する上乗せ金利（スプレッド）水準に他ならない。

　この場合，出来上がりの（合成された）変動利付債（Floating Rate Notes: FRNs）は，実質的には図7-8のようなキャッシュ・フローになる。

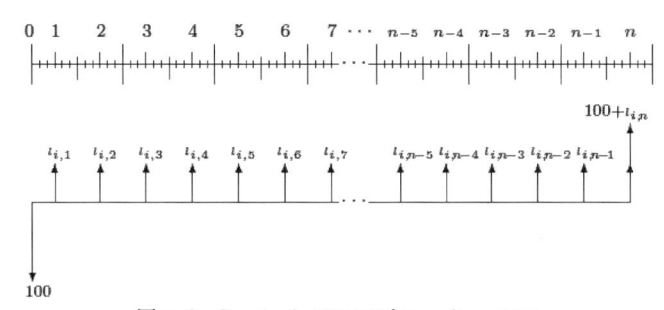

図7-8　Synthetic FRN のキャッシュ・フロー

ここで，図7-8において $l_{i,j} = 100\left(L_{i,j} + \alpha_i\right)\dfrac{t_{i,j} - t_{i,j-1}}{360}$ である。

　個々の銘柄の債券を，同じ時期に利払が行える変動利付債へ置き換えるという再評価は，図7-9に見られるようなアセット・スワップを行うことで可能である。したがって，ある債券のアセット・スワップ・スプレッドは，次式を満たすことが必要となる[6]。

$$\frac{C_i}{2}\sum_{j=1}^{n}d(t_{i,j}) + 100 = 100\sum_{j=1}^{n}\left(L_{i,j} + \alpha_i\right)\cdot\frac{t_{i,j} - t_{i,j-1}}{360}\cdot d(t_{i,j}) + (P_i + A_i) \qquad (1)$$

したがって，債券 i のアセット・スワップ・スプレッド α_i は，次式で推計することができる[7]。

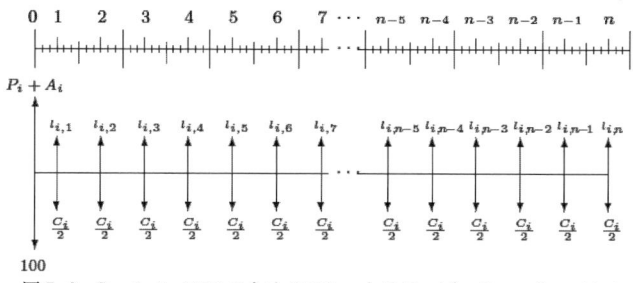

図7-9 Synthetic FRN のためのアセットスワップ・キャッシュ・フロー

$$\alpha_i = \frac{\frac{C_i}{2}\sum_{j=1}^{n}d(t_{i,j})+100-(P_i+A_i)-100\{1-d(t_{i,n})\}}{100\sum_{j=1}^{n}\frac{t_{i,j}-t_{i,j-1}}{360}\cdot d(t_{i,j})} \quad (2)$$

こうして推計されるスプレッドは，投資収益率を示すものであり，スプレッドの低い銘柄は収益率が低い訳であるから価格が相対的に高い（割高），逆に高い銘柄は価格が相対的に安い（割安）ことを意味している。

(2) データと推計

以上の考え方をもとに，高橋（2005）などでの分析対象を拡張し，2004年1月から2009年12月までの，毎月20日時点（休日の場合は翌営業日）のデータをもとに，公社債流通市場のアセット・スワップ・スプレッドの計測を行った。計測にあたって利用したデータは以下の通りである。

国内公社債流通市場のデータとしては，日本証券業協会の公表する「公社債店頭売買参考統計値」データのうち，日本格付研究所(JCR)から格付を得ている銘柄と長期国債(以下JGBと略記する)を対象とする[8]。スワップ市場でのディスカウント・ファクターは，休日も考慮した実際のスワップ・キャッシュ・フローをもとに推計することとした。不足する情報に関しては市場金利を線型補間することで推計し，債券キャッシュ・フローに対応するアセットスワップ・キャッシュフロー評価に必要なディスカウント・ファクターも同様に線型補間により推計した[9]。

4. スプレッドの変動要因

(1) グラフによる分析

図7-10は，こうした推計結果のうち，2004年1月〜2005年12月のものをグラフにしたものである。グラフでは横軸に残存年数を，縦軸にbp表示のスプレッドをとり，各債券のスプレッドをプロットしている。**図7-11**は，格付と計測されたスプレッドの関係を示したものである。横軸の数字は格付を示していて，図7-10の凡例にある，格付に付した数字に対応している。さらに2004年1月20日については，格付ごとのグラフにしたものを**図7-12**から**図7-22**へ，2004年12月20日時点のデータの計測結果を**図7-23**から**図7-33**へ，2005年1月20日時点のデータの計測結果を**図7-36**から**図7-46**に示している。また，格付ごとのスプレッドの平均の時系列的な推移を**図7-47**から**図7-49**に示しておいた。

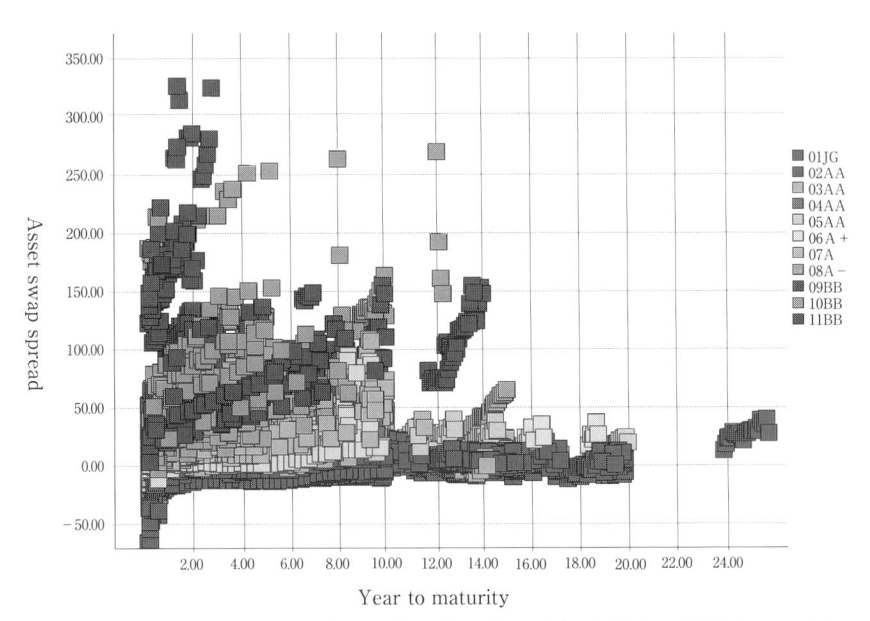

図7-10　アセット・スワップ・スプレッドの計測結果（2004/1〜2005/12）overall

第 7 章　日本の公社債流通市場における価格形成の特徴　151

図 7-11　格付とスプレッドの関係

◆ JGB (2004/01/20)

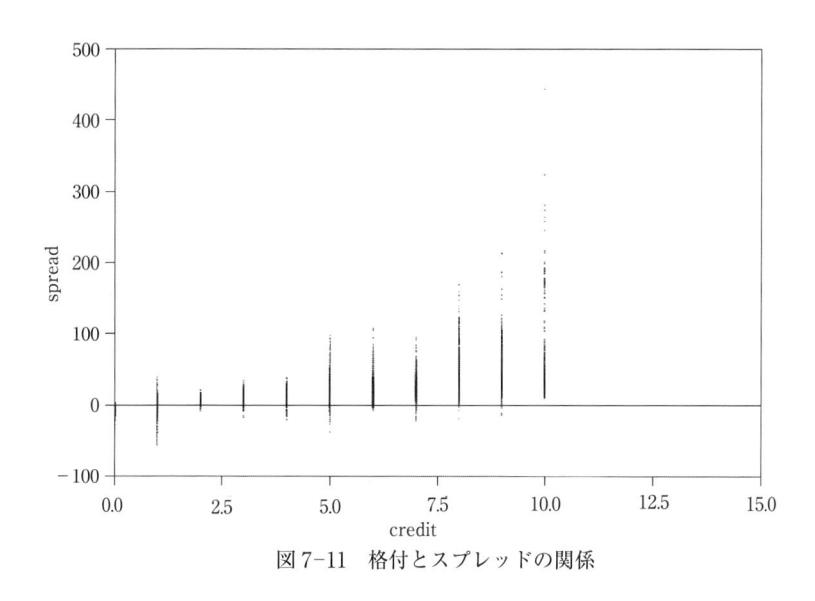

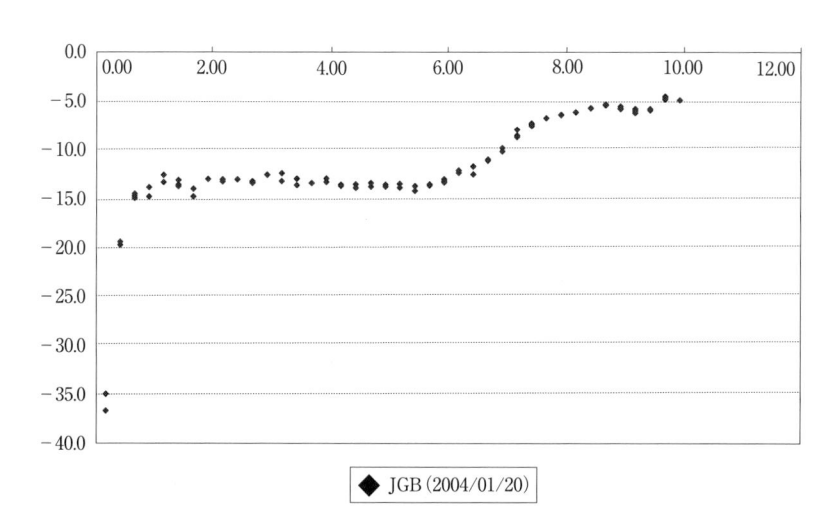

図 7-12　格付ごとのスプレッド（2004/1/20）JGB

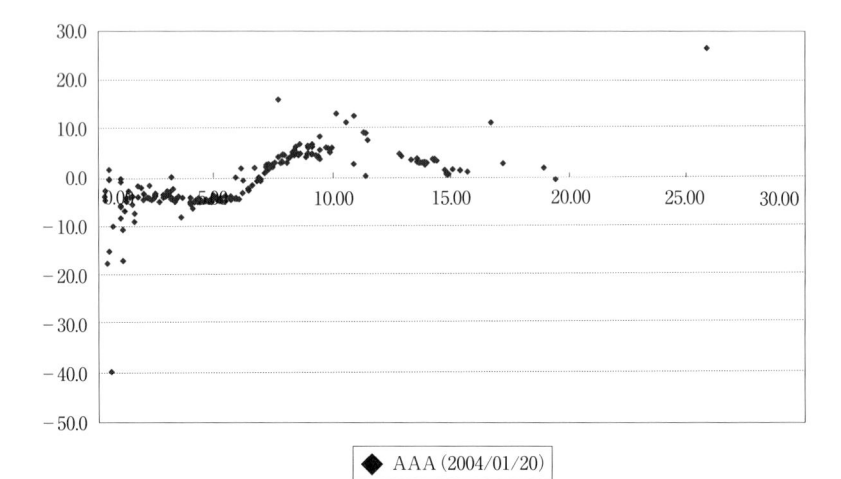

図7-13 格付ごとのスプレッド（2004/1/20）AAA

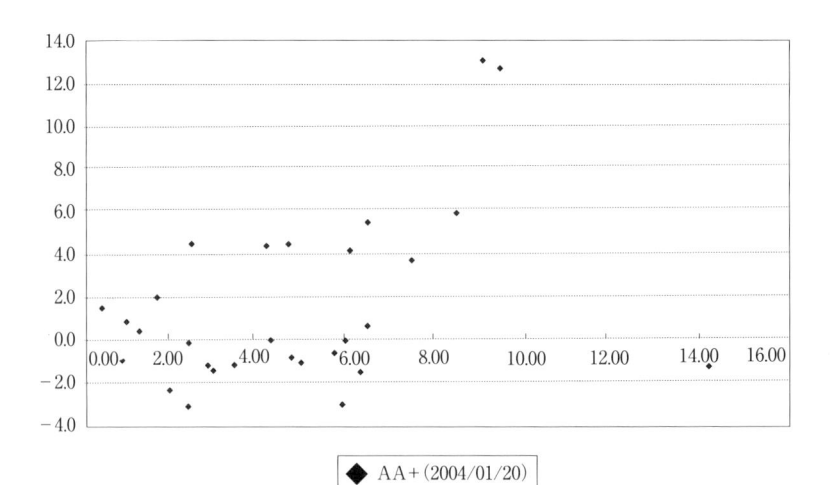

図7-14 格付ごとのスプレッド（2004/1/20）AA+

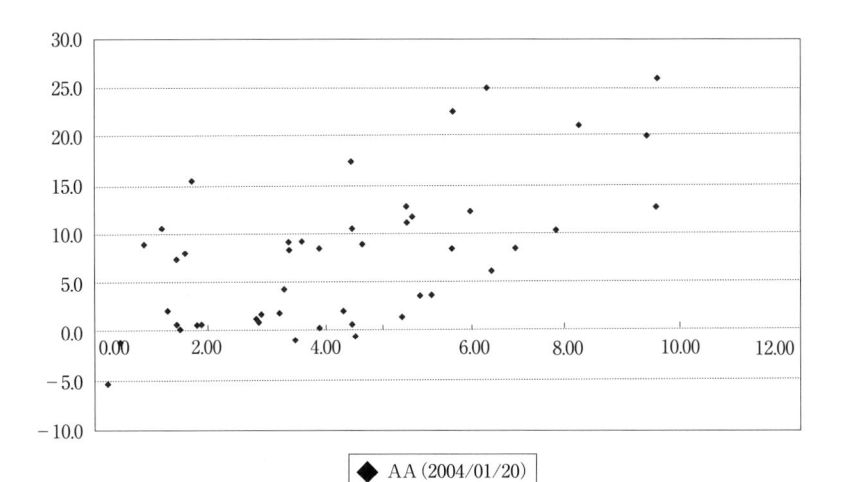

第7章 日本の公社債流通市場における価格形成の特徴　153

図7-15　格付ごとのスプレッド（2004/1/20）AA

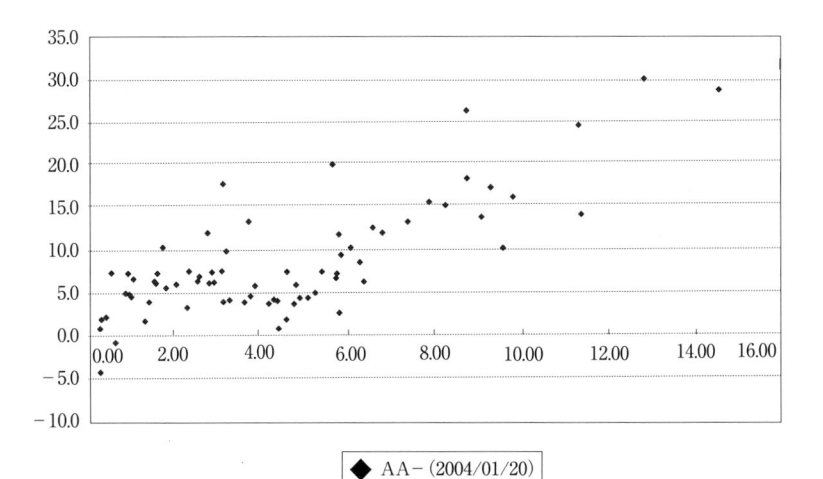

図7-16　格付ごとのスプレッド（2004/1/20）AA−

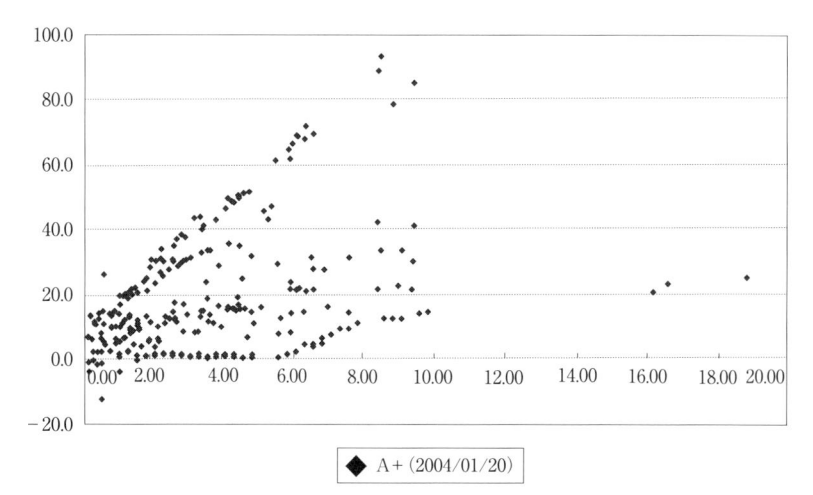

図7-17 格付ごとのスプレッド（2004/1/20）A＋

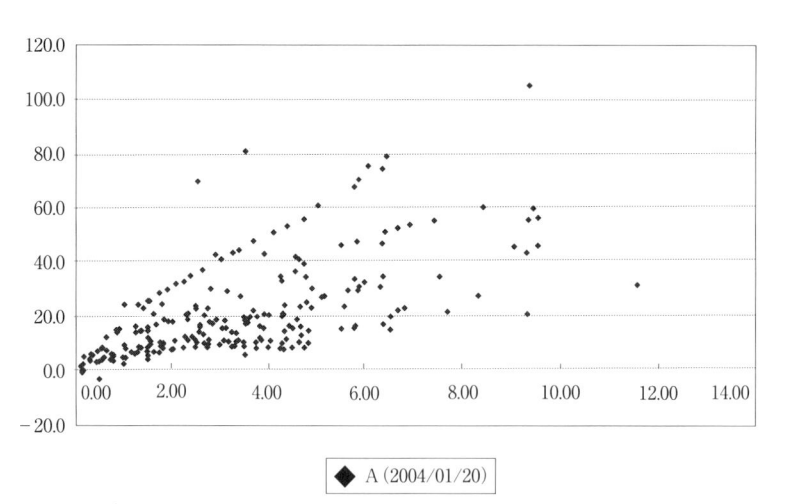

図7-18 格付ごとのスプレッド（2004/1/20）A

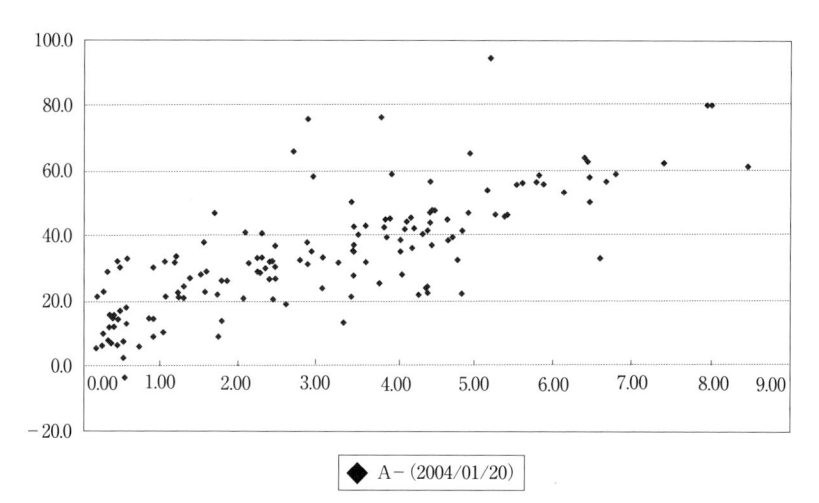

第7章 日本の公社債流通市場における価格形成の特徴 155

図7-19 格付ごとのスプレッド（2004/1/20）A−

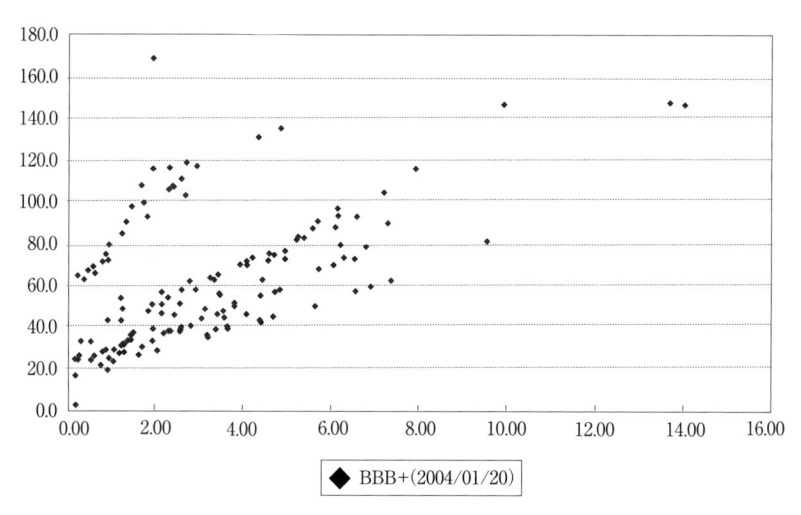

図7-20 格付ごとのスプレッド（2004/1/20）BBB+

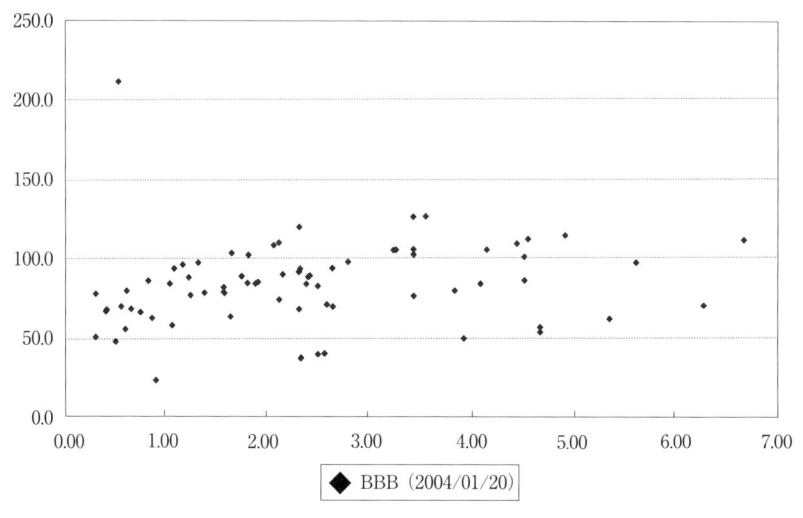

図 7-21　格付ごとのスプレッド（2004/1/20）BBB

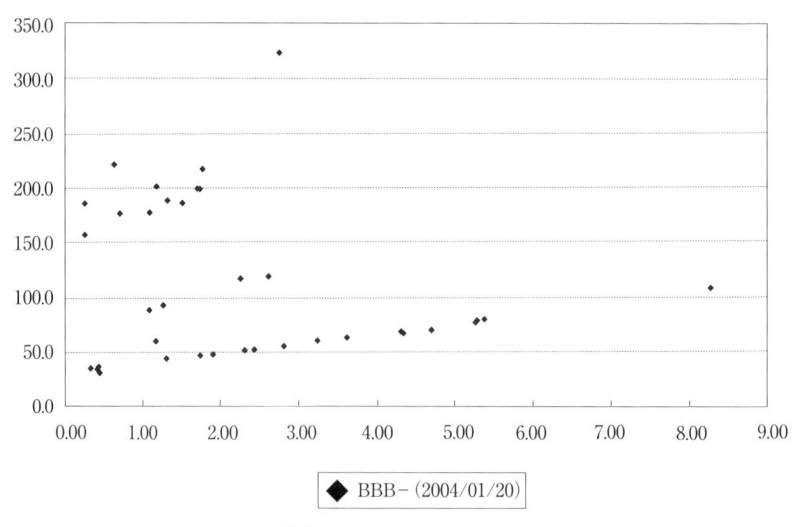

図 7-22　格付ごとのスプレッド（2004/1/20）BBB−

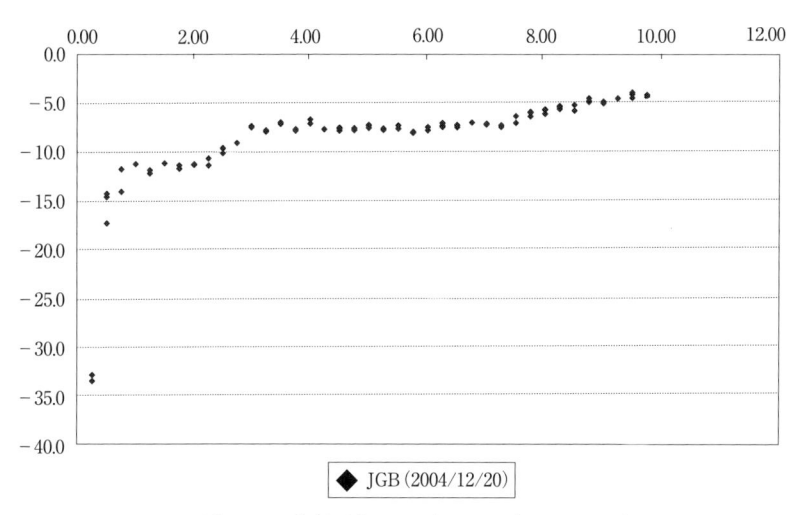

第7章　日本の公社債流通市場における価格形成の特徴　157

図7-23　格付ごとのスプレッド（2004/12/20）JGB

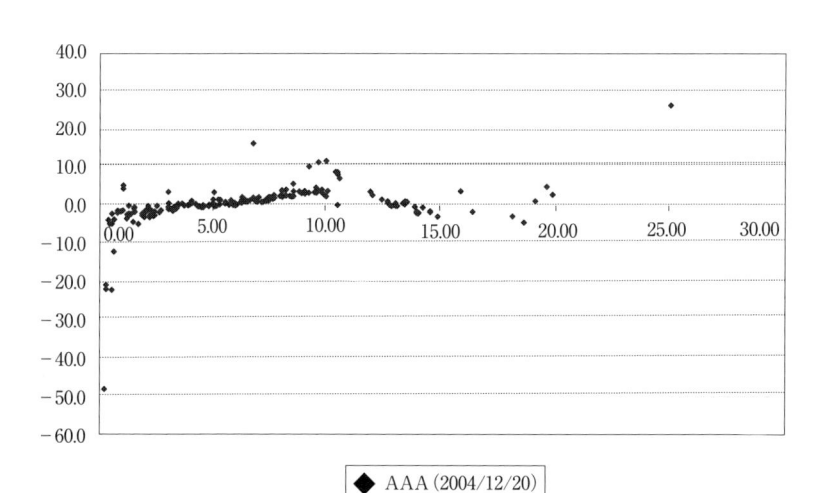

図7-24　格付ごとのスプレッド（2004/12/20）AAA

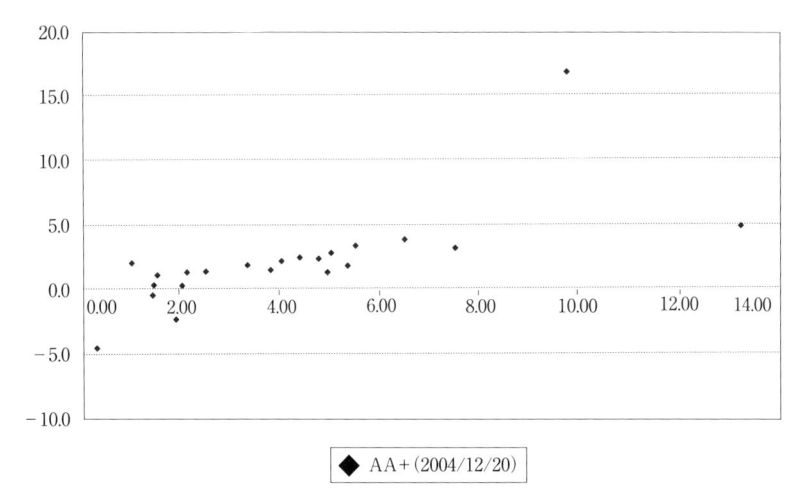

図 7-25　格付ごとのスプレッド（2004/12/20）AA+

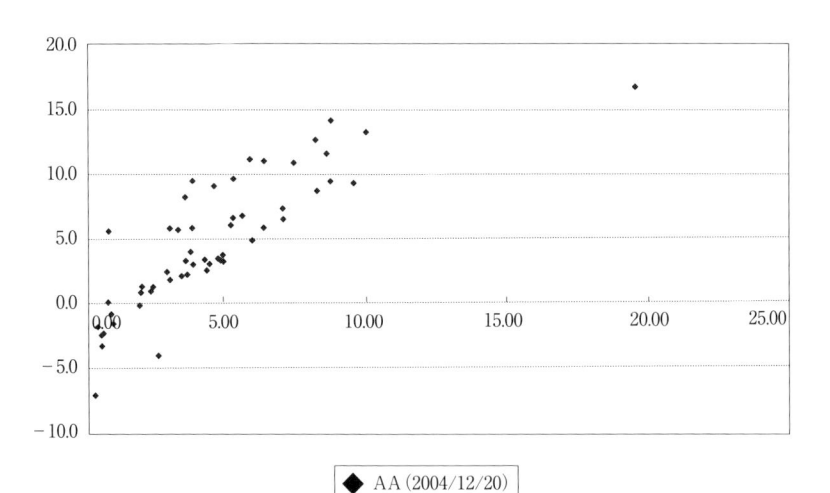

図 7-26　格付ごとのスプレッド（2004/12/20）AA

第 7 章　日本の公社債流通市場における価格形成の特徴　159

図 7-27　格付ごとのスプレッド（2004/12/20）AA−

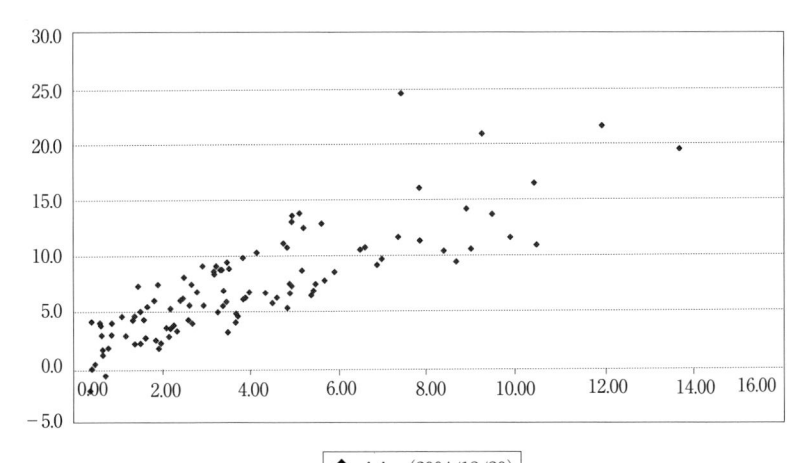

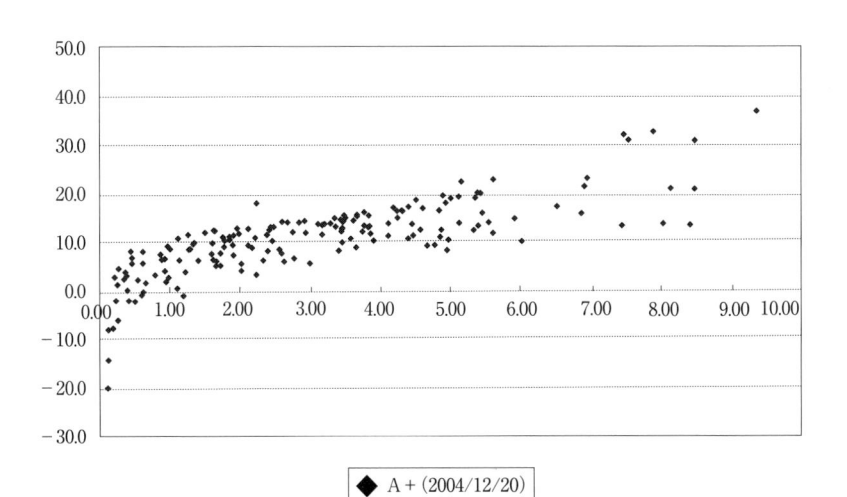

図 7-28　格付ごとのスプレッド（2004/12/20）A＋

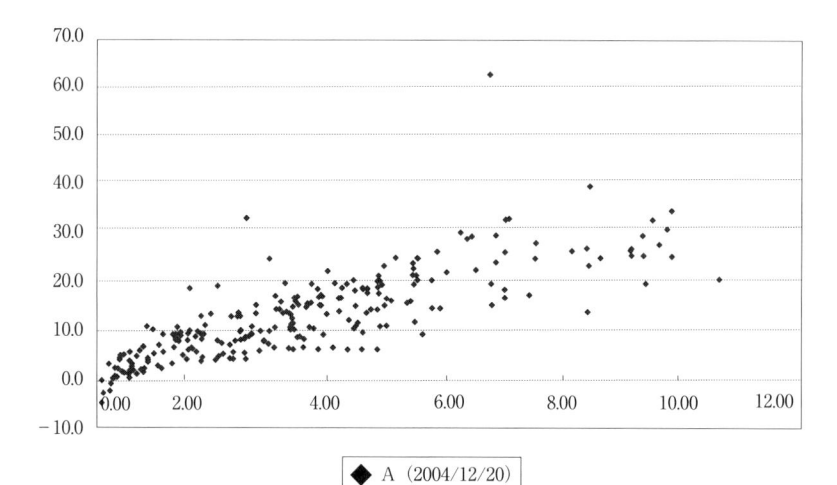

図7-29　格付ごとのスプレッド（2004/12/20）A

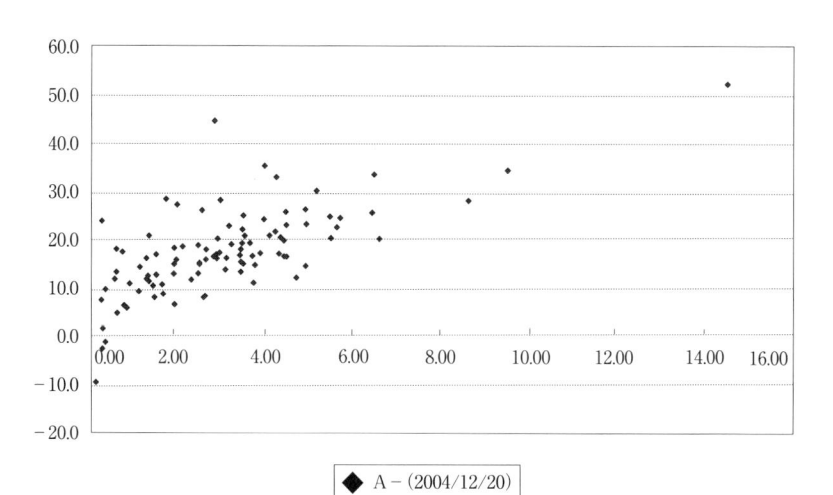

図7-30　格付ごとのスプレッド（2004/12/20）A-

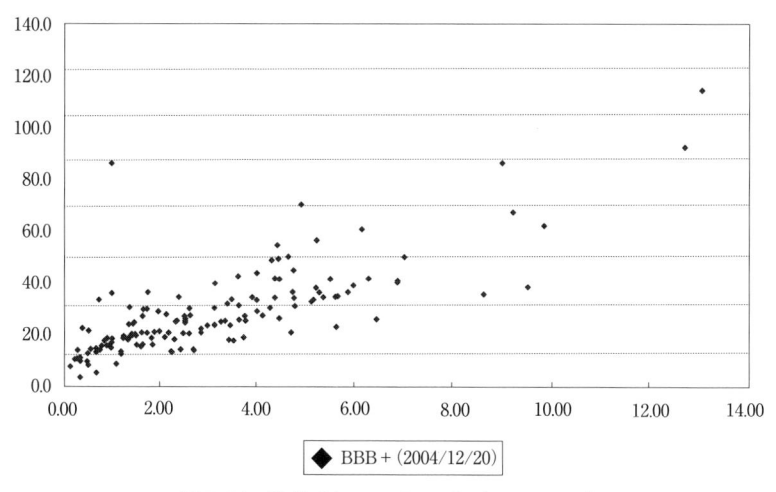

第7章 日本の公社債流通市場における価格形成の特徴 161

図7-31 格付ごとのスプレッド（2004/12/20）BBB+

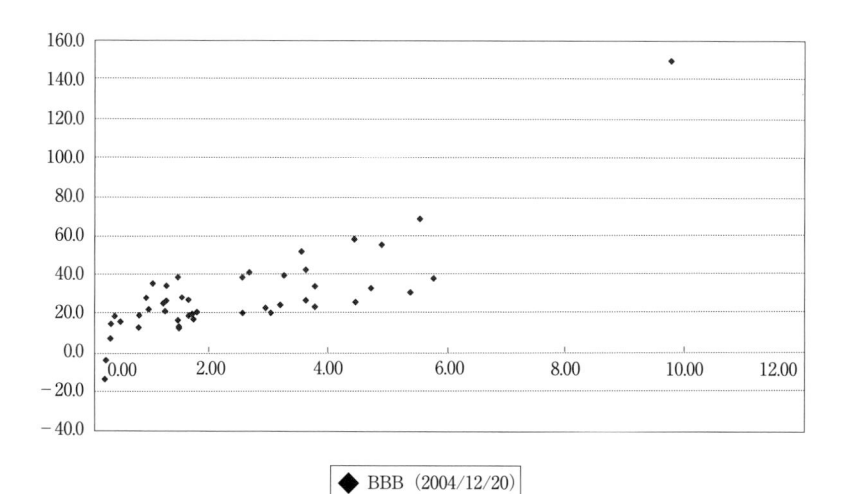

図7-32 格付ごとのスプレッド（2004/12/20）BBB

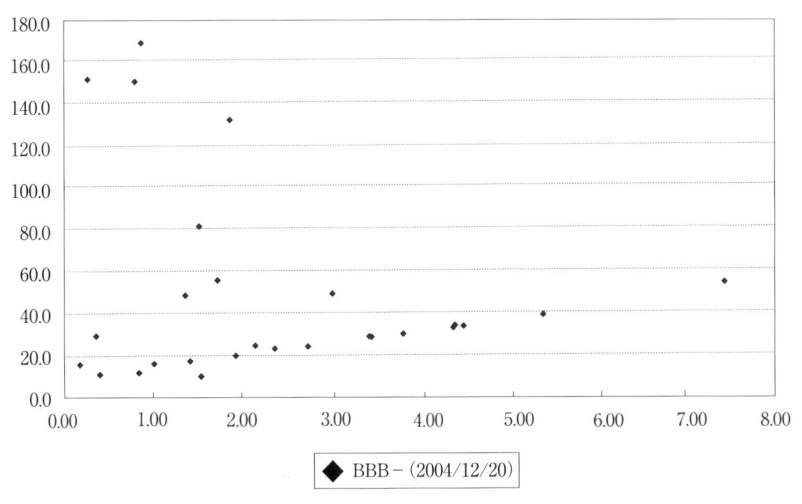

図 7-33　格付ごとのスプレッド（2004/12/20）BBB−

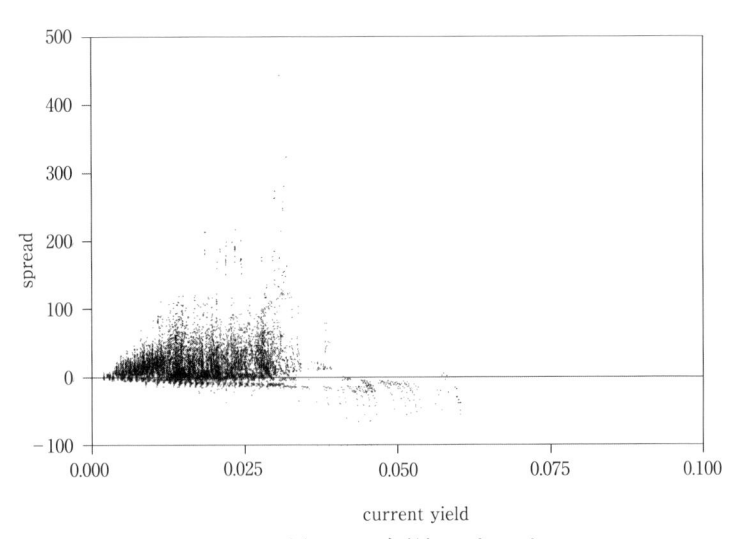

図 7-34　直利とスプレッド

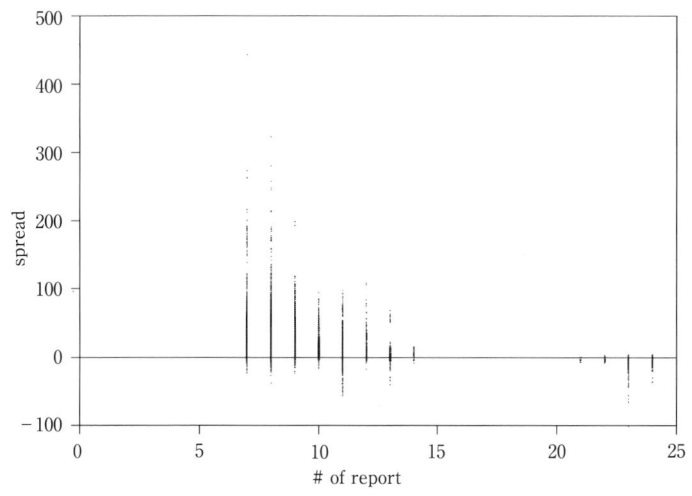

第7章 日本の公社債流通市場における価格形成の特徴　163

図7-35　報告社数で見た流動性とスプレッド

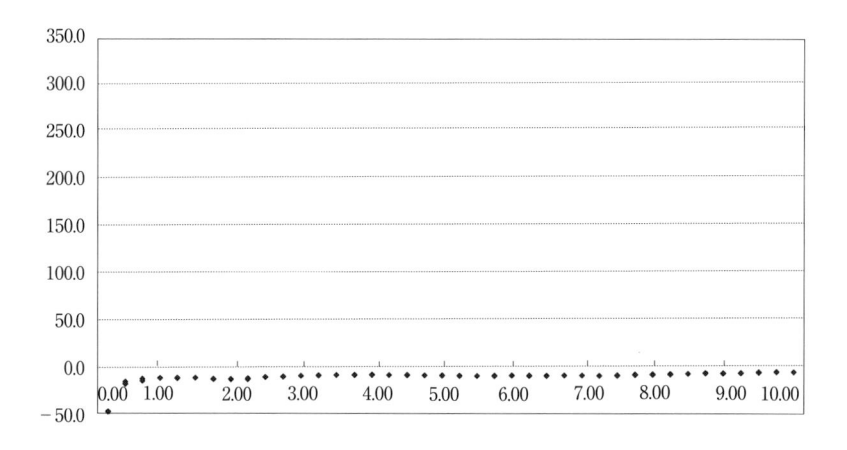

◆ JGB(2005/01/20)

図7-36　格付ごとのスプレッド（2005/1/20）JGB

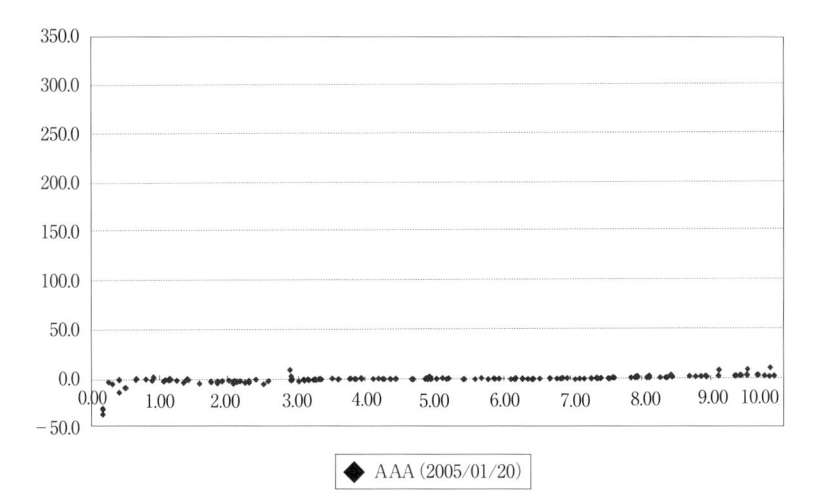

図 7-37　格付ごとのスプレッド（2005/1/20）AAA

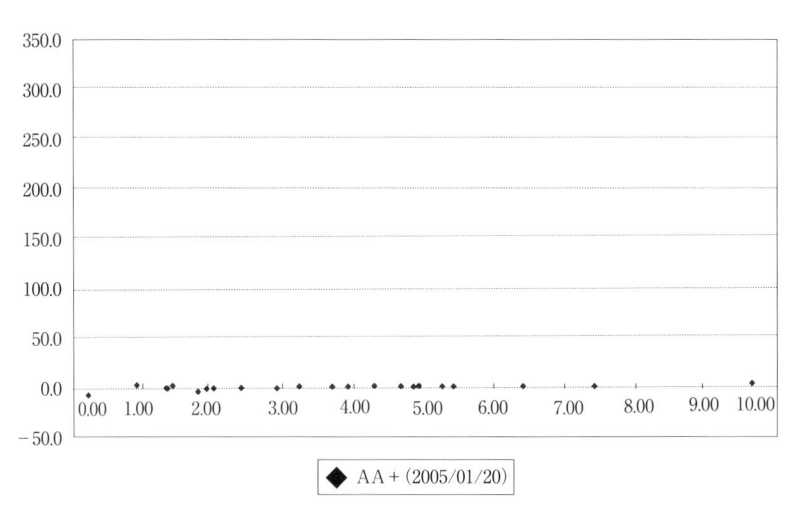

図 7-38　格付ごとのスプレッド（2005/1/20）AA＋

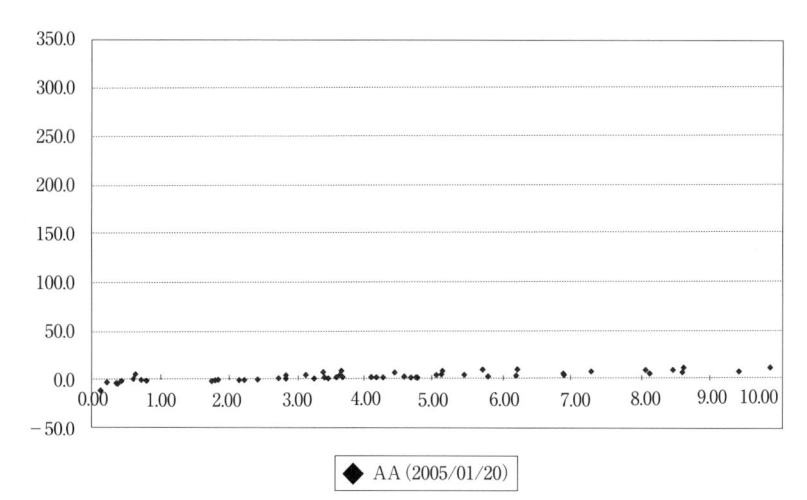

第7章　日本の公社債流通市場における価格形成の特徴　165

図7-39　格付ごとのスプレッド（2005/1/20）AA

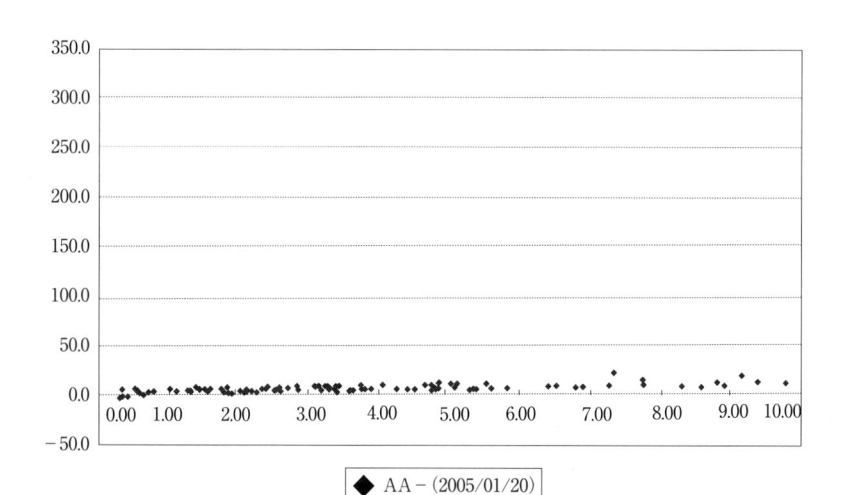

図7-40　格付ごとのスプレッド（2005/1/20）AA−

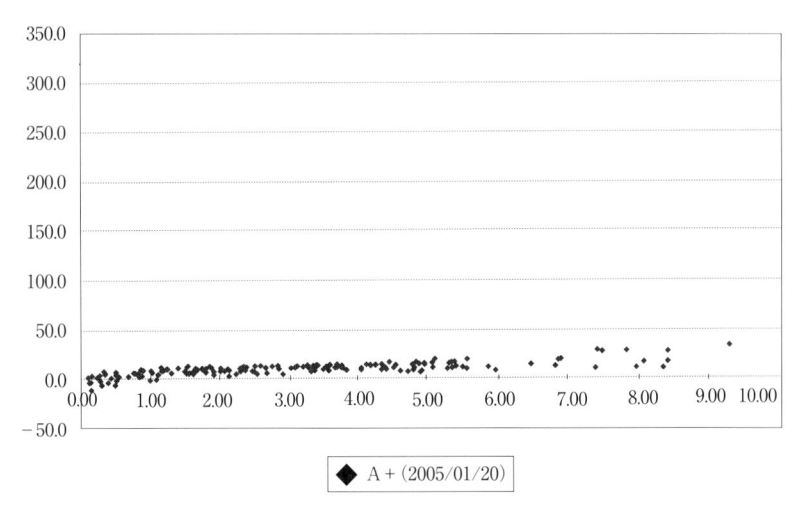

図7-41　格付ごとのスプレッド（2005/1/20）A＋

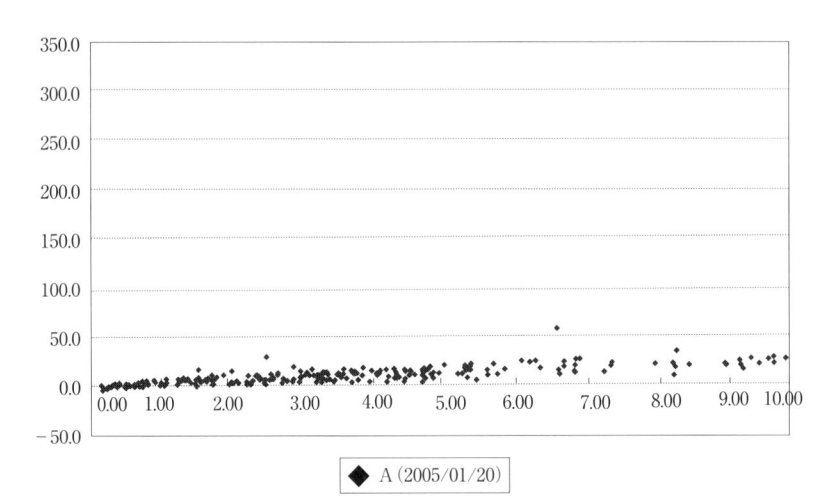

図7-42　格付ごとのスプレッド（2005/1/20）A

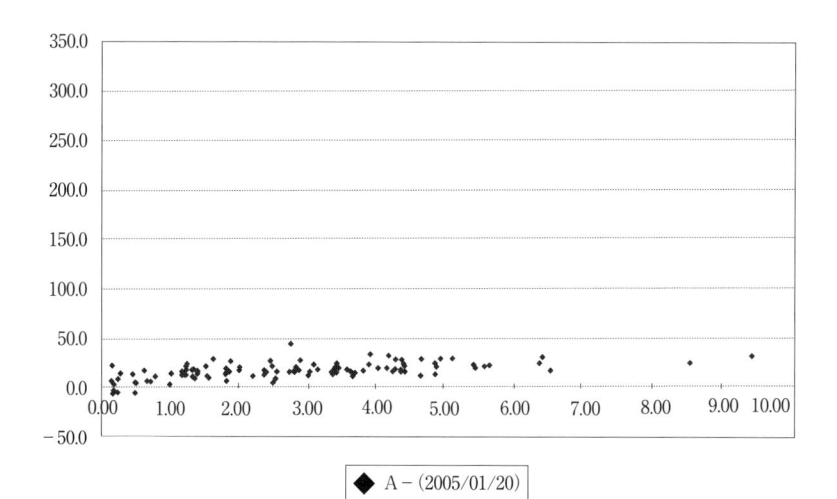

第7章 日本の公社債流通市場における価格形成の特徴　167

図7-43　格付ごとのスプレッド（2005/1/20）A−

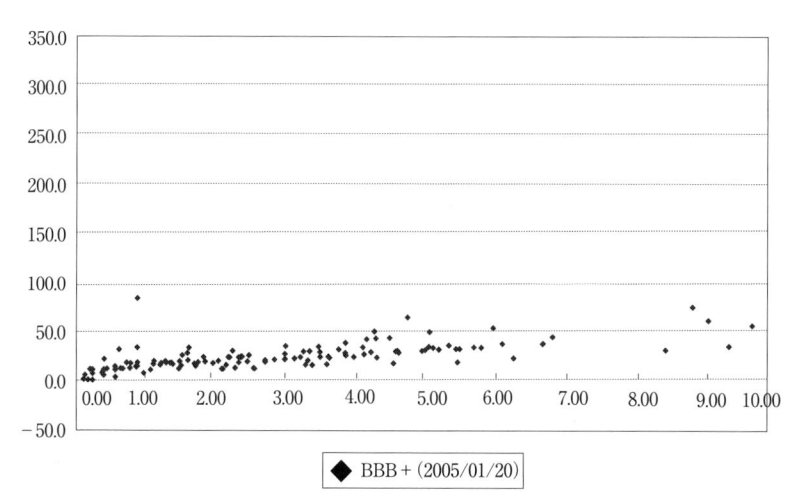

図7-44　格付ごとのスプレッド（2005/1/20）BBB＋

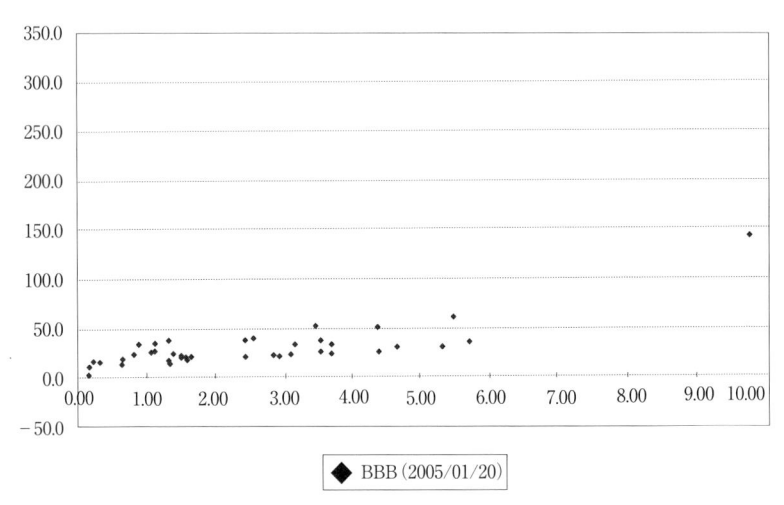

図 7-45　格付ごとのスプレッド（2005/1/20）BBB

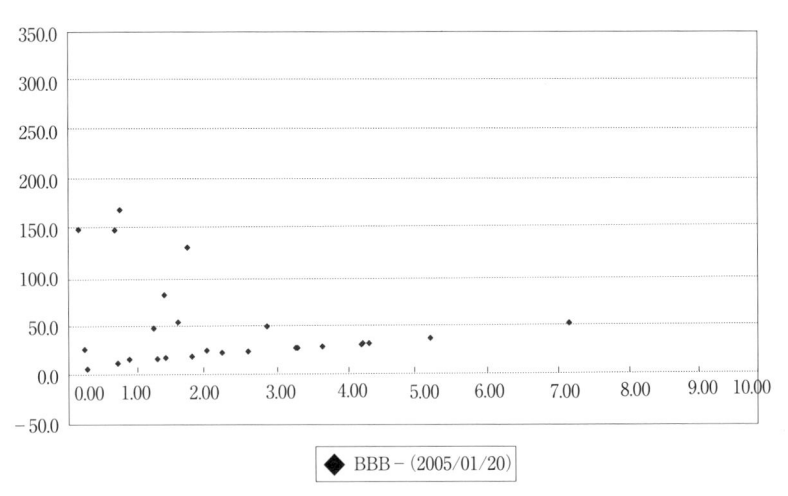

図 7-46　格付ごとのスプレッド（2005/1/20）BBB−

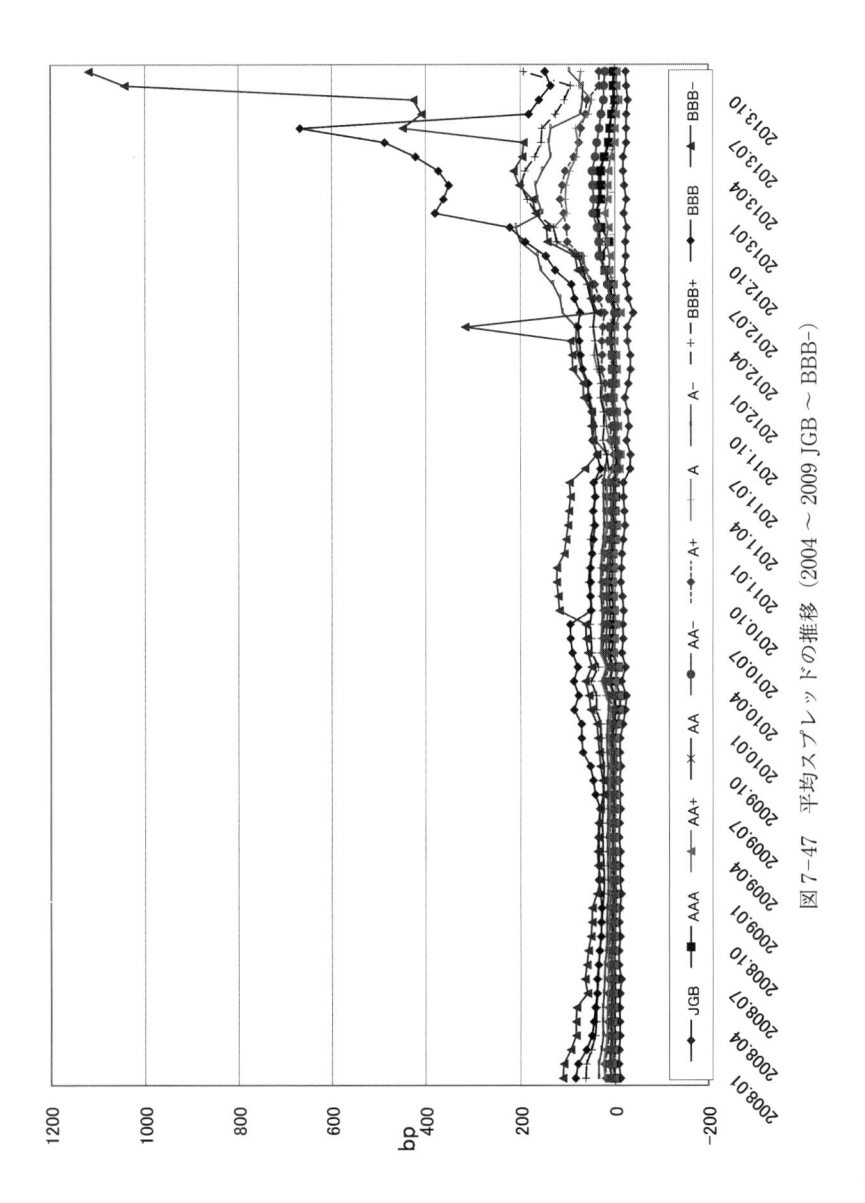

第7章　日本の公社債流通市場における価格形成の特徴　169

図7-47　平均スプレッドの推移（2004～2009 JGB～BBB-）

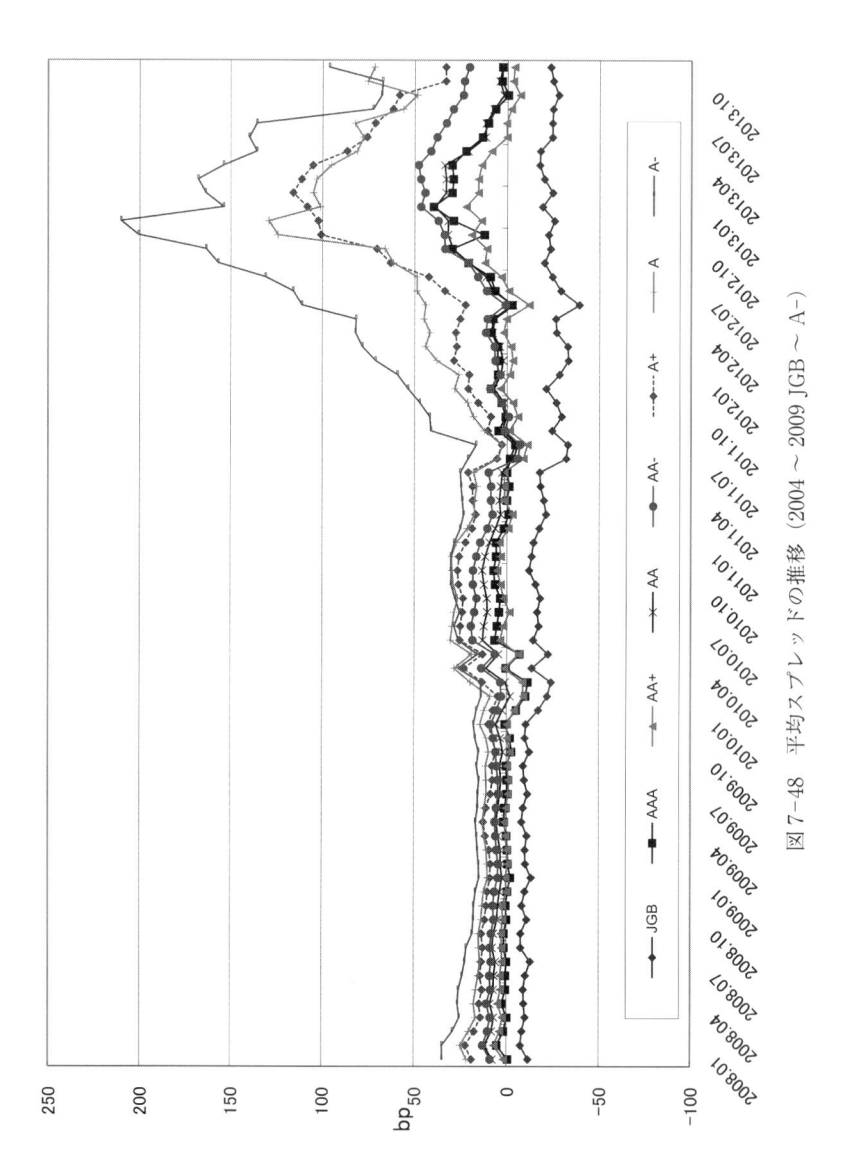

図7-48 平均スプレッドの推移（2004～2009 JGB～A-）

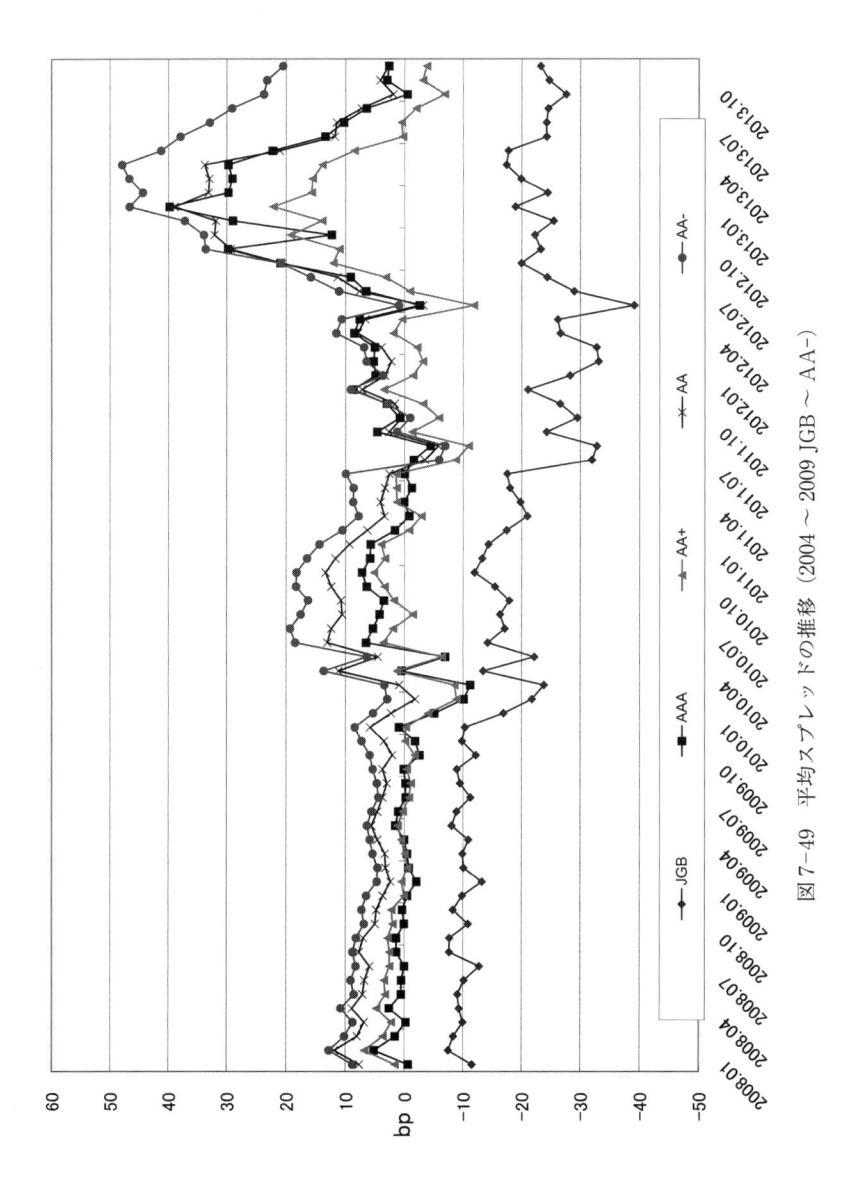

第7章 日本の公社債流通市場における価格形成の特徴　171

図7-49　平均スプレッドの推移（2004〜2009 JGB〜AA−）

グラフから読みとれるが，格付が低くなるほどアセット・スワップ・スプレッドは高くなり，いくつかの例外は見られるものの，ばらつき（分散）が大きくなる傾向にあると考えられそうである。

(2) 回帰分析

計測されたアセット・スワップ・スプレッドの決定要因について，より詳細に検討するため，残存年数 *YR*・直接利回り（直利）*CY*・格付（ダミー）*Crd*・業種（ダミー）*Ind*，流動性（報告社数）*Liq* を説明変数としたクロス・セクションでの回帰分析を試みた。格付記号の後の数字は1がプラス，2が（プラス・マイナス）なし，3がマイナスを示している。

$$spread = a + b_1 YR + b_2 CY + \sum_{j=1}^{10} b_{3j} Crd_j + \sum_{k=1}^{10} b_{4k} Ind_k + b_5 Liq$$

まず，予想される符号条件を考えてみよう。残存年数に関しては，前述の通り残存期間が長いほど，同じ企業が発行する社債であっても信用力が低くなる可能性があるため，投資家はそれだけ高い収益性を求めるであろう。この考え方に従えば，残存年数が長いほどスプレッドは高くなるはずであり，回帰係数の符号はプラスとなると予想される。直利に関しては，利率は同じ時期に発行される債券については，信用力が低いほどあるいは償還期間が長いほど高く設定されるのが一般的である。この利率と現在の債券価格から計算される（キャピタル・ゲイン部分を除いた）現在の収益率を示すものであるから，直利が高いほどスプレッドは高くなるはずであり，回帰係数の符号はプラスとなると予想される。格付については，信用力を示す指標であるから，投資家は，格付が低いほどより高い収益率を要求すると考えられる。ここでの分析では，格付をプラス・マイナスのノッチも含めたダミー変数の形で回帰を行っているため，回帰係数としては，プラスの符号となることが予想される。業種に関しては，特定の業種に関するスプレッド形成に特徴があるかどうかを見ることができる。植木（1999）では，社債流通利回りの対国債スプレッドについては，特定の業

種，特に建設業に関して継続的にプレミアムを観察しているが，必ずしも事前には結果を予想することはできないであろう。流動性（報告社数）については，流動性が高いほどスプレッドが小さくなるのではないかと考えられる。これらの計測結果は**表7-1**から**表7-6**に示してある。これらの表を見ると，特定の業種がスプレッドが高いなどという業種に関する方向性がはっきりしない。また，流動性に関しては，有意にマイナスの係数も多いものの，代理変数として十分かどうかについては不安が残る。

そこで，これらの結果から，決定要因としての結果が安定しない業種と流動性を説明変数からはずし，残存年数 YR・直接利回り（直利）CY・格付（ダミー）Crd を説明変数としたクロス・セクションでの回帰分析を試みた。

$$spread = a + b_1 YR + b_2 CY + \sum_{j=1}^{10} b_{3j} Crd_j$$

表7-7から**表7-9**は，各時点での回帰結果を示したものである。表では5％水準で有意な係数に関しては網掛けをして表している。すべての時点において，切片 $CNST$ の符号は有意にマイナスの結果となっている。切片の値がマイナスなのは，この計測式での基本となっている JGB（残存ゼロ年）のスプレッドがマイナスであることを示しているもので，納得できる結果であろう。残存年数 YR と格付ダミーについては，**表7-7**，**表7-8** に示されている 2004 年から 2007 年までの期間と，**表7-9** に示されている 2008 年から 2009 年の期間では大きな違いがみられる。

残存年数 YR の係数は，2007 年 9 月までは，2006 年 4 月を除いて，有意にプラスという結果になっている。切片がマイナスという状態を基準に，残存年数に関してはプラスであるから，スプレッドと残存年数のグラフは右上がりの曲線として描けることを示している。さらには，2008 年 6 月までは，各格付ダミーもすべてプラスで有意であり，数値を比較すると格付が低いダミーほど係数の値が大きくなっていることがわかる。ということは，スプレッドと残存年数の右上がりのグラフが，格付ごとに（低格付ほど）上方にシフトした形で

表7-1 スプレッド決定要因

	Date	2004:1	2004:2	2004:3	2004:4	2004:5
	Constant	-36.9 ***	-12.3	-32.6 ***	-20.2	20.8 ***
	YR	3.0 ***	3.9 ***	3.3 ***	2.3 ***	2.6 ***
	CY	304.2 ***	167.1 *	4.1	54.0	-1116.2 ***
	AAA	58.3 ***	37.9 ***	18.5 *	46.5 ***	-6.3 *
	AA1	59.0 ***	39.4 ***	24.4 ***	45.9 ***	-22.5 ***
	AA2	75.4 ***	53.0 ***	31.6 ***	59.7 ***	-14.3 *
	AA3	80.0 ***	55.3 ***	33.6 ***	61.9 ***	-13.4 ***
	A1	84.4 ***	60.5 ***	41.3 ***	66.6 ***	-10.7 ***
	A2	85.9 ***	61.1 ***	42.1 ***	67.4 ***	-2.5
	A3	105.4 ***	80.0 ***	56.2 ***	81.5 ***	7.5 *
格	BBB1	133.2 ***	104.4 ***	75.2 ***	97.5 ***	24.6 ***
付	BBB2	162.8 ***	133.4 ***	94.4 ***	111.6 ***	36.3 ***
	BBB3	177.8 ***	151.5 ***	65.3 ***	131.7 ***	72.0 ***
	BB1	0.0 ***	0.0 ***	0.0 ***	0.0 ***	142.5 ***
	BB2	0.0 ***	0.0 ***	0.0 ***	0.0 ***	317.3 ***
	BB3	0.0 ***	0.0 ***	0.0 ***	0.0 ***	0.0 ***
	B1	0.0 ***	0.0 ***	0.0 ***	0.0 ***	0.0 ***
	B2	0.0 ***	0.0 ***	0.0 ***	0.0 ***	0.0 ***
	B3	0.0 ***	0.0 ***	0.0 ***	0.0 ***	0.0 ***
	FISHERY	0.0 ***	0.0 ***	0.0 ***	0.0 ***	0.0 ***
	MINING	0.0 ***	0.0 ***	0.0 ***	0.0 ***	0.0 ***
	CONSTRUCTION	-45.1 ***	-35.4 ***	-4.7	-38.1 ***	21.2 *
	MANUFACTURING	-52.2 ***	-42.5 ***	-9.0	-42.7 ***	24.1 ***
業	EPOWERGAS	-36.3 ***	-22.7 *	0.4	-30.9 ***	33.6 ***
種	TRANSCOMMUNICATI	-34.3 ***	-23.3 *	2.4	-33.8 ***	26.7 ***
	TRADE	-61.2 ***	-51.6 ***	-10.6 *	-52.2 ***	8.3 *
	FINANCE	-46.0 ***	-35.2 ***	-3.8	-36.4 ***	27.2 ***
	REALESTATE	-50.4 ***	-39.9 ***	-10.1	-41.7 ***	8.2 ***
	SERVICES	0.0 ***	0.0 ***	0.0 ***	0.0 ***	48.9 ***
	REPORTNUM	0.1	-0.8	0.3	-0.1	-1.4 ***
	R-Bar^2	0.7258	0.6686	0.7250	0.6613	0.2183

*	significant at 10% level
**	significant at 5% level
***	significant at 1% level

の分析結果（総合）2004年

2004:6	2004:7	2004:8	2004:9	2004:10	2004:11	2004:12
−0.4	−3.7	17.6 ***	17.2 ***	14.8 ***	7.0	7.0
2.3 ***	2.6 ***	2.2 ***	1.6 ***	2.3 ***	2.0 ***	2.0 ***
51.8	−41.0	−1203.7 ***	−575.1 ***	−1118.9 ***	−73.0 *	−73.0 *
30.9 ***	1.5	−5.2	−4.5 *	−8.1	13.9 *	13.9 *
29.9 ***	5.9	−19.9 *	−17.6 ***	−13.3	12.3	12.3
41.8 ***	12.3	−11.4	−10.5 *	1.5	22.2 ***	22.2 ***
42.1 ***	12.4	−12.1 *	−10.1 ***	2.5	26.3 ***	26.3 ***
46.3 ***	16.9 *	−3.2	−5.1 *	2.9	27.3 ***	27.3 ***
48.7 ***	18.5 *	−1.2	−1.8	10.6	30.4 ***	30.4 ***
62.0 ***	30.6 ***	8.2	6.1 *	15.8	38.4 ***	38.4 ***
76.2 ***	45.7 ***	23.8 ***	19.7 ***	32.3	51.0 ***	51.0 ***
87.0 ***	52.2 ***	34.4 ***	26.7 ***	38.6	55.0 ***	55.0 ***
112.5 ***	69.2 ***	58.4 ***	49.4 ***	60.6 *	74.3 ***	74.3 ***
0.0 ***	0.0 ***	148.4 ***	128.4 ***	121.0 ***	0.0 ***	0.0 ***
0.0 ***	0.0 ***	376.1 ***	318.8 ***	318.5 ***	0.0 ***	0.0 ***
0.0 ***	0.0 ***	0.0 ***	0.0 ***	0.0 ***	0.0 ***	0.0 ***
0.0 ***	0.0 ***	0.0 ***	0.0 ***	0.0 ***	0.0 ***	0.0 ***
0.0 ***	0.0 ***	0.0 ***	0.0 ***	0.0 ***	0.0 ***	0.0 ***
0.0 ***	0.0 ***	0.0 ***	0.0 ***	0.0 ***	0.0 ***	0.0 ***
0.0 ***	0.0 ***	0.0 ***	0.0 ***	0.0 ***	0.0 ***	0.0 ***
−33.0 ***	−1.3	19.7	13.5 *	12.6	−21.5 ***	−21.5 ***
−37.1 ***	−4.8	23.2 ***	15.5 ***	7.7	−22.6 ***	−22.6 ***
−26.7 ***	1.4	38.0 ***	32.7 ***	6.9	−21.5 ***	−21.5 ***
−26.9 ***	4.6	21.7 ***	16.6 ***	16.6	−14.7 ***	−14.7 ***
−47.5 ***	−12.6 *	10.5 *	5.2 *	1.2	−30.9 ***	−30.9 ***
−30.4 ***	2.0	27.4 ***	21.5 ***	16.6	−16.0 ***	−16.0 ***
−36.4 ***	−5.0	9.5 *	3.6 *	13.0	−20.3 ***	−20.3 ***
0.0 ***	0.0 ***	47.2 *	32.6 ***	28.7	0.0 ***	0.0 ***
−1.0	−0.8 *	−1.4 ***	−1.3 ***	−0.8 ***	−1.2 ***	−1.2 ***
0.6299	0.6834	0.1188	0.2344	0.2211	0.6292	0.6292

表7-2 スプレッド決定要因

	Date	2005:1	2005:2	2005:3	2005:4	2005:5
	Constant	2.8	2.3	6.6 *	5.0	-6.8
	YR	1.7 ***	1.3 ***	1.8 ***	1.6 ***	1.7 ***
	CY	-30.8	-76.4 *	-97.1 *	-85.5 *	-49.7
格付	AAA	15.5 *	16.8 *	-14.7 ***	-12.2 ***	30.4 ***
	AA1	13.3 *	16.0 *	-13.6 ***	-19.8 ***	23.1 ***
	AA2	22.7 ***	24.2 ***	-7.4 *	-7.3 *	36.3 ***
	AA3	28.0 ***	28.4 ***	-3.9	-2.9	40.1 ***
	A1	28.1 ***	29.0 ***	-3.4	-3.3	41.8 ***
	A2	31.2 ***	31.4 ***	-0.6	-0.5	43.7 ***
	A3	39.1 ***	38.6 ***	6.5	7.3 *	50.9 ***
	BBB1	51.0 ***	49.8 ***	16.6 ***	17.3 ***	62.0 ***
	BBB2	54.0 ***	59.1 ***	32.3 ***	30.0 ***	73.3 ***
	BBB3	72.8 ***	64.9 ***	26.7 ***	31.1 ***	75.9 ***
	BB1	0.0 ***	0.0 ***	0.0 ***	0.0 ***	0.0 ***
	BB2	0.0 ***	0.0 ***	0.0 ***	0.0 ***	0.0 ***
	BB3	0.0 ***	0.0 ***	0.0 ***	0.0 ***	0.0 ***
	B1	0.0 ***	0.0 ***	0.0 ***	0.0 ***	0.0 ***
	B2	0.0 ***	0.0 ***	0.0 ***	0.0 ***	0.0 ***
	B3	0.0 ***	0.0 ***	0.0 ***	0.0 ***	0.0 ***
業種	FISHERY	0.0 ***	0.0 ***	0.0 ***	0.0 ***	0.0 ***
	MINING	0.0 ***	0.0 ***	0.0 ***	0.0 ***	0.0 ***
	CONSTRUCTION	-22.8 ***	-20.9 ***	6.6	7.7	-28.3 ***
	MANUFACTURING	-22.4 ***	-22.1 ***	5.4	6.7	-28.5 ***
	EPOWERGAS	-19.9 ***	-16.7 ***	11.5 *	12.2 ***	-23.1 ***
	TRANSCOMMUNICATI	-14.6 ***	-15.1 ***	13.4 ***	15.1 ***	-21.1 ***
	TRADE	-29.4 ***	-27.8 ***	0.6	0.0	-35.9 ***
	FINANCE	-16.1 ***	-15.8 ***	11.2 *	12.8 ***	-22.5 ***
	REALESTATE	-19.5 ***	-18.5 ***	8.4 *	7.9 *	-28.7 ***
	SERVICES	0.0 ***	0.0 ***	0.0 ***	35.4 ***	0.0 ***
	REPORTNUM	-0.9 *	-0.9 *	-1.1 ***	-0.9 ***	-0.5
	R-Bar^2	0.6505	0.6134	0.6081	0.6114	0.6232

の分析結果（総合）2005 年

2005:6	2005:7	2005:8	2005:9	2005:10	2005:11	2005:12
−8.1	−8.2	7.1 ***	−7.9	−10.3	−17.6 *	−34.1 *
1.7 ***	1.8 ***	1.1 ***	1.7 ***	1.7 ***	1.3 ***	1.1 ***
−7.9	−25.5	0.0 ***	−25.0	11.6	41.6	174.9 *
28.0 ***	26.5 ***	−0.9	29.7 ***	27.2	39.5 ***	55.8 ***
21.9 ***	21.0 ***	−13.5	20.3 ***	0.2	22.5 ***	29.2 *
34.7 ***	33.1 ***	−1.9	35.3 ***	27.7	49.4 ***	70.7 ***
37.7 ***	36.2 ***	−0.8	40.5 ***	21.2	54.6 ***	77.7 ***
40.5 ***	38.4 ***	0.4	40.5 ***	25.0	54.6 ***	78.2 ***
41.6 ***	40.0 ***	4.2	43.9 ***	30.9	58.1 ***	81.8 ***
48.4 ***	46.8 ***	8.9 *	50.2 ***	29.1	64.7 ***	88.9 ***
59.7 ***	59.2 ***	21.1 ***	59.4 ***	49.5	71.5 ***	94.1 ***
70.7 ***	68.4 ***	29.1 ***	78.9 ***	71.3	103.3 ***	141.2 ***
72.2 ***	71.3 ***	30.6 ***	65.6 ***	55.8	80.7 ***	102.4 ***
0.0 ***	0.0 ***	145.1 ***	0.0 ***	0.0 ***	0.0 ***	0.0 ***
0.0 ***	0.0 ***	0.0 ***	0.0 ***	0.0 ***	0.0 ***	0.0 ***
0.0 ***	0.0 ***	0.0 ***	0.0 ***	0.0 ***	0.0 ***	0.0 ***
0.0 ***	0.0 ***	0.0 ***	0.0 ***	0.0 ***	0.0 ***	0.0 ***
0.0 ***	0.0 ***	0.0 ***	0.0 ***	0.0 ***	0.0 ***	0.0 ***
0.0 ***	0.0 ***	404.6 ***	0.0 ***	0.0 ***	0.0 ***	0.0 ***
0.0 ***	0.0 ***	0.0 ***	0.0 ***	0.0 ***	0.0 ***	0.0 ***
0.0 ***	0.0 ***	0.0 ***	0.0 ***	0.0 ***	0.0 ***	0.0 ***
−25.8 ***	−23.6 ***	8.8	−27.1 ***	−8.4	−35.5 ***	−47.8 ***
−26.3 ***	−24.9 ***	5.3 *	−30.5 ***	−9.7	−38.3 ***	−52.2 ***
−18.6 ***	−17.8 ***	10.6 *	−21.1 ***	−5.1	−31.2 ***	−43.3 ***
−19.5 ***	−18.2 ***	11.5 ***	−23.1 ***	−16.3	−31.8 ***	−45.2 ***
−33.8 ***	−32.3 ***	−2.5	−35.8 ***	−10.1	−43.5 ***	−57.3 ***
−20.7 ***	−19.2 ***	10.0 *	−19.7 ***	0.1	−14.2 *	−10.1
−25.9 ***	−24.2 ***	1.1	−28.1 ***	−11.9	−33.6 ***	−42.5 ***
0.0 ***	0.0 ***	21.5	0.0 ***	19.9	0.0 ***	0.0 ***
−0.4	−0.4	−1.5 ***	−0.5	−0.4	−0.1	0.7
0.6286	0.6359	0.1457	0.6719	0.3862	0.6442	0.5753

表7-3 スプレッド決定要因

	Date	2006:1	2006:2	2006:3	2006:4	2006:5
	Constant	19.2 ***	17.8 ***	10.8 ***	15.7 ***	25.8 ***
	YR	0.0	-0.5 ***	-0.5 ***	-0.9 ***	-0.3 ***
	CY	63.5	7.8	-135.5 ***	28.2	3.5
	AAA	-6.1 ***	-5.3 ***	-3.0	-5.8 ***	-5.0 *
	AA1	-62.2 ***	-60.6 ***	-28.2 ***	-53.7 ***	-54.4 ***
	AA2	-24.5 ***	-20.3 ***	0.3	-26.2 ***	-24.9 ***
	AA3	-17.8 ***	-14.0 ***	3.7	-22.0 ***	-20.3 ***
	A1	-20.5 ***	-16.4 ***	0.1	-20.4 ***	-17.9 ***
	A2	-13.3 ***	-8.2 ***	9.4 ***	-2.3	-3.6
	A3	-11.2 ***	-5.4 *	8.3 *	-18.5 ***	-9.5 ***
格	BBB1	-0.3	6.0 *	38.3 ***	22.0 ***	19.1 ***
付	BBB2	45.8 ***	53.4 ***	70.2 ***	56.6 ***	57.5 ***
	BBB3	5.3	13.7 ***	37.0 ***	24.5 ***	19.6 ***
	BB1	0.0 ***	0.0 ***	0.0 ***	0.0 ***	0.0 ***
	BB2	92.8 ***	99.9 ***	49.9 ***	131.2 ***	0.0 ***
	BB3	0.0 ***	0.0 ***	0.0 ***	0.0 ***	0.0 ***
	B1	0.0 ***	0.0 ***	0.0 ***	0.0 ***	0.0 ***
	B2	0.0 ***	0.0 ***	0.0 ***	0.0 ***	0.0 ***
	B3	0.0 ***	0.0 ***	0.0 ***	0.0 ***	0.0 ***
	FISHERY	0.0 ***	0.0 ***	0.0 ***	0.0 ***	0.0 ***
	MINING	0.0 ***	0.0 ***	0.0 ***	0.0 ***	0.0 ***
	CONSTRUCTION	11.7 *	10.2 *	0.0	13.6 *	8.2
	MANUFACTURING	18.9 ***	14.4 ***	-3.4	15.1 ***	13.8 ***
業	EPOWERGAS	20.2 ***	17.5 ***	17.8 ***	60.4 ***	53.3 ***
種	TRANSCOMMUNICATI	23.8 ***	21.8 ***	6.2 *	37.7 ***	34.2 ***
	TRADE	4.0 *	1.6	-17.3 ***	-1.9	0.1
	FINANCE	48.8 ***	47.9 ***	20.0 ***	42.8 ***	41.3 ***
	REALESTATE	-0.9	-1.7	-1.1	-2.8	-3.6 *
	SERVICES	59.7 ***	57.2 ***	19.3 ***	36.4 ***	35.1 ***
	REPORTNUM	-1.5 ***	-1.5 ***	-1.1 ***	-1.6 ***	-1.8 ***
	R-Bar^2	0.3067	0.3976	0.5073	0.4023	0.3669

の分析結果（総合）2006 年

2006:6	2006:7	2006:8	2006:9	2006:10	2006:11	2006:12
19.1 ***	36.4 ***	38.2 ***	35.3 ***	35.0 ***	38.0 ***	35.9 ***
−0.3 ***	−0.1	−0.1	0.1 *	0.2 *	0.2 *	0.3 ***
−57.4	−6.5	−136.6 ***	−68.9	−88.7 *	−107.4 *	−70.6
−4.9 *	−5.2 ***	−5.1 *	−4.3 *	−4.1 *	−3.9 *	−3.5 *
−53.7 ***	−48.2 ***	−46.4 ***	−46.4 ***	−51.9 ***	−54.4 ***	−51.4 ***
−21.9 ***	−25.6 ***	−21.9 ***	−21.1 ***	−19.5 ***	−21.1 ***	−21.4 ***
−18.7 ***	−18.5 ***	−13.3 ***	−12.2 ***	−11.6 ***	−11.8 ***	−12.9 ***
−16.9 ***	−17.3 ***	−13.0 ***	−11.2 ***	−9.5 ***	−9.2 ***	−9.7 ***
−3.6	−5.7 *	−2.2	−2.5	−2.3	−2.3	−2.8
−8.9 ***	−8.7 ***	−2.3	4.1	6.0 *	6.0 *	5.9 *
12.9 ***	13.5 ***	18.1 ***	18.1 ***	16.9 ***	17.2 ***	22.5 ***
58.2 ***	58.4 ***	68.0 ***	68.9 ***	23.8 ***	22.8 ***	22.9 ***
16.9 ***	15.4 ***	21.7 ***	25.7 ***	82.0 ***	80.4 ***	84.4 ***
0.0 ***	0.0 ***	0.0 ***	0.0 ***	0.0 ***	0.0 ***	0.0 ***
0.0 ***	0.0 ***	0.0 ***	0.0 ***	0.0 ***	0.0 ***	0.0 ***
0.0 ***	0.0 ***	0.0 ***	0.0 ***	0.0 ***	0.0 ***	0.0 ***
0.0 ***	0.0 ***	0.0 ***	0.0 ***	0.0 ***	0.0 ***	0.0 ***
0.0 ***	0.0 ***	340.6 ***	352.6 ***	330.6 ***	298.4 ***	274.1 ***
0.0 ***	0.0 ***	0.0 ***	0.0 ***	0.0 ***	0.0 ***	0.0 ***
0.0 ***	0.0 ***	0.0 ***	0.0 ***	0.0 ***	0.0 ***	0.0 ***
0.0 ***	0.0 ***	0.0 ***	0.0 ***	0.0 ***	0.0 ***	0.0 ***
6.3	5.6	2.3	0.7	−0.2	−0.9	−0.8
11.5 ***	8.2 ***	2.8	1.4	0.8	1.3	2.2
45.7 ***	41.8 ***	40.4 ***	39.7 ***	27.5 ***	22.5 ***	19.1 ***
31.8 ***	32.3 ***	29.7 ***	29.0 ***	27.1 ***	26.8 ***	29.0 ***
0.2	−3.1	−4.2 *	−4.0 *	−5.7 ***	−5.8 ***	−6.0 ***
41.0 ***	37.0 ***	35.8 ***	34.8 ***	34.5 ***	35.9 ***	35.5 ***
−3.7 *	−3.2 *	−3.1 *	−4.7 ***	−5.3 ***	−4.9 ***	−5.3 ***
34.8 ***	24.6 ***	21.9 ***	21.3 ***	4.3	9.3	10.5
−1.7 ***	−2.3 ***	−2.4 ***	−2.4 ***	−2.4 ***	−2.4 ***	−2.3 ***
0.3658	0.3798	0.4968	0.5060	0.5026	0.4983	0.4954

表 7-4　スプレッド決定要因

Date	2007:1	2007:2	2007:3	2007:4	2007:5
Constant	34.5 ***	30.9 ***	24.7 ***	23.6 ***	22.3 ***
YR	0.2 ***	0.5 ***	0.6 ***	0.5 ***	0.1 *
CY	−71.8	−38.7	−85.6 *	−176.1 ***	−55.0
AAA	−3.1 *	−3.2 *	−2.7 *	−3.0 *	−3.0 *
AA1	−46.0 ***	−42.2 ***	−36.4 ***	−39.0 ***	−44.2 ***
AA2	−22.7 ***	−20.9 ***	−18.0 ***	−17.8 ***	−20.4 ***
AA3	−14.0 ***	−12.4 ***	−11.5 ***	−13.0 ***	−13.9 ***
A1	−9.3 ***	−8.6 ***	−9.3 ***	−8.7 ***	−7.5 ***
A2	−1.9	−3.2 *	−3.0	−3.3 *	−5.5 ***
A3	7.3 ***	8.2 ***	10.0 ***	10.5 ***	8.4 ***
BBB1	22.4 ***	21.0 ***	30.4 ***	25.2 ***	21.7 ***
BBB2	23.1 ***	23.1 ***	23.0 ***	22.6 ***	23.7 ***
BBB3	88.4 ***	76.1 ***	76.7 ***	74.8 ***	67.9 ***
BB1	0.0 ***	0.0 ***	0.0 ***	0.0 ***	0.0 ***
BB2	0.0 ***	0.0 ***	0.0 ***	0.0 ***	0.0 ***
BB3	0.0 ***	0.0 ***	0.0 ***	0.0 ***	0.0 ***
B1	0.0 ***	0.0 ***	0.0 ***	0.0 ***	0.0 ***
B2	276.8 ***	264.8 ***	264.0 ***	270.9 ***	248.9 ***
B3	0.0 ***	0.0 ***	0.0 ***	0.0 ***	0.0 ***
FISHERY	0.0 ***	0.0 ***	0.0 ***	0.0 ***	0.0 ***
MINING	0.0 ***	0.0 ***	0.0 ***	0.0 ***	0.0 ***
CONSTRUCTION	−0.6	−1.1	2.2	2.1	1.9
MANUFACTURING	3.7 *	3.1 *	4.9 ***	5.3 ***	6.9 ***
EPOWERGAS	18.6 ***	16.8 ***	16.6 ***	16.1 ***	19.0 ***
TRANSCOMMUNICATI	29.7 ***	27.1 ***	26.7 ***	26.2 ***	27.9 ***
TRADE	−3.4 *	−3.4 *	−2.8	−1.5	−0.3
FINANCE	34.0 ***	28.9 ***	24.8 ***	27.5 ***	34.8 ***
REALESTATE	−4.1 ***	−3.0 *	−2.1 *	−1.0	−1.5
SERVICES	12.1	10.1	9.3	9.5	11.4
REPORTNUM	−2.4 ***	−2.3 ***	−2.2 ***	−2.2 ***	−1.9 ***
R-Bar^2	0.5110	0.5004	0.4839	0.4507	0.4737

格付　業種

第 7 章　日本の公社債流通市場における価格形成の特徴　181

の分析結果（総合）2007 年

	2007:6	2007:7	2007:8	2007:9	2007:10	2007:11	2007:12
	21.5 ***	17.8 ***	12.4 ***	18.4 ***	18.4 ***	18.4 ***	20.0 ***
	-0.3 ***	0.0	0.8 ***	0.4	0.3	0.0	0.6 ***
	-1.8	49.0	87.9	885.0 ***	893.0 ***	911.6 ***	82.3
	-3.6 *	-3.7 *	0.8	-1.3	-1.2	-1.5	-0.4
	-47.6 ***	-47.0 ***	-20.5 ***	-27.1 ***	-26.5 ***	-29.9 ***	-12.2 ***
	-22.8 ***	-24.6 ***	-7.3 ***	-13.2 ***	-13.2 ***	-15.4 ***	-7.3 ***
	-16.2 ***	-15.3 ***	-23.6 ***	-49.1 ***	-47.8 ***	-53.7 ***	-21.7 ***
	-10.2 ***	-8.0 ***	-27.8 ***	-72.2 ***	-71.3 ***	-80.8 ***	-31.0 ***
	-8.6 ***	-7.7 ***	-17.0 ***	-49.5 ***	-48.5 ***	-52.3 ***	-11.6 ***
	7.1 ***	7.2 ***	-0.9	-8.1	-7.2	-13.2 *	26.2 ***
	17.6 ***	20.2 ***	-2.1	-19.8 *	-18.6 *	-22.9 *	4.7
	18.5 ***	19.9 ***	-3.2	-1.3	-0.5	-6.9	19.9 ***
	60.6 ***	63.8 ***	24.7 ***	-14.4	-13.6	-14.1	14.2 *
	0.0 ***	0.0 ***	0.0 ***	0.0 ***	0.0 ***	0.0 ***	0.0 ***
	0.0 ***	0.0 ***	74.3 ***	92.6 ***	89.8 ***	81.5 ***	248.4 ***
	0.0 ***	0.0 ***	0.0 ***	0.0 ***	0.0 ***	0.0 ***	2171.4 ***
	0.0 ***	0.0 ***	0.0 ***	0.0 ***	0.0 ***	0.0 ***	0.0 ***
	241.4 ***	219.7 ***	236.6 ***	193.3 ***	193.9 ***	184.7 ***	240.6 ***
	0.0 ***	0.0 ***	0.0 ***	0.0 ***	0.0 ***	0.0 ***	0.0 ***
	0.0 ***	0.0 ***	0.0 ***	0.0 ***	0.0 ***	0.0 ***	0.0 ***
	0.0 ***	0.0 ***	0.0 ***	0.0 ***	0.0 ***	0.0 ***	0.0 ***
	3.9	5.5	0.1	40.2 *	39.2 *	43.4 *	4.7
	8.5 ***	9.8 ***	6.4 ***	29.6 ***	28.8 ***	33.8 ***	8.1 ***
	28.3 ***	30.0 ***	22.3 ***	22.9 *	21.3 *	23.5 *	22.4 ***
	31.1 ***	32.2 ***	40.8 ***	99.9 ***	98.3 ***	111.3 ***	63.5 ***
	1.2	2.7	14.1 ***	22.6 ***	21.7 ***	26.0 ***	7.5 ***
	37.4 ***	38.5 ***	41.5 ***	49.6 ***	49.2 ***	53.2 ***	12.6 ***
	-1.0	0.4	15.2 ***	18.4 ***	17.9 *	19.6 *	7.4 *
	13.7 *	15.2 *	8.5	15.9	14.9	26.7	7.0
	-1.8 ***	-1.7 ***	-2.3 ***	-3.0 ***	-3.0 ***	-3.1 ***	-2.4 ***
	0.4370	0.4364	0.4219	0.1593	0.1585	0.1429	0.8473

表7-5 スプレッド決定要因

Date	2008:1	2008:2	2008:3	2008:4	2008:5
Constant	22.3 ***	18.7 ***	11.0 ***	17.2 ***	20.6 ***
YR	0.7 ***	0.9 ***	1.6 ***	0.9 ***	0.5 ***
CY	285.0 ***	207.3 *	470.4 ***	409.7 ***	526.7 ***
AAA	−1.0	−0.4	−3.9	−2.3	0.1
AA1	−12.7 ***	−12.8 ***	−19.9 ***	−18.1 ***	−14.9 ***
AA2	−6.9 ***	−7.2 ***	−12.5 ***	−10.5 ***	−8.5 ***
AA3	−22.1 ***	−20.9 ***	−28.5 ***	−27.5 ***	−20.6 ***
A1	−34.5 ***	−32.3 ***	−43.9 ***	−48.8 ***	−43.4 ***
A2	−11.7 ***	−8.0 *	−8.2 *	−2.1	−1.3
A3	25.8 ***	37.8 ***	38.4 ***	47.4 ***	55.4 ***
BBB1	4.0	9.5 *	6.6	8.1	10.3 *
BBB2	20.0 ***	25.4 ***	22.4 ***	25.8 ***	26.2 ***
BBB3	17.6 *	14.9 *	14.7	15.3	14.5
BB1	0.0 ***	0.0 ***	0.0 ***	0.0 ***	0.0 ***
BB2	242.5 ***	232.0 ***	228.9 ***	223.4 ***	205.4 ***
BB3	2156.7 ***	2229.3 ***	2205.4 ***	2650.4 ***	2462.8 ***
B1	0.0 ***	0.0 ***	0.0 ***	0.0 ***	0.0 ***
B2	240.5 ***	241.1 ***	241.6 ***	238.8 ***	220.7 ***
B3	0.0 ***	0.0 ***	0.0 ***	0.0 ***	0.0 ***
FISHERY	0.0 ***	0.0 ***	0.0 ***	0.0 ***	0.0 ***
MINING	0.0 ***	0.0 ***	0.0 ***	0.0 ***	0.0 ***
CONSTRUCTION	7.0	2.7	10.4	9.6	12.3
MANUFACTURING	9.1 ***	5.8 *	11.0 ***	7.4 *	5.7
EPOWERGAS	22.9 ***	18.7 ***	27.1 ***	17.8 *	8.1
TRANSCOMMUNICATI	67.0 ***	72.7 ***	102.1 ***	105.3 ***	92.1 ***
TRADE	9.2 ***	8.6 ***	16.4 ***	14.2 ***	14.7 ***
FINANCE	13.1 ***	10.9 *	13.1 *	9.0	4.4
REALESTATE	8.1 ***	8.2 *	10.8 ***	9.9 *	8.7 *
SERVICES	7.6	8.2	19.8	16.7	12.5
REPORTNUM	−2.4 ***	−2.6 ***	−2.4 ***	−2.5 ***	−2.6 ***
R-Bar^2	0.8527	0.8369	0.7806	0.7717	0.7895

第 7 章 日本の公社債流通市場における価格形成の特徴　183

の分析結果（総合）2008 年

2008 : 6	2008 : 7	2008 : 8	2008 : 9	2008 : 10	2008 : 11	2008 : 12
7.6	-7.4	-179.7 *	38.1 ***	-209.0 ***	109.9 ***	30.1
-2.4 ***	-1.5 ***	-2.2	-1.1 ***	2.0 ***	-3.4 ***	2.7 ***
3883.1 ***	3169.3 ***	9538.0 ***	1618.1 ***	1561.7 ***	4315.3 ***	1644.1 ***
-3.6	-3.3	11.4	-11.5 *	109.4 ***	-44.0 ***	-28.8
-67.5 ***	-32.8 ***	155.2	-30.8 ***	103.7 ***	-83.3 ***	-25.1
-40.6 ***	-19.6 ***	131.2 *	-20.9 ***	114.8 ***	-63.7 ***	-15.7
-80.4 ***	-39.1 ***	228.5 *	-24.0 ***	123.6 ***	-78.1 ***	-29.1
-117.9 ***	-82.0 ***	242.8 *	-74.6 ***	70.7 *	-147.2 ***	-87.5 ***
-68.6 ***	-15.6	279.6 *	-11.3	144.5 ***	-83.1 ***	24.7
-19.6	80.7 ***	392.7 ***	102.1 ***	279.5 ***	39.1 *	137.0 ***
-111.4 ***	-18.7	506.6 ***	11.1	192.2 ***	-50.4 *	75.6 ***
-72.3 *	1.3	402.8 *	10.2	209.6 ***	-45.9 *	92.7 ***
-110.4 *	-19.9	443.2	2.9	189.5 ***	-57.6	57.6 *
0.0 ***	0.0 ***	0.0 ***	0.0 ***	0.0 ***	0.0 ***	526.0 ***
83.5	158.9 ***	424.5	185.3 ***	405.4 ***	179.8 ***	272.1 ***
2482.7 ***	2869.5 ***	1614.4 *	1581.9 ***	1915.9 ***	108.4	0.0 ***
0.0 ***	0.0 ***	0.0 ***	0.0 ***	0.0 ***	0.0 ***	0.0 ***
96.2	172.2 *	0.0 ***	0.0 ***	0.0 ***	0.0 ***	0.0 ***
0.0 ***	0.0 ***	0.0 ***	0.0 ***	0.0 ***	0.0 ***	0.0 ***
0.0 ***	0.0 ***	0.0 ***	0.0 ***	0.0 ***	0.0 ***	0.0 ***
0.0 ***	0.0 ***	0.0 ***	0.0 ***	0.0 ***	0.0 ***	0.0 ***
71.7	21.3	-205.2	1.1	19.8	28.5	42.2
45.3 *	6.4	-213.1 *	-13.2 *	-8.2	-26.8 *	-4.8
52.2	-2.3	-280.7 *	-20.4 *	-33.7 *	-15.0	-32.9 *
143.6 ***	136.0 ***	-129.7	129.1 ***	163.5 ***	182.2 ***	232.1 ***
142.4 ***	48.9 ***	-578.9 ***	14.4 *	-1.2	10.8	-2.1
62.1 *	10.2	-296.7 *	-17.9	-17.9	-29.6	-5.5
44.0 *	12.5	-164.0	6.1	9.8	3.0	3.4
51.3	21.3	-153.0	-5.3	6.8	-1.2	14.2
-4.1 ***	-3.2 ***	3.4	-3.5 ***	7.5 ***	-7.9 ***	-4.4 *
0.1287	0.5204	0.0077	0.4045	0.5852	0.1254	0.5936

表 7-6　スプレッド決定要因

Date	2009:1	2009:2	2009:3	2009:4	2009:5
Constant	125.1 ***	152.1 ***	137.0 ***	112.9 ***	79.2 ***
YR	-6.6 ***	-5.6 ***	-6.6 ***	-6.2 ***	-4.8 ***
CY	8033.0 ***	6502.2 ***	6938.1 ***	7334.0 ***	6987.1 ***
AAA	-63.5 ***	-65.0 ***	-63.1 ***	-58.2 ***	-50.1 ***
AA1	-113.6 ***	-102.2 ***	-97.7 ***	-89.5 ***	-79.6 ***
AA2	-90.2 ***	-78.3 ***	-74.6 ***	-69.3 ***	-58.6 ***
AA3	-158.0 ***	-77.7 ***	-76.7 ***	-77.0 ***	-78.5 ***
A1	-256.3 ***	-158.4 ***	-151.9 ***	-151.3 ***	-155.0 ***
A2	-140.8 ***	-74.1 ***	-72.4 ***	-77.5 ***	-83.2 ***
A3	-39.3	-33.5	-28.0	-24.8	-35.4
格付 BBB1	-69.8	12.2	31.7	47.5 *	41.5 *
BBB2	-84.9 *	128.7 ***	146.1 ***	135.6 ***	169.5 ***
BBB3	-106.7	-32.0	-27.4	-60.9	-62.2
BB1	334.3 ***	425.2 ***	415.3 ***	374.2 ***	370.3 ***
BB2	15.1	90.9	98.3	0.0 ***	0.0 ***
BB3	0.0 ***	0.0 ***	0.0 ***	0.0 ***	0.0 ***
B1	0.0 ***	0.0 ***	0.0 ***	0.0 ***	0.0 ***
B2	0.0 ***	0.0 ***	0.0 ***	0.0 ***	0.0 ***
B3	0.0 ***	0.0 ***	0.0 ***	0.0 ***	0.0 ***
FISHERY	0.0 ***	0.0 ***	0.0 ***	0.0 ***	0.0 ***
MINING	0.0 ***	0.0 ***	0.0 ***	0.0 ***	0.0 ***
CONSTRUCTION	-7.9	72.3	112.0	130.2 *	154.3 *
MANUFACTURING	2.4	-49.3 ***	-43.0 ***	-29.0 *	-11.1
業種 EPOWERGAS	27.1	-37.7	-27.4	-10.3	6.7
TRANSCOMMUNICATI	319.5 ***	192.0 ***	206.3 ***	203.8 ***	216.0 ***
TRADE	32.8	-38.7 *	-38.3 *	-25.1	-14.4
FINANCE	22.9	-23.6	-23.4	-15.4	-2.4
REALESTATE	1.6	-11.0	-12.4	-13.8	-12.1
SERVICES	58.0	-28.0	-21.9	-1.0	17.1
REPORTNUM	-10.9 ***	-10.7 ***	-10.3 ***	-9.6 ***	-8.6 ***
R-Bar^2	0.0898	0.1738	0.1876	0.1869	0.1939

の分析結果（総合）2009 年

2009:6	2009:7	2009:8	2009:9	2009:10	2009:11	2009:12
47.5 ***	23.4 ***	2.9	1.5	-47.3 *	-39.1 *	-48.7 *
-0.9 *	0.1	-0.7	-2.9 ***	-6.5 ***	-6.2 ***	-7.4 ***
3494.2 ***	2660.5 ***	3611.5 ***	6515.9 ***	10853.2 ***	10557.2 ***	12049.8 ***
-29.4 ***	-20.8 *	-16.9	-22.5	-24.7	-23.6	-23.1
-49.0 ***	-36.0 ***	-30.4 ***	-65.6 ***	-81.8 ***	-76.6 ***	-72.9 ***
-29.0 ***	-15.6 *	-5.0	-45.7 ***	-53.7 ***	-53.6 ***	-48.9 *
-53.4 ***	-34.0 ***	-32.2	-153.1 ***	-187.9 ***	-190.2 ***	-165.3 ***
-150.8 ***	-134.4 ***	-180.6 ***	-353.3 ***	-502.5 ***	-500.7 ***	-470.8 ***
-59.5 ***	-37.1 ***	-47.1 *	-198.4 ***	-252.8 ***	-279.8 ***	-270.8 ***
-9.0	37.0 *	35.0	-196.5 ***	-257.3 ***	-254.6 ***	-250.4 ***
86.6 ***	111.5 ***	126.9 ***	-69.1 *	-136.6 ***	-155.1 ***	-106.5 *
307.5 ***	450.4 ***	658.5 ***	-73.0 *	-138.1 ***	-166.0 ***	-142.5 ***
22.0	64.8	81.1	-133.4 *	-207.1 *	0.0 ***	0.0 ***
459.0 ***	508.2 ***	488.4 ***	323.1 ***	0.0 ***	0.0 ***	0.0 ***
0.0 ***	0.0 ***	0.0 ***	0.0 ***	0.0 ***	0.0 ***	0.0 ***
0.0 ***	0.0 ***	0.0 ***	0.0 ***	0.0 ***	0.0 ***	0.0 ***
0.0 ***	0.0 ***	0.0 ***	0.0 ***	0.0 ***	0.0 ***	0.0 ***
0.0 ***	4015.6 ***	3976.6 ***	3882.3 ***	3921.9 ***	5039.9 ***	5392.6 ***
0.0 ***	0.0 ***	0.0 ***	0.0 ***	0.0 ***	0.0 ***	0.0 ***
0.0 ***	0.0 ***	0.0 ***	0.0 ***	0.0 ***	0.0 ***	0.0 ***
164.1 ***	148.9 ***	158.9 *	315.8 ***	363.2 ***	377.5 ***	348.5 *
16.7	11.3	8.7	130.4 ***	155.9 ***	162.0 ***	128.7 ***
11.5	-13.5	-44.2	195.0 ***	218.9 ***	213.0 ***	183.1 ***
248.2 ***	255.5 ***	332.4 ***	485.9 ***	634.7 ***	607.3 ***	591.0 ***
-37.8 ***	-58.2 ***	-82.2 ***	106.0 ***	136.6 ***	140.2 ***	108.0 ***
14.7	13.3	18.4	112.3 ***	164.8 ***	178.0 ***	163.1 ***
-1.0	0.5	0.5	20.8	24.7	20.9	11.9
25.8	17.7	19.8	125.2	153.2	153.1	125.3
-5.6 ***	-4.2 ***	-3.7 ***	-6.4 ***	-6.0 ***	-6.3 ***	-6.9 ***
0.3015	0.4913	0.4272	0.2737	0.2410	0.2213	0.1805

描けるということになる。しかしながら，表7-9に示した，2008年〜2009年の計測結果では，自由度調整済みの決定係数の値が大きく低下し，残存年数・格付（ダミー）の影響が有意でないものが増えているし，一部にはマイナスで有意なものもあった。

一方，直利CYに関しては，表7-7を見ると，2004年の1月20日と2月20日，2005年12月のみ有意でプラスの値となっているが，それ以外の時点に関しては有意でなく，符号も一定していない。表7-8を見ると，2007年の8月，9月，10月，12月を除いて，有意でないか有意にマイナスである。ところが表7-9では，直利の影響がプラスで有意な期間が圧倒的に多くなっている。

当初は有意でプラスであったものの3月22日以降の推計結果に関しては有意でなくなり，当初はプラスであったものが7月20日以降はマイナスの符号（有意ではない）となっている。これは，かつて言われていた投資家の直利志向が，この期間では観察できないことを意味している。それ以外の回帰係数に関しては，すべて有意で符号も予想した方向となっている。

5．おわりに

本稿では，市場参加者の企業価値評価の状況を知るため，スワップ市場情報を利用して債券の評価を行うアセット・スワップ・スプレッドと呼ばれるアイデアを紹介し，それを債券流通市場「全体」としての特徴を明らかにするために活用した。アセット・スワップ・スプレッドの推移を格付ごとに分類した平均スプレッドで観察した。一部の格付でスプレッドに逆転する期間があるものの，一般的には格付が低いほどスプレッドが高いという予想通りの結果が得られている。

さらに，計測されたスプレッドの決定要因について，より詳細に検討するため，残存年数・直接利回り（直利）・格付（ダミー）を説明変数としたクロス・セクションでの回帰分析を試みた。結果は2004年〜2007年と2008年〜2009年では大きく異なっている。

2004年〜2007年の期間では，残存年数は全期間で有意にプラスの影響が観

察された。これは予想した通りの結果といえよう。次に，直接利回り（直利）は2004年1，2月と2005年12月で有意にプラスの影響が観察された。これは予想した結果とは異なるものであった。また，その他の期間は有意な影響はないことが確認された。格付については，全期間ですべての格付（ダミー）が有意にプラスの影響が観察されている。これは予想した通りの結果といえよう。この結果から，この計測式での基本となっているJGB（残存ゼロ年）のスプレッドがマイナスであり，さらにそこからスプレッドと残存年数のグラフは右上がりの曲線として描けることを示している。さらには，スプレッドと残存年数の右上がりのグラフが，格付ごとに（低格付ほど）上方にシフトした形で描けるということになる。一方で，従来言われていた投資家の直利志向は，この期間では観察されないことが示されている。

　しかしながら，2008年～2009年の計測結果では，自由度調整済みの決定係数の値が大きく低下し，残存年数・格付（ダミー）の影響が有意でないものが増えているし，一部にはマイナスで有意なものもあった。また直利の影響がプラスで有意な期間が圧倒的に多くなっている。

　今回のアセット・スワップ・スプレッドの計測結果は，主として残存年数，格付との関連で整理したが，このほかにグラフをより詳細に見ると，（特に低格付の場合）同じ格付の中でも，スプレッドが大きく異なるいくつかのサブ・グループに分けられそうなものがあった。こうしたものを詳細に観察してみると，同じ企業（あるいは企業グループ）の発行する社債であることが少なくない。このことは，市場参加者は格付以上に詳細な情報をもとに，公社債の取引を行っているということであり，運用対象を単純に格付等で分類し，ある一定以上の格付に限定する方法は，注意する必要があることを示しているといえよう。いずれにしても，これらの点は今後の検討課題としたい。

表7-7 スプレッドの回帰分析結果 (2004-2005)

date	CNST	YR	CY	AAA	AA+	AA	AA−	A+	A	A−	BBB+	BBB	BBB−	$\bar{R}^2$
2004/1/20	−29	2	251	8	16	22	24	36	39	52	79	102	129	0.6831
2004/2/20	−28	3	141	8	17	23	24	36	39	49	75	95	126	0.6236
2004/3/22	−25	3	55	6	15	20	21	31	34	44	65	77	110	0.6046
2004/4/20	−21	2	57	7	14	19	21	27	30	39	56	64	97	0.5701
2004/5/20	−22	2	22	8	16	21	22	28	32	40	55	61	98	0.5661
2004/6/21	−21	2	84	7	14	19	19	26	29	38	53	56	95	0.5601
2004/7/20	−22	2	−49	7	15	20	20	29	30	38	53	55	74	0.6474
2004/8/20	−24	2	−48	9	17	21	22	31	31	39	53	57	82	0.6159
2004/9/21	−19	2	−34	6	13	18	18	25	26	34	48	49	73	0.6212
2004/10/20	−19	2	−41	6	13	17	18	26	27	31	45	47	71	0.5888
2004/11/22	−20	2	−69	8	14	17	20	26	28	33	45	46	68	0.5857
2004/12/20	−17	2	−11	6	12	14	18	23	24	30	41	43	62	0.5876
2005/1/20	−18	2	−28	7	12	15	18	24	25	30	40	43	63	0.5974
2005/2/21	−18	1	−77	9	15	16	19	24	25	31	40	47	56	0.5639
2005/3/22	−18	2	−54	7	11	14	17	22	24	29	37	49	46	0.5566
2005/4/20	−18	2	−43	7	13	14	17	23	23	29	38	48	51	0.5511
2005/5/20	−19	2	−67	8	15	17	19	26	26	31	40	50	53	0.5591
2005/6/20	−17	2	−34	7	13	15	17	24	24	29	38	47	49	0.5591
2005/7/20	−18	2	−38	7	13	15	17	24	24	29	40	47	50	0.5545
2005/8/22	−19	2	−48	9	14	17	18	23	25	30	40	47	48	0.5397
2005/9/20	−18	2	−38	7	13	15	17	20	23	28	37	55	40	0.5677
2005/10/20	−18	2	−5	7	13	16	16	20	23	29	37	59	40	0.5779
2005/11/21	−20	1	43	8	14	17	21	21	24	30	39	67	47	0.5206
2005/12/20	−20	1	221	6	13	16	20	20	23	30	41	80	46	0.4249

第7章　日本の公社債流通市場における価格形成の特徴　189

表7-8　スプレッドの回帰分析結果（2006-2007）

date	CNST	YR	CY	AAA	AA+	AA	AA-	A+	A	A-	BBB+	BBB	BBB-	$\bar{R}^2$
2006/1/20	-21	2	158	9	14	19	22	24	27	31	44	84	51	0.4502
2006/2/20	-24	1	151	10	16	21	24	27	31	35	49	89	58	0.4776
2006/3/20	-29	1	181	11	15	21	27	28	32	37	63	109	75	0.4518
2006/4/20	-30	0	277	12	16	26	29	38	44	39	64	100	79	0.3921
2006/5/20	-23	1	185	12	17	27	30	40	44	43	66	102	80	0.3924
2006/6/20	-30	1	238	14	18	28	31	38	42	40	59	101	73	0.4008
2006/7/20	-24	1	168	19	21	29	36	43	46	43	66	106	75	0.4059
2006/8/21	-25	2	16	20	22	31	39	46	48	48	70	114	83	0.5015
2006/9/20	-26	2	68	18	19	29	37	44	47	45	72	114	83	0.5201
2006/10/20	-28	1	181	19	24	31	37	45	46	48	70	71	139	0.5546
2006/11/20	-26	2	154	19	23	30	37	45	46	48	69	70	139	0.5313
2006/12/20	-24	2	233	17	21	27	34	42	43	45	71	66	139	0.5061
2007/1/22	-24	2	203	17	21	27	33	43	45	46	70	68	140	0.5219
2007/2/20	-26	2	114	17	23	26	32	41	44	46	67	67	127	0.5222
2007/3/20	-29	2	253	16	20	26	31	40	40	45	71	65	124	0.5424
2007/4/20	-31	1	166	18	22	26	31	41	40	47	69	66	123	0.5147
2007/5/21	-29	1	196	18	24	25	31	41	38	46	66	68	119	0.4986
2007/6/20	-25	1	261	15	21	22	28	38	35	44	60	60	112	0.4717
2007/7/20	-28	1	324	15	21	21	30	40	36	44	63	63	115	0.4760
2007/8/20	-38	2	-130	24	22	27	26	38	40	55	48	66	100	0.4502
2007/9/20	-36	1	-211	24	21	26	27	36	38	52	53	73	75	0.4788
2007/10/20	-31	2	-80	22	21	25	26	35	39	68	53	75	75	0.3648
2007/11/20	-36	1	84	25	22	28	28	39	49	73	54	76	81	0.3614
2007/12/20	-31	1	-144	24	22	26	30	43	50	76	53	78	80	0.8462

Shadowed cells show 5% significance level

表 7-9 スプレッドの回帰分析結果 (2008-2009)

date	CNST	YR	CY	AAA	AA+	AA	AA-	A+	A	A-	BBB+	BBB	BBB-	$\bar{R}^2$
2008/1/22	-31	1	206	24	22	26	30	42	51	77	53	80	89	0.3942
2008/2/20	-54	2	756	28	24	32	38	62	73	107	67	103	122	0.3546
2008/3/21	-54	2	756	28	24	32	38	62	73	107	67	103	122	0.3229
2008/4/21	-51	1	884	31	26	35	38	60	77	112	69	104	121	0.2893
2008/5/20	-43	1	781	30	25	33	37	54	68	109	68	100	119	0.2885
2008/6/20	-58	0	2119	28	19	31	33	49	67	106	66	97	326	0.2674
2008/7/22	-399	-17	30251	45	-46	41	-14	13	2	84	-28	-26	-9390	0.2038
2008/8/20	-51	0	1590	33	23	36	37	61	74	143	76	108	74	0.2342
2008/9/22	-52	0	2044	31	22	35	36	64	68	152	77	107	71	0.2144
2008/10/20	-60	0	2640	34	23	38	35	80	76	174	81	136	90	0.2173
2008/11/20	-74	1	3185	36	21	47	48	90	83	184	93	158	98	0.2364
2008/12/22	-79	1	3681	18	24	46	45	114	136	216	132	194	151	0.3054
2009/1/20	-89	0	4298	38	27	53	53	120	144	228	143	227	155	0.2986
2009/2/20	-76	1	3582	40	29	53	58	121	112	169	176	383	176	0.3704
2009/3/23	-75	0	3357	40	30	53	61	134	121	183	198	370	187	0.3954
2009/4/20	-70	1	3238	34	25	48	59	125	116	183	209	355	213	0.3976
2009/5/20	-68	1	3194	30	20	46	57	117	105	167	197	375	224	0.3878
2009/6/22	-71	1	3377	23	15	34	52	99	92	150	176	422	205	0.3534
2009/7/21	-89	-1	4755	25	12	33	51	92	90	154	163	484	200	0.3171
2009/8/20	-116	-4	7647	28	9	34	43	82	88	139	147	635	438	0.2631
2009/9/24	-54	2	1474	17	16	28	49	85	79	99	148	204	433	0.4071
2009/10/20	-53	1	1562	18	15	27	48	84	74	96	131	182	450	0.3647
2009/11/20	-52	1	1571	17	15	26	44	56	98	92	114	156	1069	0.5228
2009/12/21	-73	-1	3770	17	10	23	38	50	88	113	200	151	1132	0.4208

Shadowed cells show 5 % significance level

1) 本稿は，高橋（2014）を展開させたもので，2015年度中央大学特定課題研究費の助成を受けた研究の一部を利用している。
2) effective duration については，高橋（2002）を参照のこと。
3) 日本では，「アセット・スワップ・スプレッド」は「LIBOR スプレッド」と呼ばれることが多い。ここで取り上げた家田・大庭（1998）や高橋（1999）は，その代表例である。なお，家田・大庭（1998）では，実際の LIBOR スプレッドの計測にあたっては，「利払日間の日数に若干の近似を加える。」という調整を行なっていること，（スワップ・レートを）債券の残存期間にあわせ線型補間により算出していることには注意する必要がある。高橋（2004）を参照されたい。
4) 日本証券業協会のウエブサイト http://www.jsda.or.jp/shiryo/toukei/shurui/index.html よりダウンロードした。
5) この期間において，金利スワップのすべての相手方に対する通貨ごとの（純）名目元本の残高は，ユーロ119，米ドル96，日本円49，英ポンド23だった（単位は，それぞれ100万米ドル）。また，通貨ごとの金利スワップのシェアは，ユーロ40％，米ドル34％，日本円17％，英ポンド8％だった（BIS（2009）より）。
6) （1）式における記号は以下の通り。
　　n：債券の償還日までの利払回数
　　t_{ij}：債券の j 番目（$j=1, 2,..., n$）の利払日までの日数
　　C_i：債券 i のクーポン
　　$d(t)$：t 日のディスカウント・ファクター
　　P_i：債券 i の時価（裸値，額面100円あたり）
　　A_i：債券 i の評価時点における経過利息
　　L_{ij}：（債券 i のキャッシュ・フローに対応する）区間 $[t_{j-1}, t_{j-1}]$ の変動金利
　　α_i：債券 i のスプレッド
7) なお一般には，アセット・スワップ・スプレッド α は，basis point（0.01％）を単位として表記されることから，最終的には（2）式で推計した α の値を10000倍して表示するのが一般的である。本稿でも計測結果の表現等では，この表記法に従った。
8) ただし，クレジット・モニター，依頼を受けない格付の銘柄は除いている。
9) 市場金利としては，LIBOR は BBA（British Bankers Association）LIBOR を，スワップ・レートは TSR（Tokyo Swap Reference Rate）を利用した。なお，スワップ・レートに関しては，この他にも，ロイター（Reuter）の ISDAFIX1 やブルームバーグ（Bloomberg），データストリーム（DataStream），日経 NEEDS などの情報を利用することも可能であるが，いわゆる LIBOR スキャンダル以降，データの中立性や，連続性が十分担保できていないことから，データを更新しての研究には注意が必要である。今回の分析対象が2009年にとどまっているのは，一部はこの理由に

よるものである。ディスカウント・ファクター推計方法の詳細に関しては，高橋（2002）等を参照のこと。

参考文献

Afonso, A., and Strauch,R., Fiscal policy events and interest rate swap spreads: Evidence from the EU, *Journal of International Financial Markets, Institutions and Money,* 17, 2007, pp. 261-276

BIS, *OTC derivatives market activity in the second half of 2008,* Bank for International Settlement, 2009

Blanco, R., Brennan, S., and Marsh, I.W., An Empirical Analysis of the Dynamic Relation between Investment-Grade Bonds and Credit Default Swaps, *Journal of Finance,* 60, 2005, pp. 2255-2281

Brown, K. C., Harlow, W. V., and Smith, D. J., An empirical analysis of interest rate swap spreads, *Journal of Fixed Income,* 3, 1994, pp. 61-78

Cooper, I., and Mello, A. S., The default risk on swaps. *Journal of Finance,* 46, 1991, pp. 597-620

Duffie, D., and Huang, M., Swap rates and credit quality. *Journal of Finance,* 51, 1996, pp. 921-949

Duffie, D., and Singleton, K.J., An econometric model of the term structure of interest rate swap yields, *Journal of Finance,* 52, 1997, pp. 1287-1321

Eom, Y.H., Subrahmanyam, M.G., and Uno, J., Credit risk and the yen interest rate swap market *working paper,* New York: New York University, Stern School of Business, 2000

Eom, Y.H., Subrahmanyam, M.G., and Uno, J., Transmission of Swap Spreads and Volatilities in the Japanese Swap Market, *Journal of Fixed Income,* 12, 2002, pp. 6-28

Fehle, F., The components of interest rate swap spreads: Theory and international evidence, *Journal of Futures Markets,* 23, 2003, pp. 347-387

Grinblatt, M., An analytical solution for interest rate swap spreads, *International Review of Finance,* 2, 2001, pp. 113-149

Huang, Y., and Chen, C.R., The effect of Fed monetary policy regimes on the US interest rate swap spreads, *Review of Financial Economics,* 16, 2007, pp. 375-399

Huang, Y., Chen,C.R., and Camacho, M., Determinants of Japanese Yen Interest Rate Swap Spreads: Evidence from a Smooth Transition Vector Autoregressive Model, *Journal of Futures Markets,* 28, 2008, pp. 82-107

家田明・大庭寿和「国内普通社債の流通市場における Libor スプレッドの最近の動向」IMES Discussion Paper No. 98-J-10 日本銀行金融研究所，1998 年

In, F., Brown, R., and Fang,V., Modeling volatility and changes in the swap spread, *International Review of Financial Analysis,* 12, 2003, pp. 545-561

小池拓自「長期国債評価の新たな試み」*working paper* No. 16（住友信託銀行投資研究部），1992 年

Lang, L. H. P., Litzenberger, R. H., and Liu, A. L., Determinants of interest rate swap spreads, *Journal of Banking and Finance,* 22, 1998, pp. 1507-1532

Lekkos, I., and Milas, C., Identifying the factors that affect interest-rate swap spreads: some evidence from the United States and the United Kingdom, *Journal of Futures Markets,* 21, 2001, pp. 737-768

Li, H., and Mao C. X., Corporate use of interest rate swaps: Theory and evidence, *Journal of Banking & Finance,* 27, 2003, pp. 1511-1538

Longstaff, F., and Schwartz, E., A simple approach to valuing risky fixed and floating rate debt, *Journal of Finance,* 50, 1995, pp. 789-920

Minton, B., An empirical examination of basic valuation models for plain vanilla US interest rate swaps, *Journal of Financial Economics,* 44, 1997, pp. 251-277

Morris, C., Neal, R., and Rolph, D., Credit Spreads and Interest Rates : A Cointegration Approach, Federal Reserve Bank of Kansas City Research *Working Paper,* RWP, 1998, No. 98-08

Miyakoshi, T., and Tsukuda, Y., Assessments of the Program for Financial Revival of the Japanese Banks, *Applied Financial Economics,* 17, 2007, pp. 901-912.

Miyakoshi et. al, "The dynamic contagion of the global financial crisis into Japanese markets" *Japan and the World Economy,* vol. 31, 2014, pp. 47-53

Rockinger, M., and Urga, G., The Evolution of Stock Markets in Transition Economies, *Journal of Comparative Economics,* 28, 2000, pp. 456-472

Rockinger, M., and Urga, G., A Time-Varying Parameter Model to Test for Predictability and Integration in the Stock Markets of Transition Economies, *Journal of Business and Economic Statistics,* 19, 1, 2001, pp. 73-84

Shimada, J., Takahasi T., Miyakoshi, T., and Tsukuda Y., "Japanese Interest Rate Swap Pricing" paper presented at the 18the Annual Conference on PBFEAM, 2010

Shimada et. al., "An Empirical Analysis of Japanese Interest Rate Swap Spread" *Recent Advances in Financial Engineering 2011,* World Scientific Publishing, 2012, pp. 111-131

Sorensen, E. H., and Bollier, T. F., Pricing swap default risk. *Financial Analysts Journal,* 50, 1994, pp. 23-33

高橋豊治「スワップ・マーケット情報を利用した国債の評価手法と国債流通市場の特性」『財務管理研究』（財務管理学会）第 9 号，1999 年

───「スワップ・マーケット情報を用いた債券流通市場分析」（大野・小川・佐々木・高橋著『環太平洋地域の金融資本市場』第5章）高千穂大学総合研究所 TRI01-28, 2002 年

───「公社債流通市場における LIBOR スプレッドの最近の動向」『商学論纂』（中央大学）第 46 巻第 3 号, 2005 年

───「公社債流通市場におけるイールド・カーブの計測」『企業研究』（中央大学）第 9 号, 2006 年

───「日本における公社債流通市場の近年の特徴 ─イールド・スプレッドの観点から─」『企業研究』（中央大学）第 11 号, 2007 年

───「日本の公社債流通市場における価格形成の特徴」『商学論纂』（中央大学）第 55 巻第 5・6 号, 643-684 ページ, 2014 年

Takahashi, T., "An Empirical Analysis of Pricing in the Japanese Bond Markets" *24th Australasian Finance and Banking Conference 2011 Paper,* SSRN 1914113, 2011

Titman, S., "Interest rate swaps and corporate financing choices", *Journal of Finance,* 47, 1992, pp. 1503-1516

Tonge, D., "CEEMEA Fixed Income Strategy: Using asset swap spreads to identify government bond relative-value " Citibank, 2001

植木修康「流通市場における社債スプレッドについて」『金融市場局ワーキング・ペーパー』No. 99-J-5, 日本銀行金融市場局, 1999 年

第8章 「量的・質的金融緩和」政策と「デフレ」問題

1. はじめに

　筆者は，2014年2月26日に，参議院「国民生活のためのデフレ脱却及び財政再建に関する調査会」より，参考人として招聘を受け，意見陳述を行う機会を得た。
　「参議院の調査会」という資料によると，調査会の権能は，以下のとおりである。

　　「調査会は，国政の基本的事項について，長期的かつ総合的な調査を行うため，設置されます。設置される調査会の名称，調査事項及び委員数は，基本的には通常選挙後最初に召集される国会において，議院の議決により定められます。こうして設置された調査会は，おおよそ3年間（議員の半数の任期満了の日まで）存続します。
　　調査会は，調査に当たり，参考人からの意見聴取，政府からの説明聴取，内閣・官公署等への資料請求，委員派遣等を行うことができ，また，調査の結果，立法措置が必要な場合には法律案を提出できるなど，常任委員会とほぼ同等の権能を有しています。
　　さらに，立法措置が必要な場合において，自ら法律案を提出する以外に，当該事項を所管する委員会に対して，法律案の提出を勧告することができます。この立法勧告権が認められているのは調査会だけです。その外，調査のための公聴会を開き，広く国民の意見を聴くことができますが，これ

も調査会にのみ認められています。
　こうした独自の権能を有する一方で，調査会が，専ら長期的かつ総合的な調査を行う機関であることにかんがみ，法律案，予算，請願などの審査，調査に当たっての証人喚問は行わないものとされています。
　なお，調査会長は，毎年，調査事項について調査の経過及び結果を記載した報告書を議長に提出するものとされています。また，調査の経過及び結果について，本会議において口頭報告することができます」。

　現在は，第10期に相当し，2013年8月7日より，上記調査会とは別に，「国の統治機構に関する調査会」が同時に設置されている。
　当日の参考人は，藤井聡京都大学大学院工学研究科教授・同大学レジリエンス研究ユニット長と筆者の2人であった。
　場所は，参議院会議室，議事次第は，午後1時開会，参考人からの意見聴取各20分程度，参考人に対する質疑1時間50分程度，というものであった。
　出席者は，会長（鴻池祥肇）1名，理事6名，委員18名の計25名の参議院議員であり，そのうちの理事・委員13名から参考人に対して質問がなされた。
　なお，当日の全経過は，第186回国会「参議院国民生活のためのデフレ脱却及び財政再建に関する調査会会議録第2号」（平成26年2月26日）に収録されている。
　以下は，筆者が事前に提出した意見陳述要旨および当日の意見陳述内容である。意見陳述内容には最低限の加筆を施した。

2．意見陳述の要旨

(1)「量的・質的金融緩和」政策の内容
　①強く，明確なコミットメント
　　・2％の物価安定目標を，2年程度の期間を念頭に置いて，できるだけ早期に実現する
　②量・質ともに次元の違う金融緩和

- マネタリーベース〔日銀券発行高プラス市中銀行保有日銀当座預金残高〕：年間約 60 〜 70 兆円の増加（2 年間で2倍）
- 長期国債の保有残高：年間約 50 兆円の増加（2 年間で2倍以上）
- 長期国債買入れの平均残存期間：7 年程度へ（2 年間で2倍以上）
- ETF〔指数連動型株式上場投資信託〕の保有残高：年間約 1 兆円の増加（2 年間で2倍以上）
- J-REIT〔不動産投資信託〕の保有残高：年間約 300 億円の増加
- 「戦力の逐次投入をせずに，現時点で必要な政策をすべて講じた」（2013 年 4 月 4 日の記者会見における黒田東彦総裁の発言）

③わかりやすい金融政策
- 「資産買入等の基金」〔2010 年 10 月の「包括的な金融緩和政策」導入時に発足〕を廃止し，長期国債の買入れ方式を一本化（「銀行券ルール」の一時的な停止）
- 量的な緩和を行う場合の指標として「マネタリーベース」を選択〔金利指標から量的指標への変更〕

④金融緩和の継続期間
- 2％の物価安定目標の実現を目指し，これを安定的に持続するために必要な時点まで継続〔「時間軸」の明確化〕
- その際，経済・物価情勢について上下双方向のリスク要因を点検し，必要な調整を行う

(2) 世界に例のない政策

① 2013 年 9 月 20 日のきさらぎ会における黒田総裁の講演「デフレからの脱却と『量的・質的金融緩和』」——「『量的・質的金融緩和』は，中央銀行にとって主たる政策手段である短期金利の引き下げ余地がなくなる中で，予想インフレ率を引き上げるという，世界的にも過去に例のない課題に対する挑戦です」。

② 10 月 10 日のブレトンウッズ委員会インターナショナルカウンシルミー

ティング（ニューヨーク）における発言「『量的・質的金融緩和』の特徴」——「『量的・質的金融緩和』は，名目金利の引き下げ余地がなくなる中で，予想物価上昇率を引き上げるという，世界的にも過去に例のない政策です」。

③ 10月10日のCouncil of Foreign Relations主催の会合（ニューヨーク）における講演「デフレ克服——我々の挑戦——」——「日本では，予想インフレ率は2%の『物価安定の目標』と比べて低すぎる水準にありますので，これを引き上げる余地が十分にあります。この時，名目金利を予想インフレ率の上昇よりも小さめの上昇に抑制することができれば，その分だけ実質金利を低下させることができます。この実質金利の低下によって，設備投資や個人消費が刺激されることで景気が押し上げられ，実際の物価も徐々に上昇していくと期待できます。そして，実際の物価上昇はインフレ予想の上昇にもつながります」。

(3) アメリカの「QE（量的緩和）政策」の本質

①バーナンキFRB前議長『連邦準備制度と金融危機』——「諸君は通常の金融政策については知っていると思います。通常の金融政策はフェデラル・ファンド金利と呼ばれるオーバーナイトの金利の管理を必要とします。短期金利を上げたり下げたりして，連邦準備はより広範な金利に影響を与えることができます。そしてそれが，次に，消費支出，住宅の購入，企業による設備投資などに影響を与え，それらが経済の生産に対する需要を提供し，成長への回復を刺激するという点において役に立つのです」。「本質的には，2008年12月までにフェデラル・ファンド金利は基本的にはゼロまで引き下げられたのです。それ以上引き下げられないのは明らかです」。「それにもかかわらず，経済が追加支援を必要としていることは明らかでした。……われわれは，経済を支える他のなにかを必要としていましたので，通常の金融政策ではないものに目を向けました。そして，われわれが用いた主な手段は，連邦準備の残高のなかで

われわれが大規模資産購入（LSAP: The Large-Scale Asset Purchases）と呼ぶものでした。それは，新聞その他では量的緩和（QE：Quantitative Easing）としてより広く知られています。私はLSAPのほうがよりよい表現だと思いますが，その理由についてはここでは立ち入りません」。「では，これはどのように機能するのでしょうか。より長期の金利に影響を及ぼすために，連邦準備は国債……の大量購入を実施し始めました」。「国債を購入してわれわれがバランスシートに計上し，これら国債の入手可能な供給を減らすことによって，われわれは，より長期の国債の金利を実際に引き下げたのです。……そして，いつものように，より低い金利は経済に支援的な刺激効果をもつことはいうまでもありません」。「われわれは，短期利子率に焦点を当てるのではなく，より長期の利子率に焦点を当てていました。これは実のところ，別の名の金融政策なのです。そして，経済を刺激するために金利を引き下げるという基本的な論理は同じなのです」。

(4)「期待」に働きかける政策の危うさ

① 2013年3月19日の退任記者会見における白川方明前総裁の発言──「『期待に働きかける』という言葉が『中央銀行が言葉によって，市場を思い通りに動かす』という意味であるとすれば，そうした市場観，政策観には，私は危うさを感じます」。

② 池尾和人『連続講義：デフレと経済政策』──「しかし，『市場や経済主体の期待を抜本的に転換させる効果が期待できる』と言われても，どうして期待できるのかという疑問は残ります。もちろん人々や企業の期待が動かないと言い切ることはできませんが，少なくとも，動いてしかるべきだといえるようなメカニズムというのか，因果関係ないしは波及経路のようなものがはっきりしているとはとても思われません。『中央銀行が真剣になればインフレ期待は高められる』という向きもありますが，気合いさえ入れれば信じてもらえるというのは，信仰の表明ではあっ

ても，とうていロジカルな主張だとは言いがたいものです」。
③ 2014年1月24日付の『日本経済新聞』――「順調に見える物価改善は円安の恩恵が大きい。野村証券の試算では，11月の物価上昇率1・2％のうち，0・7％分は円安に伴うエネルギー価格の上昇による効果」。「円安と公共投資頼みの物価回復では持続力に欠ける。民間予測平均の15年度の物価上昇率は1％弱にとどまり，日銀の2％程度に及ばないとの見方は根強い」。「実は，日銀調査統計局も物価の先行きを慎重に見ている。右肩上がりの改善を終え，夏にかけては1％前半程度で物価上昇率が推移する『高原状態』に移ると見る」。

(5)「デフレ」は貨幣的現象か
①安倍晋三首相・黒田総裁の見解
　・「デフレは貨幣的現象だ」（首相）
　・「デフレ脱却の責任は日銀にある」（総裁）
②日銀が民間に供給しうる貨幣
　・日銀券の流通量――日銀ではなく企業・家計がその決定者であって，日銀はそれにたいして受動的に対応する以外にない。企業・家計は，現在，日銀券の発行高不足に悩まされているわけではない。日銀券の2013年3月末発行残高は83兆円であり，これは国民1人当たり約65万円に相当する。
　・日銀当座預金――白川前総裁時代でさえ，相次ぐ金融緩和措置によって，いわばジャブジャブといえるほどの日銀当座預金が，日銀から市中銀行に向けて供給されていた。2013年3月末の時点で，法定準備預金額8兆円にたいして準備預金額は53兆円であった。
　・2012年11月12日のきさらぎ会における白川前総裁の講演「物価安定のもとでの持続的成長に向けて」――「デフレから早期に脱却するためには，日本銀行がもっとマネーを増やすべきというご意見もあります。マネーには様々な指標がありますが，中央銀行の負債項目であ

るマネタリーベース、すなわち、銀行券と金融機関の中央銀行預け金の合計金額をみますと、日本における対名目GDP比率は米欧の規模を上回っています。米欧の場合、この比率が上昇したのはリーマン・ショック後のことに過ぎないのに対し、わが国の場合は、〔『ゼロ金利政策』や『量的緩和政策』をつうじて〕それよりもずっと前からこの比率が上昇しているため、リーマン・ショック後の日本の増加状況が目立ちにくい印象を与えます。しかし、リーマン・ショック後に限定しても、マネタリーベースの増加金額の対名目GDP比は、日本は米国やユーロ圏と同規模です。……マネーを増やせば物価が上がるという貨幣数量説は一見わかりやすいですが、近年の日本や米国のようにゼロ金利が続く経済では、現実を説明できません。ちなみに、2000年度を起点にとって、貨幣数量説通りにその後のマネーの伸び率が物価に反映されたとすれば、この間の日本の消費者物価の年平均成長率は、マネタリーベースで計算すると＋4.8％……となっていたはずです。これは、実際の－0.2％とは大きく異なります」。

(6) 「デフレ」の真の原因

① 2013年2月6日の群馬県経済懇談会における佐藤健裕審議委員の挨拶要旨「わが国の経済・物価情勢と金融政策」──「それにしても日本はなぜ10数年もの間、デフレから抜け出せないのであろうか。……2000年代半ば以降、金融システム問題を克服した後のデフレは新たなフェーズに入っており、その主因は賃金にあると考えている。財やサービスの価格はそれを生産するための費用の影響を受ける。生産費用が人件費と原材料費からなるとすると、多くの原材料費は国際競争のなかで決まるため、その価格の変動は為替相場の動きを別にすれば、ほぼ世界共通に影響を与えるはずで、日本だけがデフレになる理由にはならない。原因は生産費用を決めるもう一つの要素である賃金にあると考えられる」。「実際、消費者物価と賃金は密接に関連している。そもそも消費者物価

の構成品目の約半分はサービスで，サービス価格はサービス業の賃金と概ね連動している。サービス業は労働集約的で賃金の動向が価格に反映されやすい。従って，物価安定の目標である2％の消費者物価上昇率を目指すには，とにもかくにも賃金の回復が重要である。……賃金回復のチャンスは2000年代半ばに実際にあった。新興国の需要が火付け役となり，信用バブルも手伝って世界経済が過熱し，製造業中心に企業業績が最高益を更新するなか，企業は雇用者への還元を増やすことが期待された。しかし，この時期，企業は内部留保の積み上げを優先し，労働分配率は低下した」。

②吉川洋（元経済財政諮問会議民間議員）『デフレーション』——「1990年代後半，大企業を中心に，高度成長期に確立された旧来の雇用システムが崩壊したことにより，名目賃金は下がり始めたのである。そして，名目賃金の低下がデフレを定着させた」。「なぜ日本だけがデフレなのか，という問いに対する答えは，日本だけで名目賃金が下がっているからだ，ということになる」。

③2013年5月23日の黒田総裁の記者会見要旨——「2％の『物価安定の目標』は，消費者物価の対前年比上昇率が2％という水準に達するということを目標としていますが，その持続的な達成は，賃金や雇用も改善する，いわば生産・所得・支出のバランスのとれた改善が続かなければ容易ではないと思います」。

(7) 先人の箴言

①マルクス——「資本主義的生産様式における矛盾。商品の買い手としての労働者たちは市場にとって重要である。しかし，彼らの商品——労働力——の売り手としては，資本主義社会は，それを最低限の価格に制限する傾向をもつ」（『資本論』）。

②ケインズ——「合成の誤謬」

(8) 結　論

①インフレ・ターゲティングに代えて賃上げ・ターゲティングを（日銀の金融政策から政府の経済政策への転換）

②賃上げ・ターゲティングの目標値としては3％以上が妥当（消費税率引き上げ3％の消費者物価上昇率への波及効果2％程度を考慮して）

③財源に不足はない（大企業の内部留保額270兆円，企業の現預金額230兆円）

④日銀は「量的・質的金融緩和」政策に代えてFRB流のLSAP政策の遂行を（金融政策の王道は金利政策にある）

⑤日銀は2％の「物価安定の目標」にこだわるべきではない

3．意見陳述の内容

お手元に5ページから成るレジュメが届いていると思います。それに即しながら説明を進めます。

この調査会の名称は，デフレ脱却，財政再建ということですが，私の今日の報告は，基本的に，まず金融の問題について，あるいは金融の立場からデフレ脱却という問題をどう考えるべきか，それについて発言させていただきます。もちろん財政についても私なりの意見をもっておりますけれども，その点については，質疑の中で意見を述べさせていただく，そういう形にしたいと思います。

それで，レジュメの1ですが，これは「量的・質的金融緩和」政策の内容を黒田日本銀行総裁自身の講演に即して整理したものです。この点は既に御承知ということにして，説明は省略させていただきます。

ただ，確認しておきたいのは，(1)の③，「わかりやすい金融政策」のうちの二つ目の柱ですが，「量的な緩和を行う場合の指標として『マネタリーベース』を選択」とあります。マネタリーベースというのはその上の方に説明しておきましたけれども，日銀券発行高プラス市中銀行保有日銀当座預金残高，これを足し合わせたものです。従来，日銀は金利を指標として金融政策をやっていたわけですが，昨年の4月4日以降，量的指標に政策的な指標を変更している，この点を後の議論との関連で確認しておきたいと思います。

それで，よく誤解されていることですけれども，黒田日銀総裁下の「量的・質的金融緩和」というのは，グローバル・スタンダードにやっとたどり着いたのだ，いまや世界標準に即した金融政策がなされるにいたっているのだという意見が多いのですが，私にいわせるとそうではなくて，まさに世界の中央銀行がやったことのない新しい歴史的な実験が進められているのだということになります。

　この点については，昨年の9月あるいは10月頃から黒田さん自身が講演の中で明確に発言するようになりました。2～3の証拠を拾っておきましたけれども，1ページ目の一番下ですね，昨年の9月20日，きさらぎ会において，黒田さんはこういうことを言っています。2ページ目に入ります。「『量的・質的金融緩和』は，中央銀行にとって主たる政策手段である短期金利の引き下げ余地がなくなる中で，予想インフレ率を引き上げるという，世界的にも過去に例のない課題に対する挑戦です」。それから，10月10日のブレトンウッズ委員会インターナショナルカウンシルミーティングではこういうふうに言っています。おなじ内容ですけれども，「『量的・質的金融緩和』は，名目金利の引き下げ余地がなくなる中で，予想物価上昇率を引き上げるという，世界的にも過去に例のない政策です」。どちらにも，「世界的に過去に例のない」，こういう言葉が出てきますよね。この点をしっかり押さえていただきたいと思います。

　それでは，どのように新しいかというと，これも10月10日のCouncil of Foreign Relationsでの講演ですが，こういうふうに説明しています。

　日本では，予想インフレ率は，2％の「物価安定の目標」と比べて低すぎる水準にあるので，これを引き上げる余地が十分にある。この時，名目金利を予想インフレ率の上昇よりも小さめの上昇に抑制することができれば，その分だけ実質金利を低下させることができる。この実質金利の低下によって，設備投資や個人消費が刺激されることで景気が押し上げられ，実際の物価も徐々に上昇していくと期待できる。そして，実際の物価上昇はインフレ予想の上昇にもつながる。

　つまり，思い切った量的緩和をやって予想インフレ率を引き上げる，予想イ

ンフレ率が上がるということになれば名目金利も上がるじゃないか，そうしたら元も子もなくなるということで，年間50兆円程度の長期国債を日銀が買い切る，そういう形で名目金利を低く抑えるのだ．すると，実質金利が下がるだろう．実質金利が下がれば設備投資も個人消費も増えるはずだ．こうしてデフレから脱却できる，と。まさに，予想インフレ率に働きかけるという意味で，繰り返しになりますけれども，世界的にも過去に例のない金融政策がとられているわけです。

次の問題は，アメリカだって量的緩和政策をやっているではないか，黒田さんのやっているのと同じというように考えられないかということですが，この点も私に言わせると誤解されていまして，バーナンキがやっていた——バーナンキはもうイエレンに替わりましたが——，あるいは現在FRBがやっている政策というのは金利に対する働きかけなのですよね。予想インフレ率に対する働きかけではありません。

ちょっと長くなりますが，一昨年にバーナンキがビジネススクールで4回連続の講義を行いました。それが『連邦準備制度と金融危機』として日本語に翻訳されていますけれども，その中で非常に明快なことを言っております。レジュメの(3)です。

「諸君は通常の金融政策については知っていると思います。通常の金融政策はフェデラルファンド金利と呼ばれるオーバーナイトの金利の管理を必要とします。短期金利を上げたり下げたりして，連邦準備はより広範な金利に影響を与えることができます。そしてそれが，次に，消費支出，住宅の購入，企業による設備投資などに影響を与え，それらが経済の生産に対する需要を提供し，成長への回復を刺激するという点において役に立つのです」。これは，伝統的な金融政策の中身の説明ということで，まさに金利政策ですよね。

ところが，日本と同様にアメリカの場合にも，やっぱりゼロ金利という限界に到達するわけで，本質的には，2008年12月までにフェデラルファンド金利は基本的にゼロまで引き下げられた，もうそれ以上は引き下げられない。そこで，マスコミでは量的緩和——英語で言うとQE, Quantitative Easingです——

と呼んでいますが，バーナンキは，むしろ，その言葉を使いたがらない，彼としては LSAP, The Large-Scale Asset Purchases, 大規模資産購入という表現が適切なのだと主張します。

大規模に資産を購入するとどういう効果を持つのかというと，2ページの下から4行目ですね。「では，これはどのように機能するのでしょうか。より長期の金利に影響を及ぼすために，連邦準備は〔従来の財務省証券に代えて〕国債……の大量購入を実施し始めました」，「国債を購入してわれわれがバランスシートに計上し，これら国債の入手可能な供給を減らすことによって，われわれは，より長期の金利を実際に引き下げたのです」。

アメリカでやっている QE, 量的緩和というのは，実質的には金利政策なわけです。短期金利はもうゼロという限界に達した，そこで長期金利を引き下げる，そういう政策をわれわれはやったのだ，こういうことであります。

話が戻りますが，ですから，黒田さんがやっている現在の「量的・質的金融緩和」というのは，誤解されていますけれども，アメリカと同じものではないのだということを強調したいと思います。

そうすると，黒田さんの場合には期待インフレ率に働きかけようとするわけですから，こういう政策は経済学的にどのように位置づければよいのかということが問題になります。そこで，2人の発言を引用しておきました。

最初は，白川前日銀総裁です。昨年の3月19日に退任記者会見をされたときに，こういうように発言されています。「『期待に働きかける』という言葉が『中央銀行が言葉によって，市場を思い通りに動かす』という意味であるとすれば，そうした市場観，政策観には，私は危うさを感じます」。もう辞められたので，白川さんの発言は無視されがちですが，こういう非常に重要なことを言われていたわけです。

次は，慶應大学の池尾さんです。池尾さんというのは非常にキャッチフレーズを作るのがうまい人だと思います。「気合いさえ入れれば信じてもらえるというのは，信仰の表明ではあっても，とうていロジカルな主張だとは言いがたいものです」。期待に働きかける，そういう金融政策のことを，気合いさえ入

ればそれでことが済むのか，と。そんなものじゃあないだろうというように表現しているわけですね。私もまさに池尾さんが言う通りだと思います。

ところで，期待に対する働きかけという金融政策がうまく機能しているということであれば，特に異論を唱えることもないわけですけれども，ここで，紹介したいのは，今年の1月24日付の『日本経済新聞』の記事です。『日本経済新聞』には，この間，一貫して，「アベノミクス」，あるいはその一環としての日銀の「量的・質的金融緩和」政策を，擁護するないし後押しする，そういう記事が目立っていました。しかし，その『日本経済新聞』でもこういうふうに書かざるを得なくなっています。「順調に見える物価改善は円安の恩恵が大きい。野村証券の試算では，11月の物価上昇率1・2％のうち，0・7％分は円安に伴うエネルギー価格の上昇による効果」，「円安と公共投資頼みの物価回復では持続力に欠ける。民間予測平均の15年度の物価上昇率は1％弱にとどまり，日銀の2％程度に及ばないとの見方は根強い」，「実は，日銀調査統計局も物価の先行きを慎重に見ている。右肩上がりの改善を終え，夏にかけては1％前半程度で物価上昇率が推移する『高原状態』に移ると見る」。

問題をこのように整理してくると，期待に働きかける政策というのは，理論的に非常に危うさを含んでいると同時に，実態に照らしても必ずしもうまくいっていないのではないか，こういうように結論づけられることになります。

いよいよデフレについての話です。ポイントは，デフレは貨幣的現象なのか否かということです。貨幣的現象であるとすれば，デフレは日銀の責任だ，金融政策で何とかしろということになります。

安倍首相は，「デフレは貨幣的現象だ」と言い切ります。これは首相になってからの発言です。黒田総裁は，すこしトーンが異なりますが，「デフレ脱却の責任は日銀にある」と言います。これは総裁になる前の発言です。つまり，いずれも，日銀の金融政策次第でデフレから脱却できるというわけです。それでは，日銀は経済が必要とするお金を十分に供給してこなかった，だからデフレが生じたということになるのでしょうか。この点がポイントです。

事実を調べてみればすぐにわかることです。

まず日銀券の流通高です。経済学の世界にはヘリコプターマネーという考え方があります。日銀がヘリコプターで空から日銀券をまく，それを国民が拾って消費に充てる。この場合には日銀が日銀券の発行量を決めると考えてよいでしょう。ところが，実際には，企業だとか家計だとかは自分たちが市中銀行に持っている預金を解約して日銀券を手に入れるわけです。クリスマスだ，お正月だということになると，手許に現金――日銀券プラス硬貨――が欲しい，市中銀行の窓口から現金をおろして，それで小売店なら小売店で買物をする。小売店は小売店で余った現金を市中銀行に持ち込んで預金にする。こういう形で日銀券が流通しているわけで，誤解が多いところですが，現実には，日銀券の流通量の決定者は日銀ではなく企業や家計であって，日銀は市中銀行を介して出ていく日銀券については受動的に対応する以外に方法はありません。

　現在，日銀券がいったいどれぐらい流通しているのか。4月4日が「量的・質的金融緩和」が発表された時点ですから，その直前の昨年の3月末の数字をとってみました。83兆円です。83兆円を国民1人当たりに直しますと，私もいつも驚かされるのですが，なんと約65万円になります。こういう状況ですから，日銀券が不足している，日銀が必要な日銀券を供給しないからデフレになるのだ，とはとても考えられないですよね。

　日銀当座預金についても同じです。白川さんの時代にも，金融緩和措置が相次いでとられました。私に言わせると，もうその時代から日銀は市中銀行に対してジャブジャブと呼べるほどの当座預金を供給してきました。

　我が国には準備預金制度というものがあり，法律上，市中銀行が日銀に当座預金という形で保有しなければならない準備預金残高が決められています。これを必要準備と称しています。やはり昨年の3月末の数字をとりますと，必要準備は約8兆円です。これにたいして，日銀は市中銀行に53兆円もの当座預金を供給しています。45兆円も超過しているわけです。この点からも，日銀が必要な貨幣量を供給しなかったからデフレになったなどとはとても言えないわけです。

　これもまた白川さんの発言ですが，白川さんは，この間のマネタリーベース

と物価との関係を照らし合わせてみると，マネタリーベースは増えているのに対して物価はほとんど上がっていないじゃあないか，貨幣数量説あるいはマネタリストが言っていることと日本の実態とは相応しないじゃあないか，そういうように説明されています。

結局のところ，いったいデフレの真の原因は何処にあるのかという問題に帰着することになります。

最近，一時よりも随分と論調が変わってきたなと感じます。

日銀の審議委員である佐藤さんが，昨年の2月6日の講演で次のように発言されています。「それにしても日本はなぜ10数年もの間，デフレから抜け出せないのであろうか。……その主因は賃金にあると考えている」，「従って，物価安定の目標である2％の消費者物価上昇率を目指すには，とにもかくにも賃金の回復が重要である」。これは，現役の日銀審議委員の発言ですよ。

2番目は，東京大学の吉川洋さんです。吉川さんは小泉さんが首相時代の経済財政諮問会議の民間議員でした。この人が，昨年，『デフレーション』という本を出しました。非常に評判を呼んだ本ですが，そこでも次のように書かれています。レジュメの最後のページです。「なぜ日本だけがデフレなのか，という問いに対する答えは，日本だけで名目賃金が下がっているからだ，ということになる」。はっきりとこのように断定されています。

最後に，黒田さん。黒田さんは，昨年の5月23日の記者会見で次のように発言されています。たまたまこの日をとりあげましたが，別の記者会見でも同じ内容の発言を何度か繰り返されています。「2％の『物価安定の目標』は，消費者物価の対前年比上昇率が2％の水準に達するということを目標としていますが，その持続的な達成は，賃金も雇用も改善する，いわば生産・所得・支出のバランスのとれた改善が続かなければ容易ではないと思います」。ここには，金融政策によって物価が2％という水準に到達することは可能であるが，2％という水準を持続的に維持するためには賃金や雇用も改善する必要があるという思いが込められているのでしょうが，黒田さんでさえ，本当の意味でのデフレの克服のためには，金融政策だけではなく，やっぱり賃金も改善しなければ

駄目なのだと考えている点が重要であると思います。

　次は，先人の箴言ということになります。私はマルクス経済学者なので，まずマルクスから引用しておきました。「資本主義的生産様式における矛盾。商品の買い手としての労働者たちは市場にとって重要である。しかし，彼らの商品──労働力──の売り手としては，資本主義社会は，それを最低限の価格に制限する傾向を持つ」(『資本論』)。つまり，賃金というのは，企業から見ると，コストであると同時に，自分の商品に対する需要でもあるという，両面を持っています。ところが，コストという側面を重視するあまり，賃金を下げちゃった，そのため，デフレになっちゃったよ，と。それはそうですよね。日本では個人消費はGDPの60％の比率を占めています。その部分を下げたのですから，当然，需要不足から物価が下がる，デフレになるというわけです。

　ケインズも「合成の誤謬」という表現を使っています。要するに，個々の企業が賃金を下げるという「合理的」な行動をとったとしても，経済全体としては，有効需要──ケインズの用語です──の減少をつうじて，結局のところ不況に陥らざるをえない，と。そうした事態を指して「合成の誤謬」と呼んでいるわけです。

　結論を述べます。第1に，インフレ・ターゲティングに代えて賃上げ・ターゲティングという方向に，政策の転換を図るべきです。ただ，賃上げ・ターゲティングということになれば，日銀の金融政策から離れて，広い意味での政府の経済政策の一環ということになります。第2に，賃上げ・ターゲティングの目標値としては，消費税引き上げ率3％の消費者物価上昇率への波及効果2％程度──これは日銀の推測です──を考慮すると，3％以上が妥当であると判断されます。第3に，財源に不足はありません。大企業の内部留保額は270兆円，しかも，企業──これには中小企業も含まれます──の現預金額だけでも230兆円もあります。第4に，だからといって，日銀や金融政策の役割がなくなるわけではありません。日銀は「量的・質的金融緩和」政策に代えてFRB流のLSAP政策を採用するべきです。金融政策の王道は金利政策にあります。

　以上です。

執筆者紹介 （執筆順）

建部(たてべ) 正義(まさよし)	客員研究員・中央大学名誉教授
花輪(はなわ) 俊哉(としや)	客員研究員・元中央大学商学部教授・一橋大学名誉教授
糸井(いとい) 重夫(しげお)	客員研究員・松本大学松商短期大学部教授
岸(きし) 真清(まさすみ)	客員研究員・中央大学名誉教授
奥山(おくやま) 英司(えいじ)	研究員・中央大学商学部准教授
宇野(うの) 典明(のりあき)	研究員・中央大学商学部教授
高橋(たかはし) 豊治(とよはる)	研究員・中央大学商学部教授

日中の金融制度・金融政策比較

中央大学企業研究所研究叢書 37

2016年3月22日 初版第1刷発行

編著者	建 部 正 義
	高 橋 豊 治
発行者	中央大学出版部
代表者	神 﨑 茂 治

発行所　〒192-0393 東京都八王子市東中野742-1　中央大学出版部
電話 042(674)2351　FAX 042(674)2354
http://www2.chuo-u.ac.jp/up/

ⓒ 2016　　　　　　　　　　　　　　　　　　ニシキ印刷㈱

ISBN978-4-8057-3236-6